앞서 출간된 『신학과 과학의 만남』이 기포드 강연자들의 저술을 개괄적으로 소개한 것이라면, 후속편으로 출간된 본서는 기포드 강연자들의 신, 인간, 자연에 대한 사상과 이를 둘러싼 그들의 신학과 철학을 명쾌하게 정리하고 비판적으로 성찰하고 있다. 따라서 이 책에 담긴 주제와 내용은 신학자뿐 아니라 목회자와 사유하는 신앙인 모두에게 매우 중요하다. 그동안 '창조과학'에 경도되었던 한국교회의 미래를 걱정하며 신학적이며 합리적인 대안을 찾고자 하는 이들에게 이 책은 신앙적 사유의 안내자와 동반자가 될 것이다. 왜냐하면 이 책은 신학과 과학이 함께 펼쳐나갈 길을 내다볼 수 있는 지적 전망대의 역할을 하기 때문이다.

박영식 서울신학대학교 교수, 『창조의 신학』 저자

기포드 강연을 빅 히스토리의 관점에서 연구한 이 책은 그동안 해외의 여러 학자가 과학과 신학의 관계에 대해 고민한 흔적들을 잘 보여준다. 이 책에서 등장하는 저명한 기포드 강연자들의 사상을 통해 자연신학이 그동안 어떻게 논의되어왔는지를 이해할 수 있을 것이다. 또한 기포드 강연자들의 사상을 분석·평가하고 보완한 국내 저자들의 노력도 돋보인다. 이분들의 연구를 통해 기포드 강연의 내용을 잘 요약된 우리말로 접할 수 있게 된 것은 독자들에게 행운이다. 이 책을 통해 한국 신학계와 교회에서 과학과 신학의 만남에 대한 논의가 더욱 풍성해지기를 기대한다.

장재호 감리교신학대학교 종교철학 교수, 유튜브 채널 "과학과신학연구소" 운영자

나는 천문학을 통해 과학 공부를 하였고 기독교 신자이기에 신학 공부도 조금 해 보았다. 내가 하나님에 대해 아는 것은 겨우 내가 공부한 것들을 통해서다. 그러니 얼마나 좁을까? 다른 사람들의 깊은 이야기를 듣기 쉽지 않으니 내가 아는 것이 진짜로 아는 걸까? 이 책에 들어 있는 내용은 여러 기포드 강연자가 하나님, 인간, 자연에 대해 공부한 것을 가지고 과학과 신학의 관계를 각자의 관점으로 풀어낸 자기 나름의 이야기다. 이들의 글을 통해 독자들은 하나님, 인간, 자연에 대해 자신이 평소에 가지고 있던 이미지와 함께 완성된 큰 그림을 그릴 수 있을 것이다. 다른 사람들의 이야기를 담은 이 책이 연구자들에게나 일반 독자들에게 소중한 자료가 되기를 희망한다.

최승언 서울대학교 사범대학 지구과학교육과 명예교수

신학과 과학의 만남 2

* 이 저술은 2019년 7월 1일부터 2022년 6월 30일까지 대한민국 교육부와 한국연구재단의
  지원을 받아 수행된 연구임(NRF 2019S1A5A2A03034618).

김정형

박형국

빅 히스토리 관점에서 본
기포드 강연

백충현

윤철호

신학과 과학의 만남 2

이관표

책임편집
윤철호
김효석

이상은

이용주

최유진

새물결플러스

머리말

이 책은 한국연구재단의 지원을 받아 2019년 7월부터 2022년 6월까지 3년 동안 진행된 일반 공동 연구 "기포드 강연 연구를 통한 21세기 자연신학의 모색: 신학-철학-과학의 학제 간 연구"의 2년 차 연구 결과물이다. 이 연구는 영국의 아담 기포드 경이 1888년에 시작한 자연신학의 공론장인 기포드 강연(Gifford Lectures)을 과학 시대인 오늘날의 '빅 히스토리'(big history) 관점에서 신학, 철학, 과학의 학제 간 연구와 대화를 통해 새롭게 조명하고 심화·발전시킴으로써 21세기의 새로운 기독교 자연신학을 모색하고 수립하는 것을 목적으로 한다.

기포드 강연은 기독교 창조신학을 자연과학 및 철학과의 학제적 대화라는 열린 공론장 가운데로 끌어낸 최초의 공적 시도라고 할 수 있다. '빅 히스토리'란 유럽-인간 중심적인 지난 역사관의 편협성을 넘어서, 우주 및 지구 행성 역사와의 연속성 속에서 인간의 역사를 하나의 통일된 지식으로 통합하여 이해하고자 하는 시도다. 따라서 빅 히스토리 관점에서 기포드 강연을 심화·발전시키는 것은 기독교 교회와 신학이 사적 신념 체계로 왜소화되는 것을 방지하고, 세계와 인간에 대한 합리적 해명이라는 열린 공론장에 참여하게 한다는 점에서 매우 의미 있는 일이라고 할 수 있다.

이 연구는 다음 세 가지를 목표로 한다. (1) 기포드 강연 연구를 통해 과학과 종교의 학제 간 대화를 발전시킨다. (2) 이와 같은 학제 간 대화를 통해 과학과 인문학, 신학과 일반 학문 간의 갈등과 대립을 극복하고 공명의 가능성을 모색한다. (3) 과학 시대에 공적 신학으로서의 새로운 기독교 자연신학의 전망을 모색하고 수립한다. 또한 이 연구는 네 분과(신학, 철학, 과학신학/과학철학, 자연과학)로 나누어 수행된다. 연구를 수행하는 연구 위원들은 각기 신학, 철학, 과학을 전공하고 대학에서 가르치는 교수들로서 각 분야에서 탁월한 학문적 업적을 쌓은 학자들이다.

1년 차 연구가 2, 3년 차 연구의 토대가 되는 연구로서 1980년대 이후의 기포드 강연 중 대표적인 것을 분야별로 선별하여 연구함으로써 기포드 강연의 핵심 내용과 기조를 밝히는 것을 과제로 했다면, 2년 차 연구는 선택과 집중을 통해 개별 기포드 강연자들 혹은 여러 강연 주제를 빅히스토리 관점에서 연구한다. 이 책에 실린 연구 위원들의 연구 결과물들은 이미 국내외의 전문학술지에 게재된 논문들임을 밝힌다.

좋은 동료들을 한데 불러주시고 한 팀이 되어 함께 연구함으로써 한국교회와 사회를 위해 작은 초석이 될 수 있는 유의미한 연구 결과물을 내도록 은혜를 베풀어주신 하나님께 모든 감사와 영광을 올려드린다. 그리고 어려운 상황 가운데서도 이 책의 출판을 허락해주신 새물결플러스에 심심한 감사의 말씀을 드린다.

2022년 8월
연구 책임자 윤철호

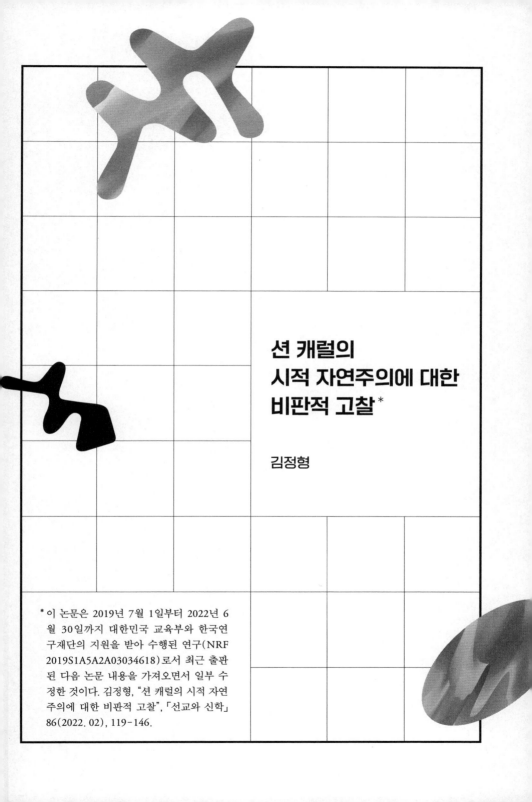

션 캐럴의
시적 자연주의에 대한
비판적 고찰[*]

김정형

[*] 이 논문은 2019년 7월 1일부터 2022년 6월 30일까지 대한민국 교육부와 한국연구재단의 지원을 받아 수행된 연구(NRF 2019S1A5A2A03034618)로서 최근 출판된 다음 논문 내용을 가져오면서 일부 수정한 것이다. 김정형, "션 캐럴의 시적 자연주의에 대한 비판적 고찰", 「선교와 신학」 86(2022. 02), 119-146.

I. 서론

근대 과학의 급속한 발전과 더불어 신(神)과 같은 초자연적 실재의 존재나 활동을 부정하는 자연주의가 세속화하는 사회에서 점차 폭넓은 지지를 받고 있다. 상당수의 전문 과학자와 과학의 발전에 주목하는 다수의 철학자, 그리고 과학과 철학에 대한 이해를 지닌 많은 현대인이 근대 과학 이전의 초자연주의적 세계관에 회의를 느끼고, 과학이 탐구하고 밝혀내는 "자연이 존재하는 모든 것"이라는 자연주의 형이상학을 받아들였다.

만약 자연이 존재하는 모든 것이라면, 종교는 어떻게 될까? 자연 자체를 신적 존재로서 존귀하게 대하는 범신론적 자연종교 외에 초월적 신의 존재를 상정하고 예배하는 전통적인 종교들은 아마도 설 자리를 잃어버리게 될 것이다. 이 점에서 기독교도 예외가 아니다. 자연주의를 품는 기독교가 가능할까? 만약 그렇지 않다면, 과학기술이 나날이 발전하는 현대 사회에서 자연주의 형이상학을 넘어서는 형이상학적 입장을 변호하는 것은 가능한 일일까?

130년이 넘는 역사를 자랑하는 영국의 저명한 기포드 강연은 이성을 통한 신(神) 지식의 확산 곧 자연신학의 발전을 사명으로 삼고 있다. 그런데 이 글에서 다룰 션 캐럴(Sean Carroll)은 기포드 강연에서는 상당히 예외적으로 자연주의 형이상학을 옹호하는 무신론자다. 아래에서 필자는 캐럴의 자연주의 사상을 소개하고 그의 사상과의 비판적 대화를 통해 위의 질문들에 대한 나름의 대답을 찾으려 한다.

II. 션 캐럴의 시적 자연주의

1. 션 캐럴은 누구인가?

션 캐럴(1966-)은 대중적인 저술은 물론이고 블로그와 팟캐스트 등을 통해 과학의 대중화를 위해 활발하게 활동하고 있는 캘리포니아 공대 소속의 이론물리학자다. 캐럴은 리처드 도킨스(Richard Dawkins)와 같이 파괴적이거나 무례하지는 않지만, 스스로 무신론자임을 솔직하게 인정하는 과학자이기도 하다. 공개적인 무신론자이자 지적 설계론 등 전통적인 창조론을 전적으로 배척하는 그가 지난 2016년 상대적으로 젊은 나이인 50세에 저명한 기포드 강연에 초청받았다.[1] 글래스고 대학교에서 캐럴은 다섯 차례에 걸쳐 강연했는데, 강연 전체를 아우르는 제목을 "큰 그림: 생명, 의미, 우주 자체의 기원에 관하여"로 정했다. 이 강연 내용은 얼마 후 출간된 그의 책에서 더 자세하게 확인할 수 있다.[2]

    캐럴은 기포드 강연과 곧이어 출간된 단행본에서 자신의 입장을 '시적 자연주의'(poetic naturalism)로 명명하고, 이에 대한 포괄적인 변호를 시도한다. 간단히 말해서 우주와 생명의 기원에 관한 한, 현대 과학의 자연주의적 설명의 충분성을 강조하는 동시에 의미 문제를 설명하는 데 있어 엄격하고 배타적인 자연주의의 한계를 지적하면서, 자연과학의 실증주의

---

1   필자는 션 캐럴의 기포드 강연 내용을 간략하게 소개하는 글을 이미 출판한 바 있다. 김정형, "마틴 리스, 빌라야누르 라마찬드란, 션 캐럴", 윤철호·김효석 책임편집, 『신학과 과학의 만남: 기포드 강연을 중심으로』(서울: 새물결플러스, 2021), 80-87을 참고하라.

2   Sean M. Carroll, *The Big Picture: On the Origins of Life, Meaning, and the Universe Itself* (London: Dutton, 2017).

적 탐구를 넘어서 (무신론적) 실존주의자들의 통찰을 수용한다. '시적 자연주의'에서 '자연주의'라는 문구는 전반부의 입장을, '시적'이라는 문구는 후반부의 입장을 집약하고 있다.

> 세계에 관해 이야기할 수 있는 많은 방식이 존재하는데, 이는 **시적 자연주의**라고 불리는 입장으로 우리를 인도한다. "자연주의"는 단지 하나의 세계, 자연적 세계만이 존재한다고 주장한다. (중략) "시적"이란 표현은 세계에 관해 이야기할 수 있는 방식이 하나보다 더 많다는 것을 우리에게 상기시킨다. 우리는 "원인"과 일들이 일어나는 "이유" 등과 같은 용어를 사용하는 것이 자연스럽다고 생각한다. 하지만 이런 생각은 자연이 가장 깊은 차원에서 작동하는 방식의 한 부분이 아니다. 이것은 창발 현상으로서, 우리가 우리의 일상 세계를 묘사하는 방식의 한 부분이다. 일상의 묘사와 더 깊은 묘사 사이의 차이는 시간의 화살, 곧 과거와 미래의 구분에서부터 발생한다.[3]

이 압축적인 인용문은 캐럴의 자연주의가 실상은 근본적으로 물리주의(physicalism)와 다르지 않음을 암시한다. 이론물리학자인 캐럴에게 '실재의 근본적인 속성'은 물리적(physical)이다. 근본적인 실재는 심지어 인과관계나 시간의 흐름이라는 범주마저 벗어나 있다. 캐럴이 생각하는 가장 근본적인 실재는 현대 물리학이 파악하고 있는 물리적 현상보다 더 깊은 차원에 있다. 그는 이 점을 책의 본론의 첫 장에서부터 분명히 한다.[4] 동시에 캐럴은 가장 깊은 차원 곧 물리적 차원의 근본적 실재로부터 '창발하

---

3   Ibid., 3-4.
4   Ibid., 9.

는' 상위 차원들의 실재성을 (비록 실재성의 정도가 점점 줄어들기는 하지만) 부정하지 않고 인정한다. 이런 바탕에서 캐럴은 생명의 복잡성, 의식의 퍼즐, 나아가 물리주의자에게 가장 난해한 주제라고 할 수 있는 의미와 가치의 문제를 차례로 고찰한다. 결론적으로 캐럴은 물리주의 관점의 자연주의 형이상학을 토대로 생명과 의식 등 창발하는 세계의 (상대적) 실재성을 긍정하는 한편 의미와 가치를 순전히 인간이 스스로 구성하는 것이라고 주장함으로써, 전통적인 초자연주의 종교나 사상을 대체할 의도를 가진 매우 포괄적인 세계관을 발전시킨다.

캐럴의 이런 대담한 시도는 얼마나 설득력이 있는 것일까?

2. 방법론: 베이지안 추론

캐럴에 따르면, 시간이 흐르면서 자연주의에 우호적인 근거들이 쌓이고 있다. 하지만 그렇다고 해서 캐럴이 자연주의가 누구에게나 명백하고 자명하며 필연적인 형이상학적 입장이라고 주장하는 것은 아니다. 그는 자연주의가 여전히 대답해야 하는 어려운 질문들이 있음을 솔직하게 인정한다. 그럼에도 자연주의 세계관이 초자연주의 세계관(혹은 다른 어떤 세계관)보다 훨씬 더 진리에 근접해 있다고 믿는 캐럴은 자신의 자연주의적 입장을 변호할 필요가 있다고 생각한다.[5] 나아가 캐럴은 자연주의에 대한 합리적 논증이 가능하다고 주장한다.

캐럴에 따르면, "우리가 모두 상당한 정도의 사전 믿음을 갖고 출발한다는 점을 인정한다면, 중요한 단계는 새로운 정보가 들어올 때 이 믿

---

5   Ibid., 13.

음을 업데이트하는 것이다."[6] 새로운 정보를 통해 기존의 믿음을 업데이트하는 작업에서 캐럴은 확률론과 통계학에서 자주 활용되는 베이즈 정리를 사용한다. 베이지안 추론은 이 베이즈 정리를 다양한 방면에 적용해서 특정 명제의 개연성을 추론하는 한 방법으로서, 연역법이나 귀납법과 구별되는 귀추법에 해당한다. 캐럴은 누군가에게 데이트 신청을 고민하는 한 고등학생의 이야기로 베이지안 추론 방식을 설명한다.[7] 상대방이 자신의 데이트 신청을 받아들일 개연성에 관해 그 학생이 애초에 특정 정도의 사전 믿음(예를 들어 60퍼센트)을 갖고 있다고 생각해보자. 이후 상대방과 마주치는 과정에서 상대방이 보이는 태도('새로운 정보')에 따라 사전 믿음은 미세하게 조정된다. 상대방의 호의적인 반응은 상대방이 자신의 데이트 신청을 받아들일 개연성에 대한 믿음을 더 크게 만들 것이고, 반대로 무관심하거나 냉담한 상대방의 반응은 그 믿음을 더 작게 만들 것이다. 베이지안 추론의 핵심은 이처럼 새로운 경험(정보)을 통해 개연성에 대한 사전 믿음을 조정하면서 업데이트하는 것이다.

베이지안 추론에 관한 캐럴의 설명에서 주목할 만한 점 하나는 베이지안 추론이 결국 새로운 정보의 축적을 통해 다양한 사전 이해를 지닌 사람들의 견해에 공감대를 가져올 수 있다는 그의 믿음이다. "증거는 우리를 합의로 인도한다."[8] 캐럴은 베이지안 추론에서 사전 믿음의 중요성을 분명하게 인식하고 있다.[9] 사람마다 각기 다양한 사전 믿음을 갖고 추론에 참여한다. 예를 들어 신의 존재에 대한 믿음의 정도는 사람마다 다르다.

---

6 Ibid., 75.
7 Ibid., 76f.
8 Ibid., 80.
9 Ibid., 79.

하지만 캐럴에 따르면, "만약 우리가 모두 공정하고 열린 마음을 갖고 새로운 정보에 따라 우리의 신념을 바꿀 의향이 있다면, 증거가 결국 승리하게 될 것이다. (중략) 더욱이 개연성은 객관적인 요소이기 때문에, 점점 더 많은 정보를 축적한다면 모든 사람이 세계에 관한 궁극적 신념에 있어 결국 같은 방향으로 나아가게 될 것이다."[10] 물론 여기서 캐럴이 염두에 두고 있는 '세계에 관한 궁극적 신념'은 전통적인 유신론이 아니라 자연주의, 더 정확하게 말하면, 시적 자연주의다.[11]

3. 유신론이냐 무신론이냐?

베이지안 추론은 기본적으로 모든 것을 양적으로 환원해서 추론하는 통계적 추론이다. 새로운 정보의 증거 능력도 양적으로 환원하고, 개연성에 대한 믿음의 정도도 양적으로 환원한다. 캐럴은 이런 베이지안 추론을 단순 확률이나 통계의 문제만이 아니라 신의 존재 여부와 같은 종교철학적 문제에도 적용한다. 물론 베이지안 추론을 이렇게 적용하는 것은 캐럴이 처음 시도하는 것이 아니다. 리처드 스윈번(Richard Swinburne)과 같은 유신론 철학자들도 이런 추론을 적극적으로 활용한다.[12] 사실 신의 존재 여부와 관련한 논쟁에서 유신론 그룹과 무신론 그룹이 모두 베이지안 추론을 활용하고 있다는 사실은 무척 흥미롭다.[13] 여기서 우리는 캐럴의 논리를

---

10   Ibid., 81.
11   Ibid., 93.
12   Richard Swinburne, "Bayes, God, and the Multiverse," in *Probability in the Philosophy of Religion*, eds. J. Chandler and V. Harrison (Oxford: Oxford University Press, 2012) 참고.
13   Julia Braunsteiner-Berger, "Swinburne's argument for the existence of God: a critical comment on conceptual issues," *Religious Studies* 50 (2014), 359-378; William R.

소개할 텐데, 캐럴은 베이지안 추론 방법을 활용하면서 신과 같은 초자연적 존재의 가능성 곧 유신론의 신빙성에 비해 자연주의나 무신론의 신빙성이 더 크다는 점을 반복해서 강조한다.

예를 들어 캐럴은 베이지안 추론을 따라 유신론에는 비우호적이고 무신론에는 우호적인 증거 중 하나로서 다양한 세계 종교 경전들 사이의 불일치성을 언급한다. 캐럴은 전 역사에 걸쳐 그리고 전 세계에 걸쳐 존재했던 다양한 사회에서 생성된 종교 문헌들이 한결같이 일관된 이야기와 교리를 전하거나 가르쳤다면 이것이 신의 존재 가능성에 대한 호의적 증거가 될 수 있었을 것이라고 가정한다. 하지만 사실 이것은 진실이 아니고, 우리는 역사에서 또 지구촌에서 서로 모순되거나 상충하거나 일치하지 않는 이야기와 교리를 가르치는 다양한 종교를 만난다. "어느 하나의 대안에 우호적인 증거는 자동으로 다른 대안에 비우호적"이라는 관점에서 볼 때, 종교 다원주의의 현실은 결국 유신론보다 무신론에 대한 믿음을 더 크게 만든다는 것이 캐럴의 주장이다.[14]

한편 캐럴은 베이지안 추론에 따라 어떤 신념도 절대적 확신을 줄 수 없다는 점을 알고 있다.[15] 유신론과 무신론이라는 두 가지 반제를 염두에 둔 캐럴의 베이지안 추론은 이 점에서 각 명제에 호의적인 증거와 비호의

Clough, "God's Dice: Bayesian Probability and Providence," *Journal of Interdisciplinary Studies* 27, 1/2 (2015), 4-24; Krzysztof Hubaczek, "William Rowe 's Bayesian Argument from Evil against the Existence of God: An Attempt at Analysis and Assessment" (written in Polish), *Diametros* 14 (2007), 32-52 (초록 출처: https://philpapers.org/rec/HUBWRB, 2021. 12. 16. 접속); Richard Carrier, "Bayesian Counter-Apologetics: Ten Arguments for God Destroyed," https://www.richardcarrier.info/archives/11868 (2021. 12. 16. 접속).

14   Carroll, *The Big Picture*, 81-82.
15   Ibid., 83.

적인 증거를 모두 고려하게 만든다. 이때 캐럴의 추론에서 중요한 증거들은 (현대 과학이 밝혀준) 우주의 특징들이다. 과연 우주의 특징들은 유신론에 더 우호적일까, 무신론에 더 우호적일까?

베이지안 추론을 염두에 두고 캐럴은 "아무도 신 개념을 갖지 않은 세계", 혹은 "물리적 물질만 있고 생명은 없는 세계, 혹은 생명은 있으나 의식은 없는 우주, 혹은 의식적 존재는 있으나 아무도 실존에서 기쁨이나 의미를 발견하지 못하는 우주"를 상상해보라고 말한다.[16] 만약 우주가 이런 특징을 가졌다면, 그것은 무신론에 호의적인 증거가 되었을 것이다. 하지만 우주의 이런 특징은 무신론적 세계보다 유신론적 세계에 더 잘 부합한다. 이처럼 우주의 어떤 특징들은 무신론보다 유신론에 더 호의적이다. 물론 캐럴의 관심은 이런 특징들이 자연주의적 세계관 안에서도 충분히 잘 설명될 수 있음을 보여줌으로써 자신의 자연주의 입장을 적극적으로 변호하는 데 있다.

마찬가지로 베이지안 추론을 염두에 두고 캐럴은 유신론적 세계관에 잘 부합하는 우주의 특징들을 상상해보라고 말한다. 예를 들어 "기적이 거의 혹은 전혀 일어나지 않는 것이 아니라 수시로 일어나는 세상", (앞서 언급한 것처럼) "전 세계의 모든 종교 전통이 독립적으로 하나님에 관한 같은 교리와 이야기를 가진 세상", "다른 별이나 은하는 없고 태양과 달과 지구만 있는 상대적으로 작은 우주", "종교 경전들이 구체적이고 참되며 비직관적인 과학적 정보를 일관되게 제공하는 세상", "인간이 다른 생명의 역사와 완전히 분리된 세상", "영혼이 죽음 이후에도 살아남아 살아 있는 사람들의 세상에 수시로 방문하고 그들과 관계하며 천국에서 사는 이

---

16   Ibid., 148.

야기를 설득력 있게 들려주는 세상", "무작위적 고통이 없는 세상", "각 사람의 상대적 행복 정도가 그 사람의 미덕에 정확하게 비례하는 완벽하게 정의로운 세상" 등.[17] 하지만 우리가 사는 세상은 이런 특징들이 결여되어 있으며, 바로 이 사실이 베이지안 추론을 따를 경우 유신론에 대한 믿음을 감소시키고 무신론에 대한 믿음을 강화한다. 아마도 우주의 특징 중에서 유신론에 가장 비우호적인 특징은 악의 존재일 것이다. 캐럴 역시 이 점을 지적한다.

> 악의 부재가 신의 존재에 호의적인 매우 강력한 증거로서 간주될 것이라는 점은 의심의 여지가 없다. (중략) 세계 내 악의 부재는 무신론 아래서는 설명하기 어렵지만, 유신론 아래서는 상대적으로 설명하기 쉬우며, 따라서 신의 존재에 대한 증거로 여겨질 것이다. 하지만 만약 이것이 옳다면, 우리가 실제로 악을 경험하고 있다는 사실은 분명 신의 존재에 **반하는** 증거다. 악의 부재 가능성이 유신론 아래서 더 크다면, 악의 개연성은 무신론 아래서 더 크고, 따라서 악의 실재는 무신론이 옳다는 우리의 믿음을 강화한다.[18]

캐럴은 유신론과 무신론의 반제에 대한 베이지안 추론의 논의를 마무리하면서, 양편 모두 편견이 있다는 점을 지적한다.[19] 물론 캐럴은 그런 편견의 존재에도 불구하고 증거를 객관적으로 평가하려는 노력을 게을리하지 말아야 한다고 당부한다.[20]

---

17   Ibid., 147.
18   Ibid.
19   Ibid., 149.
20   Ibid.

4. 시적 자연주의

캐럴은 한편으로 베이지안 추론에서 절대적인 확신이 불가능함을 염두에 두면서도, 다른 한편으로는 베이지안 추론을 활용하여 자신의 형이상학적 입장에 대한 변호를 시도한다. 캐럴은 과학의 발전으로 인한 지식의 축적으로 초자연적 실재에 비우호적인 새로운 증거들이 충분히 모였다고 판단하고, 베이지안 추론을 따라 초자연주의보다 자연주의를 옹호한다.

캐럴은 인간 지식의 진보가 가져다준 세계의 모습이 우리가 일상생활에서 통상적으로 생각하는 세계의 그림과 매우 다르다는 점에 주목한다. 캐럴이 언급하는 가장 대표적인 예는 운동량 보존의 법칙이다.

> 운동량은 보존된다. 우주는 동자(mover)를 필요로 하지 않는다. 지속적인 운동은 자연스럽고 기대되는 것이다. (중략) 우주가 창조되거나 원인을 갖거나 지탱될 필요가 없다는 가설을 세우고 싶은 마음이 생긴다. 우주는 그저 **있을** 수 있다. 우주는 단지 현재 상태에 의존하는 방식으로 한순간에서 다음 순간으로 행진하며 진화한다. 우주는 미래 목표를 지향하지 않으며 과거 역사에 의존하지도 않는다.[21]

이런 발견으로부터 캐럴은 "세계가 외부의 어떤 인도 없이 스스로 작동한다"라고 결론을 내리고, 이것이 "단지 하나의 세계, 곧 물리 법칙에 따라 작동하는 자연 세계만이 존재한다는 자연주의에 대한 우리의 믿음을 극

---

21   Ibid., 93.

적으로 고양한다"라고 주장한다.[22] 캐럴에 따르면, 이것은 '부동의 동자' 개념에 호소하는 신 존재 증명이 더는 설득력 없을 뿐만 아니라,[23] '초월적 목적'에 대한 신념 역시 더는 견지하기 어렵게 되었음을 함축한다.[24]

한편 캐럴은 근본적 실재의 존재론에 관한 한 사실상 물리주의에 해당하는 자연주의를 채택하지만, '시적 자연주의'라는 명칭을 도입함으로써 통상적인 자연주의와 구분되는 자신의 고유한 입장을 발전시킨다. 조금 더 부연해서 설명하자면,[25] 캐럴은 존재, 존재하는 것, 혹은 실재가 이원론이나 유신론에서 말하듯 두 가지 (혹은 그 이상의) 유형으로 구분되지 않고, 오직 하나의 유형으로만 존재한다는 일원론을 주장한다. 그리고 그 유일한 실재는 정신이 아니라 자연이라는 점에서 관념론이 아니라 자연주의 입장을 취한다. 또한 자연주의 안에서는 물리적 실재에 더하여 속성들이 실재한다고 보는 속성 이원론을 인정하지 않고 물리적 실재만을 인정하는 물리주의 입장을 채택한다. 마지막으로 캐럴은 물리적 실재 외의 다른 모든 것을 환상으로 간주하는 제거주의[26] 혹은 '검소한 자연주의' 입장과 달리, 인간의 세계 경험의 다양한 차원에 주목하며 물리적 실재를 토대로 창발한 다양한 차원의 (상대적) 실재성을 긍정하고, 자신의 이런 입장을 '시적 자연주의'라고 명명한다.[27]

---

22   Ibid.

23   Ibid., 27-29 참고.

24   Ibid., 9. 캐럴에 따르면, 지난 2백 년간 찰스 다윈, 프리드리히 니체, (장 폴 사르트르와 같은) 실존주의자들, 무신론자들을 통해 초자연적 목적에 대한 전통적 신념이 새로운 신념으로 대체되었다. Ibid., 10.

25   김정형, "마틴 리스, 빌라야누르 라마찬드란, 션 캐럴", 85에 소개한 캐럴의 존재론 도표를 참고하라.

26   '제거주의'(eliminativism)라는 표현은 Carroll, *The Big Picture*, 19에 등장한다.

27   필자가 볼 때, '자연주의'의 경우에 캐럴이 베이지안 추론을 명시적으로 활용하지만, 자

캐럴은 다른 곳에서 자신의 입장을 이렇게 서술한다.

우리는 기저의 비인격적 법칙에 따라 운행하는 우주의 부분이지만, 그럼에
도 불구하고 우리는 **중요하다**. (중략) 옛 사고방식에 의하면, 우리가 '단지'
물리 법칙에 따라 움직이는 원자들의 집합에 불과하다면 인간의 삶은 아무
런 의미도 가질 수 없다. 정확히 그것은 우리가 어떤 존재인지를 설명하지
만, 우리가 어떤 존재인지에 대해 생각할 수 있는 **유일한** 방식은 아니다. 우
리는 어떤 비물리적 영이나 영향으로부터도 독립적으로 움직이는 원자들의
집합이자, **동시에** 우리의 삶의 방식을 통해 실존에 의미를 가져오는, 생각하
고 느끼는 사람이다.[28]

하지만 캐럴의 이런 주장은 서로 조화하기 힘든 두 가지 생각을 억지로 결
합하고 있는 것은 아닌가 하는 의구심을 불러일으킨다. 어떻게 '자연주
의'가 '시적'일 수 있을까? 사실 캐럴의 기포드 강연 전체가 바로 이 질문
에 대한 대답을 찾고 있다고 말할 수 있다.

5. 다양한 말하기 방식

이 질문에 대한 캐럴의 명민한 대답은 '생각하는 방식' 혹은 '말하기 방
식'이라는 개념을 중심으로 펼쳐진다.[29] 캐럴에 따르면, 근본적인 존재론
의 관점에서 볼 때 유명한 테세우스의 배는 원자들로 이루어져 있고, 그

연주의의 '시적' 측면의 경우에 베이지안 추론이 어떤 역할을 하는지는 명확하지 않다.

28   Carroll, *The Big Picture*, 3.
29   Ibid., 17-22 참고.

원자들은 양성자, 중성자, 전자로 이루어져 있다. 그리고 그 입자들의 배열은 시간이 흐름에 따라 계속해서 변화한다. 필자의 말로 고쳐 쓰면, 테세우스의 배에서 낡은 판자들을 새로운 판자들로 교체하는 것은 기저에서 계속 일어나고 있는 입자들의 운동을 다만 가시적으로 시연하는 것에 불과하다. 여기서 "애초에 테세우스의 배가 그 한 사례가 될 수 있는 '배됨'이란 존재하지 않는다."[30] 그렇다면 우리가 사용하는 '배'라는 용어는 환상을 가리키는 말인가? 테세우스의 배에 대해 우리는 배라는 용어를 사용하지 못하고 단지 원자들의 집합이라고만 말해야 하는가? 이런 질문에 대해 캐럴은 물리적인 관점에서만 세계를 말하는 것은 "지독하게 불편하며", "전혀 실용적이지 않다"고 대답한다.[31]

> 그것은 단지 배라는 개념이 우리 존재론에서 근본적 범주가 아니라 파생적 범주라는 것을 의미한다. 그것은 우주의 근본 질료의 특정 부분 집합에 관해 유용한 하나의 **말하기 방식**이다. 배라는 개념이 실재의 가장 깊은 차원에서 이미 존재하기 때문이 아니라 우리에게 유용하기 때문에 우리는 그 개념을 만들어낸다. 그것은 우리가 모든 판자를 바꾼 뒤에도 같은 배인가? 나는 모른다. [다만 이 질문에 대한 대답을] 결정하는 것은 우리 몫이다. '배'라는 개념은 우리가 우리의 편의를 위해 만들어낸 어떤 것이다.[32]

---

30 Ibid., 17.
31 Ibid.
32 Ibid. 캐럴은 실재의 근본적 범주가 아주 많다고 보는 '풍성한 존재론'(rich ontology)과 소수의 범주만 인정하는 '희박한 존재론'(sparse ontology)을 구분하고, 후자의 입장을 채택한다. Ibid., 17-18.

요컨대 캐럴은 한편으로 실재의 근본적 차원을 물리적 범주로 제한한다는 점에서 물리주의 입장을 분명히 하지만, 다른 한편으로 제거주의나 검소한 자연주의와 달리 물리적 실재 외의 다른 모든 현상을 단순히 환상이나 착각으로 치부하지 않는다. "우리의 근본 존재론, 곧 가장 깊은 차원에서 세계를 설명하는 최선의 말하기 방식은 지극히 희박한 것이다. 하지만 세계에 대한 근본적이지 않은 말하기 방식의 부분으로서 많은 개념—고차원적·거시적 실재를 묘사하는 유용한 생각들—은 '실재적'이라고 불릴 만하다."[33] 캐럴의 이런 주장이 말장난에 불과한 것인지 아니면 설득력을 갖춘 논리인지는 나중에 따져볼 문제지만, 우리는 캐럴이 '유용성'을 언급하면서 창발적 세계의 상대적 실재성(곧 근본적인 실재성과 구분되는 실재성)을 인정하고 있다는 사실에 주목할 필요가 있다.

　　캐럴은 같은 방식으로 자연주의자들에게 어려운 문제로 여겨지는 의식의 문제 및 의미, 가치의 문제를 다룬다. 먼저 캐럴은 의식의 문제가 자연주의자들에게 난제임을 인정한다. 캐럴은 한편으로 "자연주의"를 넘어 "물리주의" 입장에서 최근 신경과학의 통찰을 받아들이며, "우리의 개인적인 경험은 [뇌] 속에서 일어나는 물리적 과정 안에 명확한 상관자를 가진다는 데 의문의 여지가 없다"고 판단한다.[34] 그는 다만 "내적 경험"의 문제와 관련하여 이것을 단순히 물리적인 현상으로 환원하는 데는 유보적이다. 캐럴은 이 문제에 관한 한 자신의 시적 자연주의 입장을 이렇게 기술한다. "우리는 '내적 경험'을 우리 뇌에서 일어나고 있는 일들에 관해 이야기하는 방식의 일부로 생각해야 한다. 하지만 이야기하는 방식들은

33　　Ibid., 19.
34　　Ibid., 5.

심지어 우리가 합리적인 존재로서 자유롭게 선택할 능력에 관한 문제에서도 매우 실제적이다."[35]

캐럴은 초자연적 목적을 불러들이지 않고 우주 안에서 의미와 가치를 설명하는 것이 가장 어려운 문제라는 점을 인정한다. 그렇지만 자연주의 입장에서 의미와 가치를 매우 만족스럽게 설명할 수 있다고 생각한다.

> 자연주의에 대한 일반적 비판 중 하나는 그런 과업이 그저 불가능하다는 것이다. 물리적 세계 너머에 우리를 인도해줄 무언가가 존재하지 않는다면, 굳이 살아야 할 이유가 없고, 다른 방식이 아니라 굳이 한 가지 방식으로 살아야 하는 이유가 없다는 것은 분명하다. 일부 자연주의자들은 이런 지적에 동의하면서 이와 같은 현실을 받아들이며 살아간다. 다른 자연주의자들은 이런 지적에 반발하면서 우주의 나이를 결정하는 것과 마찬가지로 가치 역시 과학적으로 결정할 수 있다고 주장한다. 시적 자연주의는 가치란 인간이 구성해내는 산물이지만 그렇다고 해서 가치가 환상이거나 무의미한 것은 아니라고 주장함으로써 중도의 길을 모색한다. (중략) 우리가 인생에서 찾는 의미는 초월적이지는 않지만, 그 때문에 더욱 의미 있다.[36]

이런 식의 논리가 캐럴이 시적 자연주의를 내세우며 애초에 의도했던 "실존적 치료책"을 제공할 수 있을지 다시 검토할 필요가 있다.

---

35   Ibid.
36   Ibid.

III. 시적 자연주의에 대한 비판적 고찰

1. 자연주의의 도전과 캐럴의 공헌

필자가 볼 때, 과학혁명 이후 특히 20세기 과학 지식의 급속한 확장에 따라 자연주의가 현대 사회 안에서 상당한 지분을 차지하는 지배적 세계관으로 자리 잡았음에도 불구하고, 많은 신학자들은 여전히 자연주의가 제기하는 신학적 문제를 무시하거나 과소평가하는 경향이 있다.[37] 그런 점에서 자연신학을 표방하는 기포드 강연 기획팀이 우리 시대의 대표적인 자연주의자 중 하나인 션 캐럴을 초청했다는 사실은 매우 의미 있다. 물론 리처드 도킨스 등 캐럴보다 더 이름 있는 자연주의자들이 없지 않지만, 필자는 캐럴이 기포드 강연자로 초청받은 것은 그가 내세우는 자연주의가 종교 담론의 여지를 전혀 허용하지 않는 극단적이고 과격한 다른 자연주의와 달리 상대적으로 유연하고 열려 있는 '시적' 자연주의라는 이유 때문이 아니었을까 추정한다.

캐럴은 베이지안 추론을 통해 궁극적으로는 유신론보다 무신론을

---

37 현대 과학의 자연주의가 제기하는 신학적 문제를 가장 진지하게 다룬 신학자로는 영국의 저명한 생화학자로서 성공회 사제였던 아서 피콕(Arthur Peacocke)과 미국의 과정신학자 데이비드 그리핀(David Griffin)을 들 수 있다. Arthur Peacocke, "A Naturalistic Faith for the Twenty-First Century," in *All That Is*, ed. Philip Clayton (Minneapolis: Fortress, 2007), 5-56; David Ray Griffin, *Reenchantment without Supernaturalism* (Ithaca: Cornell, 2000). 필자는 아래의 글에서 피콕의 자연주의 신학을 볼프하르트 판넨베르크(Wolfhart Pannenberg)의 종말론적 신학과 대비해서 조명한 적이 있다. Junghyung Kim, "Naturalistic versus Eschatological Theologies of Evolution," *Perspectives on Science and Christian Faith* 65, no. 2 (June 2011), 95-107; 김정형,『창조론: 과학 시대의 창조 신앙』(서울: 새물결플러스, 2019), 14장.

옹호하지만, 베이지안 추론이 유신론을 결정적으로 논박한다거나 무신론을 결정적으로 입증한다고 주장하지 않는다. 말하자면, 원칙적으로 최종 결론은 여전히 열려 있다. 그렇다면 우리는 앞으로 스윈번처럼 베이지안 추론을 통해 신 존재 증명을 추구하는 학자들과[38] 캐럴처럼 같은 추론 방식을 활용해 신 존재를 부정하는 학자들 사이의 열린 대화를 기대해볼 수 있다.

나아가 기본적으로 물리주의 관점의 근본 존재론을 견지하면서도 물리적 차원에서 창발한 화학적·생물학적·의식적·윤리적·심미적 차원의 상대적 실재성을 인정하는 캐럴의 입장은, 캐럴 자신의 침묵에도 불구하고 종교적 차원의 상대적 실재성에 대해서도 긍정할 수 있는 실마리를 제공한다. 다시 말해 종교적 언어 역시 우리를 둘러싼 실재에 관한 유용한 말하기 방식의 하나로서 인정받을 가능성은 여전히 열려 있다.[39]

2. 자연주의의 한계

존재론에 관한 한 캐럴의 상대적 유연성과 개방성에도 불구하고, 그가 표방하는 '시적 자연주의'는 여전히 초자연적 실재를 전면 부정하고 오직 '자연적' 실재만을 인정하는 자연주의의 한계를 고스란히 보여준다. 더 정확하게 말하면, 캐럴은 누구보다도 자연주의의 한계를 명확하게 인식하고 있다. 그렇지만 그는 자연주의의 한계를 비판적으로 극복해야 한다고 생각하지 않고 오히려 그것을 전적으로 인정하고 받아들일 것을 종용

---

38   각주 12번과 13번 참고.

39   이 점에서 루트비히 비트겐슈타인(Ludwig Wittgenstein)이 『철학적 탐구』에서 발전시킨 '언어 놀이' 개념의 종교적 적용을 하나의 대안으로 생각해볼 수 있다.

한다. 동시에 자연주의의 한계 안에서도 충분히 '의미' 있고 '가치' 있는 삶이 가능하다고 주장한다.

대표적인 예를 들자면, 캐럴은 과학이 제공하는 자연주의적 증거만으로는 도덕의 객관적 근거를 확보할 수 없다는 사실에 직면해서 도덕의 객관적 근거를 찾기 위해 초자연적 실재를 가정하는 것에 반대한다. "선한 베이지안 추론가로서 우리는 우리가 진리였으면 좋겠다고 생각하는 주장에 대한 편향을 의식하면서, 이런 바람 때문에 오히려 자연주의적 기초 위에 객관적 도덕성을 정초하려는 시도에 대해 특별히 회의적인 자세를 취해야 한다."[40] 이런 점에서 캐럴은 결과론, 당위론, 덕 윤리 등 도덕성의 객관적 정초를 시도하는 윤리학자들의 이론에 동의하지 않는다. 하지만 캐럴에게 이것은 각 사람이 자기 마음대로 선과 악을 규정하고 살아도 된다는 것을 의미하지 않는다. 오히려 그는 과학기술을 통해 급속도로 변하는 시대에 적응하기 위해 "어떻든 마음을 쓰고", "우리가 마음을 쓰는 일에 마음을 쓰지 않는 우주와 화해할 필요가 있다"고 역설한다.[41] 이런 맥락에서 캐럴은 성서의 십계명을 "열 가지 고려사항"으로 바꾸어 다시 제시하며, 우리가 어떻게 살아야 하는지에 대한 시적 자연주의 관점의 대답을 제안한다.[42] 하지만 필자가 볼 때, 비록 '명령'(계명)이란 단어를 '고려사항'이라는 단어로 바꾸기는 했지만, 이 단락에서 그리고 그의 글 전반에서 발견되는 당위적 주장들은 그가 내세우는 자연주의적 관점과 모순되어 보인다.

의미와 목적의 문제와 관련해서도 우리는 비슷한 지적을 할 수 있다.

---

40   Carroll, *The Big Picture*, 415.
41   Ibid., 418.
42   Ibid., 419-427.

앞에서도 언급했듯이, 캐럴은 자연주의 관점에서 우주의 의미와 목적, 인생의 의미와 목적을 말하는 것이 매우 어려운 과제라는 점을 잘 알고 있다. 하지만 이 문제와 관련해서도 캐럴은 우주나 인생의 의미와 목적을 전면 부정하는 제거주의 입장을 따르지 않으며, 의미와 목적을 찾기 위해 초자연적 실재에 호소하지도 않는다. 대신 인간은 스스로 의미와 목적을 만들어냄으로써 문제를 해결한다는 것이 캐럴의 생각이다.

> 그는 우리가 아무런 목적 없는 우주에서 떠돌고 있으며 죽음을 피할 수 없다는 사실 앞에서 (유신론으로의 회귀 대신) 그 사실을 정직하게 인정하고 받아들일 수 있는 실존적 해결책을 모색한다. 이와 관련해서 캐럴이 그의 저서 결론 마지막 부분에서 알베르 카뮈의 시지프 신화를 언급한 점은 매우 흥미롭다. 캐럴의 해석에 따르면, 시지프는 "목적 없는 우주"에 살고 있지만 "스스로 목적을 만들어내는 영웅"이다. 결론적으로 그는 시지프와 같이 스스로 의미를 창조하는 존재가 되는 것이 무의미하고 무목적인 실재를 직면하는 실존적 해결책이 된다고 본다.[43]

여기서 필자는 20세기 중반 카뮈가 제시한 무신론적 실존주의가 카뮈의 동시대인들에게는 물론이고 21세기를 사는 현대인들에게 과연 설득력 있는 대답이 될 수 있을지 의문이 든다. 말하자면, 인생의 의미와 목적이 시지프가 한 것처럼 인간 스스로 만들어내는 것이라면, 과연 그것은 자기만족을 위한 자기기만과 무엇이 다를까? 그뿐 아니라 다양한 사람이 서로 상충하고 충돌하는 목적을 만들어내고 그것을 추구한다면, 그때 발생하

---

43   김정형, "마틴 리스, 빌라야누르 라마찬드란, 션 캐럴", 85-86.

는 갈등 상황을 조율하고 조정하는 방안을 어떻게 마련할 수 있을까? 필자가 볼 때, 이런 질문은 자연주의의 근본적인 한계를 드러낸다.

3. 베이지안 논증의 한계

마지막으로 우리는 캐럴의 방법론을 비판적으로 살펴볼 필요가 있다. 캐럴은 자신의 형이상학적 입장 곧 시적 자연주의를 변호하는 과정에서 베이지안 추론에 호소하면서 자신이 철저하게 '객관적' 입장에 서 있다는 인상을 주려고 애쓴다. 물론 베이지안 추론이 '사전 믿음'의 중요성을 인식하고 있다는 점에서 캐럴의 입장이 '선이해'의 중요성을 강조하는 대륙 철학의 해석학 전통과 연결될 여지가 전혀 없는 것은 아니지만, '객관적' 증거의 축적이 결국 모든 사람의 합의를 가져올 것이라는 그의 기대는 지나치게 낙관적이다.

여기서 필자는 종교 문제, 특히 신의 존재 여부와 관련해 베이지안 추론을 활용하는 시도 자체에 대해 근본적인 의문을 제기하고 싶다. 신의 존재 혹은 부재와 관련해 베이지안 추론을 활용하는 유신론자들과 무신론자들이 적지 않다는 사실에서 어떤 사람들은 베이지안 추론을 통해 이 문제에 관한 객관적이고 공정한 토론이 가능할 수도 있겠다는 기대를 품겠지만, 다른 사람들은 베이지안 추론이 신의 존재 여부에 관한 결정적인 결론을 내리는 데 별로 도움이 되지 않으리라고 생각할 수도 있다. 필자의 생각은 후자에 가까운데, 그 결정적 이유는 베이지안 추론이 근본적으로 양적 추론이라는 사실 때문이다. 베이지안 추론은 믿음의 정도뿐만 아니라 증거의 능력까지도 양적으로 환원한다. 하지만 종교적 믿음이나 종교와 관련한 '증거들'은 양적으로 환원될 수 있는 성질의 것이 아니다. 필자가 볼 때, 아무리 신실한 사람도 마음 한편에 의심을 품으며, 아무리 회의적인 사람도 한편으로는 믿음의 가능성을 열어둔다. 그런데 이것을 양적으로 환원해서 70퍼센트의 믿음, 20퍼센트의 믿음이라고 말하는 것은 현실을 지나치게 단순하게 묘사하는 것이다. 무엇보다도 종교적 신앙 혹은 불신앙의 근거가 되는 '증거들'을 양적으로 환원하는 것은 사실상 불가능해 보인다. 예를 들어 세계 내 악의 존재는 대체로 유신론에 비호의적이고 무신론에 호의적인 증거로 언급되는데, 이 증거를 어떻게 양적으로 환원할 수 있을까? 사실상 같은 증거가 유신론자와 무신론자에게 다른 양적 평가를 받게 될 것이다.

필자가 베이지안 추론을 종교적 문제에 적용하는 것이 부적절해 보인다고 판단하는 또 다른 이유는 종교적 회심이 (유신론으로의 회심이든 무신론으로의 회심이든 상관없이) 베이지안 추론이 가정하는 것처럼 증거의 축적을 통해 점진적으로 이루어지지 않기 때문이다. 물론 호의적 혹은 비호의적 증거의 축적이 한 사람의 종교적 신념에 얼마간 영향을 미친다는 사실을 인정할 수 있지만, 우리는 주변에서 비호의적 증거가 압도적인 상황에서도 자신의 핵심 신념을 지키는 경우를 자주 목격한다. 오히려 절망적인 상황에서 그런 현실에도 불구하고 믿음을 지키는 것이 참된 신앙이라고 강조하기도 한다(히 11장 참고). 종교적 회심은 오히려 토마스 쿤(Thomas Kuhn)이 말한 패러다임 전환에 가까운 방식으로 일어나는 것으로 보인다.[44]

---

[44] 토마스 쿤의 이론을 적용해 종교적 회심을 연구한 다음 논문을 참고하라. Tomas Sundnes Drønen, "Scientific Revolution and Religious Conversion: A Closer Look at Thomas Kuhn's Theory of Paradigm-Shift," *Method & Theory in the Study of Religion* 18, no. 3 (Jan. 2006), 232-253.

결론적으로, 필자가 볼 때, 베이지안 추론에 호소하는 유신론과 무신론의 논쟁에서 우리가 얻을 수 있는 가장 큰 통찰은 소위 객관적 증거만으로는 이 논쟁에서 최종적 결론을 얻을 수 없다는 것이다. 거꾸로 말하면, 제시된 모든 증거에도 불구하고 유신론도 가능하고 무신론도 가능하다는 것이다. 유신론과 무신론 사이의 논쟁은 과학이 제시하는 사실 외에 다른 '증거'를 요청한다. 어쩌면 유신론과 무신론 사이의 논쟁에서 최종적 결론을 내릴 수 있다는 기대 자체가 비현실적일 수 있다.[45]

IV. 결론: 자연주의와 종교의 관계를 다시 생각하다

2021년 한국리서치가 실시한 설문조사에 따르면, 한국 사회에서 무종교인의 비율이 50퍼센트에 이르렀다.[46] 더 주목할 만한 점은 30세 이하

---

45 아마도 "하나님의 역사적 행위에 의한 계시"(즉 죽은 예수의 부활) 및 "계시의 객관적 층위"를 강조하는 판넨베르크는 필자의 이런 주장에 반대할 수도 있다. 정대경, "판넨베르크 계시 이해의 객관적 층위 강조에 대한 신학적 고찰", 「선교와 신학」 53(2021), 364. 하지만 판넨베르크에게도 예수의 부활은 종말을 선취하는 사건으로서, 단순히 역사적 차원에서 모두 이해되지 않는, 미래적-종말론적 차원이 있다. 이 점에서 부활의 역사성에 대한 판넨베르크의 강조를 단순히 베이지안 추론에 대한 캐럴의 낙관적 기대와 동일시할 수는 없다. 판넨베르크의 방법론에 대한 낸시 머피(Nancey Murphy)의 연구는 이 점에서 흥미로운 통찰을 제공한다. Nancey Murphy, *Theology in the Age of Scientific Reasoning* (Ithaca: Cornell University Press, 1990).

46 박지훈, "개신교인 10명 중 1명, 1년 새 교회 떠났다", 「국민일보」 (2021. 12. 9.) http://news.kmib.co.kr/article/view.asp?arcid=0924221913&code=23111111&cp=nv (2022. 1. 2. 접속). 이것은 비단 한국 사회에만 국한된 현상이 아니다. 미국에서도 무종교인이 계속 증가하는 추세를 보이고 있다. Pew Research Center, "About Three-in-Ten U.S. Adults Are Now Religiously Unaffiliated," https://www.pewforum.org/2021/12/14/about-three-in-ten-u-s-adults-are-now-religiously-unaffiliated/ (2022. 1. 2. 접속).

18-29세의 무종교인 비율(67퍼센트)이 60세 이상의 무종교인 비율(34퍼센트)의 거의 두 배에 달한다는 사실이다.[47] 필자가 볼 때, 무종교인이 증가하는 최근의 추세는 과학의 대중화를 통한 자연주의적 세계관의 확산과 깊이 연관되어 있다. 심지어 종교인들 안에서도 과거 전통과 달리 신이나 영 등 초자연적 존재의 기적적 세계 개입을 전적으로 믿지 않는 이들이 점점 많아지고 있는데, 이것 역시 자연주의가 점점 지배적인 세계관이 되어가는 최근의 흐름과 무관하지 않다.[48] 요컨대 이처럼 막강한 자연주의의 영향력을 생각할 때, 오늘의 종교는 자연주의 문제에 포괄적으로 응답할 필요가 있다.

이 긴급한 과제와 관련해서 필자는 최근 과학 지식의 확장으로 촉발된 자연주의의 득세를 두 가지 관점에서 이해해야 한다고 생각한다. 첫째, 현대 과학의 자연주의적 접근이 우리가 사는 세상과 우주의 많은 부분을 훌륭하게 설명하고 있다는 사실을 겸허하게 인정할 필요가 있다. 쓰나미와 같은 자연재해가 발생하고 코로나19 바이러스로 인한 팬데믹 상황이 출현하고 기후 재앙의 위기가 닥쳐오는 등 우리 주변에서 발생하는 크고 작은 일들의 원인과 결과에 대해 현대 과학이 성서 등 다른 어떤 원천보다 더 정확한 판단을 우리에게 제공하고 있다. 이런 상황에서 초자연적 존재의 예기치 못한 기적적 개입을 언급하는 것은 상당한 주의를 요구한다. 말하자면, 현대 과학의 자연주의적 접근이 나름 일정한 영역에서 고유한 정당성

---

47 윤관명, "한국리서치의 2021년 종교지표", 「원불교신문」(2021. 12. 24.), http://www.wonnews.co.kr/news/articleView.html?idxno=303733 (2022. 1. 2. 접속).

48 현대 과학의 발전은 세계 내 하나님의 섭리 방식에 대한 새로운 이해를 요청하고 있다. 김정형, "현대 과학의 관점에서 본 자연의 역사와 하나님의 섭리", 최윤배 편, 『기독교사상과 문화』 2권 (서울: 장로회신학대학교출판부, 2007), 209-228 참고.

을 갖고 있다는 사실을 인정하고 수용하는 것이 필요하다. 둘째, 앞서 선 캐럴의 시적 자연주의에 대한 논의에서 보았듯이 초자연적 실재를 전적으로 부정하는 자연주의는 (그것이 아무리 유연하다고 하더라도) 우리의 삶과 세계에 대해 충분히 만족스러운 설명을 제공하지 못한다는 점을 강조할 필요가 있다. 이 점에서 우리는 형이상학적 자연주의와 방법론적 자연주의를 구분하는 전통을 다시금 회복할 필요가 있다. 간단히 말해, 과학의 자연주의를 방법론적 측면에서 긍정하면서 수용하지만("방법론적 자연주의"), 그것이 지나쳐 모든 실재를 자연적인 것으로만 제한하는 배타적인 이데올로기는 거부하는 것이다("형이상학적 자연주의"). 하지만 이 구분은 언뜻 보기보다 훨씬 미묘하다.[49] 그럼에도 필자가 보기에 과학의 자연주의와 종교 사이의 관계를 다시금 면밀하게 검토하는 작업은 무종교인이 급증하는 현대 사회의 세속화 문제에 대처하는 실마리를 우리에게 제공해줄 수 있을 것이다.

---

[49]   최근 적지 않은 과학자들과 철학자들은 과학의 방법론적 자연주의가 형이상학적 자연주의를 내포하거나 그것으로 귀결될 수밖에 없다고 주장한다. 방법론적 자연주의를 둘러싼 논쟁에 관해서는 다음 글을 참고하라. Junghyung Kim, "A Qualification of Methodological Naturalism: Brightman and de Vries Revisited," *Theology and Science* 20, no. 2 (2022), 166-178.

참고문헌

김정형. "과학적 무신론의 도전과 창조론의 미래." 「선교와 신학」 48(2019. 06), 111-141.

_____. "마틴 리스, 빌라야누르 라마찬드란, 션 캐럴." 윤철호·김효석 책임편집. 『신학과 과학의 만남: 기포드 강연을 중심으로』, 80-87. 서울: 새물결플러스, 2021.

_____. 『창조론: 과학 시대의 창조 신앙』. 서울: 새물결플러스, 2019.

_____. "현대 과학의 관점에서 본 자연의 역사와 하나님의 섭리." 최윤배 편. 『기독교 사상과 문화』 2권, 209-228. 서울: 장로회신학대학교출판부, 2007.

박지훈, "개신교인 10명 중 1명, 1년새 교회 떠났다: 한국리서치, 설문조사 결과 발표," 「국민일보」(2021. 12. 9.) http://news.kmib.co.kr/article/view.asp?arcid=0924221913&code=23111111&cp=nv (2022. 1. 2. 접속).

윤관명, "한국리서치의 2021년 종교지표," 「원불교신문」(2021. 12. 24.), http://www.wonnews.co.kr/news/articleView.html?idxno=303733 (2022. 1. 2. 접속).

정대경. "판넨베르크 계시 이해의 객관적 층위 강조에 대한 신학적 고찰." 「선교와 신학」 53(2021), 359-390.

Braunsteiner-Berger, Julia. "Swinburne's argument for the existence of God: a critical comment on conceptual issues." *Religious Studies* 50 (2014), 359-378.

Carrier, Richard. "Bayesian Counter-Apologetics: Ten Arguments for God Destroyed." https://www.richardcarrier.info/archives/11868 (2021. 12. 16. 접속).

Carroll, Sean M. *The Big Picture: On the Origins of Life, Meaning, and the Universe Itself.* London: Dutton, 2017.

Clough, William R. "God's Dice: Bayesian Probability and Providence." *Journal of Interdisciplinary Studies* 27, 1/2 (2015), 4-24.

Drønen, Tomas Sundnes. "Scientific Revolution and Religious Conversion: A Closer Look at Thomas Kuhn's Theory of Paradigm-Shift." *Method & Theory in the Study of Religion* 18, no. 3 (Jan. 2006), 232-253.

Griffin, David Ray. *Reenchantment without Supernaturalism.* Ithaca: Cornell, 2000.

Hubaczek, Krzysztof. "William Rowe's Bayesian Argument from Evil against the Existence of God: An Attempt at Analysis and Assessment" (written in Polish). *Diametros* 14 (2007), 32-52 (초록 출처: https://philpapers.org/rec/HUBWRB, 2021. 12. 16. 접속).

Kim, Junghyung. "Naturalistic versus Eschatological Theologies of Evolution." *Perspectives on Science and Christian Faith* 65, no. 2 (June 2011), 95-107.

Kim, Junghyung, "A Qualification of Methodological Naturalism: Brightman and de Vries Revisited," *Theology and Science* 20, no. 2 (2022), 166-178.

Murphy, Nancey. *Theology in the Age of Scientific Reasoning.* Ithaca: Cornell University Press, 1990.

Peacocke, Arthur. "A Naturalistic Faith for the Twenty-First Century." In *All That Is*, edited by Philip Clayton, 5-56. Minneapolis: Fortress, 2007.

Pew Research Center, "About Three-in-Ten U.S. Adults Are Now Religiously Unaffiliated," https://www.pewforum.org/2021/12/14/about-three-in-ten-u-s-adults-are-now-religiously-unaffiliated/ (2022. 1. 2. 접속).

Swinburne, Richard. "Bayes, God, and the Multiverse." In *Probability in the Philosophy of Religion*, edited by J. Chandler and V. Harrison, 103-123. Oxford: Oxford University Press, 2012.

진화와 목적에 관한 소고

- 맥그래스의 기포드 강연의 보충*

박형국

* 이 논문은 2019년 7월 1일부터 2022년 6월 30일까지 대한민국 교육부와 한국연구재단의 지원을 받아 수행된 연구(NRF 2019S1A5A2A03034618)로서 다음과 같이 출판되었다. 박형국, "진화와 목적에 관한 소고 – 맥그래스의 기포드 강연의 보충",「신학과 사회」35집 1호(2021), 79-108.

I. 서론

다윈주의 진화론이 생명의 서사를 해명하는 강력한 과학적 이론이라는 사실은 의심할 여지가 없지만, 생물학적 차원을 넘어 완전히 새로운 국면으로 나아가는 문화적 진화(변화)를 설명하는 데는 제약이 있는 듯하다. 문화적 진화의 가장 최근 단계인 과학과 기술공학의 발전은 생물학적 진화와는 비교할 수 없을 정도로 뚜렷한 방향성 또는 목적성을 드러내고 있다. 본 논문은 진화의 목적성을 둘러싸고 전개된 최근 토론의 지형을 살펴보고 핵심 쟁점이 무엇인지를 탐색하는데, 이런 핵심 쟁점의 탐구는 우주의 역사에 해당하는 '빅 히스토리'[1]를 서술하고 해석하는 데 기여할 것이다.

신학자이자 분자생물학자인 앨리스터 맥그래스(Alister E. McGrath)는 2009년 애버딘 대학교에서 열린 "정교하게 조율된 우주: 과학과 신학의 하나님 탐구"[2]라는 제목의 유서 깊은 기포드 강연에서 우주의 정교한 조율 현상에 대한 관찰과 해석을 검토하고 기독교 자연신학을 새롭게 구축할 것을 제안하면서 진화론의 방향성을 둘러싸고 전개되어온 해석의 갈등을 고찰했다. 그가 자연신학을 재구성하는 맥락에서 현대 진화론의 뜨거운 토론 주제인 진화의 방향성에 대한 해석의 갈등을 꽤 비중 있게 고찰하는 것은 흥미롭다. 맥그래스는 다윈주의 진화론이 세계의 미래 방향에 대한 적절한 큰 그림을 제공하는지 의문을 제기하면서 진화의 방향성을 새로운 목적론의 방식으로 해석할 것을 제안한다. 다윈주의는 자연선

---

1   데이비드 크리스천·밥 베인/조지형 옮김, 『빅 히스토리』 (서울: 해나무, 2013) 참조.
2   알리스터 맥그래스/박규태 옮김, 『정교하게 조율된 우주: 과학과 신학의 하나님 탐구』 (서울: IVP, 2014).

택에 이어 임의의 변화가 일어난다는 진화론의 기본 개념을 강조하면서 변이가 일어나는 과정이 철저하게 무작위적(random)이라고 주장한다. 맥그래스는 다윈주의자들의 이런 주장이 발전 과정을 이해하는 데 거의 도움을 주지 못한다고 여기면서, 진화의 방향성과 관련해 각각 우연과 목적을 강조하는 입장을 견주어가면서 진화의 목적론적 논증을 펼친다. 그는 두 가지 목적 개념, 즉 감각과 관찰 결과에 대한 추론이나 성찰에서 끌어낸 경험적 목적 개념과 경험으로 확인할 수 없는 형이상학 체계에서 연역해낸 전통적인 선험적 목적 개념을 구분하면서, 진화 과정에 등장하는 목적론 개념은 경험으로 확인할 수 있는 것으로서 경험을 통해 밝혀낸 결과에 근거한 것이지 미리 측정되고 결정된 목적론이 아님을 주장한다.

우리는 진화와 목적의 관계에 대한 보다 나은 이해를 전망하기 위해 목적론과 관련한 다윈주의 진화론자들의 주장이 지닌 혼란과 역설의 문제와 다윈주의 진화론이 고도로 복잡한 의식 또는 정신적 존재자의 출현을 설명하는 데 매우 제한적이라는 점을 주목할 필요가 있다. 논자는 자연 세계의 현상과 사실에 기초한 검증 가능한 과학 이론으로서의 다윈주의 진화론을 존중하는 것과 세계의 목적과 의미를 숙고하는 존재론적인 대안 서사를 제시하는 것이 양립할 수 있음을 주장한다.

II. 진화의 방향성에 대한 해석의 갈등: 우연의 서사, 목적의 서사?

1. 진화의 방향성은 우연의 서사

진화 과정에 어떤 분명한 방향성 또는 경향(trend), 즉 "목표를 향하는 경향"[3]이 나타난다는 사실은 대체로 인정되는 듯하다.[4] 하지만 이 방향성에 대한 해석은 갈린다. 다윈을 따르는 많은 진화론자는 이 방향성을 맹목적인 우연의 서사로 묘사한다. 진화론자들은 진화가 변이를 동반한 유전 과정을 통해 일어나고 생물 종은 이 과정을 거치면서 자연선택에 이어 임의의 변화가 일어나는 가운데 복제를 반복하며 환경에 적응한다고 주장한다. 진화란 미리 계획된, 또는 결정된 목표 없이 무작정 진행하는 과정으로 이해되고, 자연선택에 의한 진화 과정은 확률적이라고 주장된다. 자연선택설은 수많은 관찰 결과를 하나의 뼈대로 구성하여 이론으로 발전시킨 원리인데, 선택의 메커니즘은 엄밀하게 인과적 구조가 아니라 통계학적이다.[5] 신다윈주의자들은 그 어떤 형태의 목적론도 거부하는 것을 일종의 공리로 여기며, 진화는 목적도 없고 그 결과도 예측할 수 없으며 결정

---

3   굴드는 방향성 대신 '경향' 또는 '추세', '방향' 그리고 '동향' 등의 다양한 용어를 쓰는데, 이는 "정해진 방향으로 나아가는 어떤 확고한 실체가 아니라 변이의 증가와 감소 결과"를 뜻한다. 참조. 스티븐 제이 굴드/이명희 옮김, 『풀 하우스』(서울: 사이언스북스, 2002), 31, 51-68.

4   William S. Stoeger, "The Immanent Directionality of the Evolutionary Process, and Its Relationship to Teleology," *Evolutionary and Molecular Biology: Scientific Perspectives on Divine Action*, ed. Robert J. Russell, William S. Stoeger, and Francisco Ayala (Vatican City: Vatican Observatory Publications, 1999), 163-190.

5   제이콥 브로노우스키/임경순 옮김, 『과학과 인간의 미래』(파주: 김영사, 2011), 276.

되지도 않는다는 견해가 신다윈주의자들 사이에서 대세를 이룬다.[6]

다윈주의자들의 이런 생각은 다윈의 불독으로 불리는 토마스 헉슬리의 주장에 이미 나타난다. "보통 사람들이 이해하는 목적론은 다윈의 손에 의해 치명타를 입었다."[7] 여기서 헉슬리가 언급하는 목적론은 당연히 윌리엄 페일리(W. Paley)가『자연신학』에서 제시한 형태, 즉 자연은 고안되었고 특별한 목적과 의도를 염두에 두고 설계되고 구성되었다는 의미의 목적론일 것이다.[8] 하지만 헉슬리의 주장은 실현된 것 같지 않고 진화의 목적성을 둘러싼 토론은 현대 생물철학에서 여전히 뜨겁게 전개되고 있다.[9]

고생물학자 스티븐 굴드(1941-2002)는 생명 역사에서 진보란 보편적 현상이 아니며, 따라서 진화의 경로는 결코 진보로 해석될 수 없다고 주장한다. 그는 "진화는 예정된 결과를 향해 진행되는 경향 또는 추진력이 있으며, 그 힘이 생명의 역사에서 찬란하게 빛나는 최고의 결과를 낳았다는 생각"은 오류라고 말하며, 진화론의 의미는 "생명이란 예측 불가능하고 방향이 없"고 "인류의 탄생은 한순간 우연히 일어난 우주적 사건"일 뿐이

---

6   Pier Luisi, "Contingency and Determinism," *Philosophical Transactions: Mathematical, Physical, and Engineering Sciences* 361 (2003), 1141-1147.

7   Thomas H. Huxley, *Lay Sermons, Addresses, and Reviews* (London: Macmillan, 1870), 330; David L. Hull, *Darwin and His Critics: The Reception of Darwin's Theory of Evolution by the Scientific Community* (Cambridge, MA: Harvard University Press, 1973), 57.

8   참조. Neal C. Gillespie, "Divine Design and the Industrial Revolution: William Paley's Abortive Reform of Natural Theology," *Isis* 81 (1990), 214-229; Richard C. Francis, *Why Men Won't Ask for Directions: The Seductions of Sociobiology* (Princeton, NJ: Princeton University Press, 2004), 4-7.

9   참조. Michael Ruse, *Darwin and Design: Does Evolution Have a Purpose?* (Cambridge, MA: Harvard University Press, 2003). 또한 마이어에 따르면 실제로 최근 생물철학에서 목적론에 대한 논의는 상당한 분량(10-14퍼센트)을 차지한다. Ernst Mayr, *What Makes Biology Unique?* (New York: Cambridge University Press, 2004), 39.

라고 주장한다.[10] 그는 진화의 경로가 미리 결정된 필연이나 목적이 아닌 우연의 특징을 지닌다는 점을 "술주정뱅이 모델"[11]이라는 유명한 사고 실험을 통해 논증한다. 즉 유기체의 진화 경로는 마치 술주정뱅이가 좌우로 비틀거리며 걷듯 무작위적 움직임을 보이는 전반적인 방향성을 나타낸다는 것이다. 그에 따르면, 유기체의 어떤 진화 경로에 특별한 이점이나 모종의 내재적 경향이 없는데도 생물의 어떤 평균 또는 최대값은 그 방향으로 움직일 수 있다. 진화 과정은 처음부터 끝까지 우연이 지배한다.

굴드는 생물진화가 우연이 빚어낸 결과라는 점을 논증하기 위해 '생명의 테이프 재생하기'(replaying life's tape)라는 또 하나의 기발한 가상 실험을 제시한다. 또한 만일 생명의 진화 과정을 기록한 테이프가 있어서 그것을 되돌려본다면 매번 다른 생명 진화의 패턴이 드러날 것이라고 한다.

나는 그 실험을 '생명의 테이프 재생하기'라고 부른다. 되감기 버튼을 누르고 실제로 일어난 모든 일을 완전히 지웠다는 것을 확인한 다음에 여러분은 과거의 어떤 시대나 장소로 간다. 가령 버제스 혈암을 퇴적시킨 바다로 되돌아가는 것이다. 그런 다음 테이프를 재생해서 반복되는 과정이 처음 것과 동일한지 여부를 확인하는 것이다. 만일 매번 테이프를 재생할 때마다 그 과정이 생물진화의 실제 경로와 거의 흡사하다면, 실제로 일어났던 일들이 매번 발생할 것이라는 결론을 내려야 할 것이다. 그러나 여러 차례의 재생실험이 실제 생명의 역사와 크게 다르고, 마찬가지로 있음 직한 결과들을 낳는다면 어떻게 될 것인가? 그 경우에도 우리는 자의식을 가진 지능의 출현이 예측

---

10   굴드, 『풀 하우스』, 36, 50, 35 참조.
11   참조. Ibid., 208-211; Peter A. Corning, *Nature's Magic: Synergy in Evolution and the Fate of Humankind* (New York: Cambridge University Press, 2003), 150-151.

가능한 것이라고 말할 수 있는가? 포유류는? 척추를 가진 동물은? 육상생물의 출현은? 아니면 다세포 동물들이 6억 년이라는 힘겨운 기간을 이겨낼 수 있었던 일은?[12]

굴드는 인간 지능 또는 의식의 진화를 필연의 산물 혹은 예측 가능한 것으로 간주할 수 없다고 주장한다. 굴드는 대략 35억 년으로 추산되는 생명의 전체 역사 가운데 절반이 넘는 기간에는 단지 원핵생물밖에 등장하지 않았고, 지구에 생명이 탄생한 이후 지금까지의 시간 동안에는 마지막 6분의 1이 되어서야 비로소 다세포동물이 등장한 사실이 "우연성과 실현되지 않은 가능성의 방대한 영역의 존재를 강력하게 시사"한다고 본다.[13] 지질학적 시간 척도를 고려하면 인류의 지능은 불과 1초 전에 출현한 것이기에, 우리는 자의식으로 진화하기 위해서는 지구에 허용된 시간의 절반 가까운 기간이 필요하다는 놀라운 사실에 직면하게 된다. 테이프를 반복적으로 재생해서 대체로 같은 진화 경로가 창발한다고 하더라도, 자의식에 도달하는 데 200억 년이 필요할 수 있다. 이는 설령 생명체의 진화 과정을 반복한다고 해도 원핵세포가 진핵세포로 나아가는 첫 단계에서 걸리는 시간은 확률적 성격을 지닌 우연한 사건의 발생과 영향력에 따라 다르게 결정될 수 있다는 해석이다.[14] 굴드의 실험은 비록 가상 실험이기는 하지만, 매우 흥미롭다. 하지만 굴드와 같이 진화에서 나타나는 방향성 또

---

12   스티븐 제이 굴드/김동광 옮김, 『원더풀 라이프: 버제스 혈암과 역사의 본질』 (경기 파주: 궁리, 2018), 61 [한글 번역 일부 수정]; idem., The Structure of Evolutionary Theory (Cambridge, MA: Belknap Press, 2002), 1019-1020; 굴드의 논증에 대한 비판적인 설명에 대해서는 맥그래스, 『정교하게 조율된 우주』, 397-399을 참조하라.
13   굴드, 『원더풀 라이프: 버제스 혈암과 역사의 본질』, 481.
14   Ibid., 482.

는 동향을 철저하게 우연의 서사로 해석하는 입장을 비판하는 흐름도 있
다.[15]

2. 진화의 방향성은 목적의 서사인가?

앞서 살핀 대로 대다수의 다윈주의 진화론자들이 진화의 방향성을 우연
성으로 해석하지만, 현대 생물학에서 목적론을 새롭게 도입하는 방식에
대한 노력과 더불어 아예 목적론적 언어와 생각을 뿌리 뽑기는 명백히 불
가능하다는 주장이 제기되기도 하는데, 과연 진화는 어떤 의미에서 목적
론적인 변화로 이해될 수 있는가?[16] 맥그래스는 다윈주의 진화론의 가장
근본적인 약점 가운데 하나가 발전 과정을 이해하는 데 거의 도움이 되지
않는다는 것임을 지적하면서, 변이가 생겨나는 과정이 철저히 무작정 이
루어지는 과정이라고 생각할 수 없는 이유로 일련의 수렴하는 압력들이
이미 작동하고 난 뒤에야 모든 유기체가 물리적 형체를 갖춘다는 사실을
들고 있다.[17]

15　굴드는 지적 생명체의 발전 과정에서 우연의 역할을 지나치게 강조한다는 비판을 받
　　기도 한다. 참조. Kim Sterelny, "Understanding Life: Recent Work in the Philosophy of
　　Biology," *British Journal for the Philosophy of Science* 46 (1995), 155-183, 특히 174-
　　178; Leigh M. van Valen, "How Far Does Contingency Rule?" *Evolutionary Theory* 10
　　(1991), 47-52.

16　참조. David Hanke, "Teleology: The Explanation That Bedevils Biology," *Explanations:
　　Styles of Explanation in Science*, ed. John Conrnwell (Oxford: Oxford University Press,
　　2004), 143-155; John Beaty, "Teleology and the Relationship of Biology to the Physical
　　Sciences in the Nineteenth and Twentieth Centuries," *Newton's Legacy: The Origins and
　　Influence of Newtonian Science*, ed. Frank Durham and Robert D. Purrington (New York:
　　Columbia University Press, 1990), 113-144.

17　맥그래스, 『정교하게 조율된 우주』, 383ff 참조.

콘웨이 모리스는 굴드처럼 진화 과정에서 우연성의 역할을 인정하지만, 우연성의 중요성을 굴드와는 다르게 이해한다. 모리스는 우연이 진화 과정을 지배한다는 생각을 반박하면서, 진화 과정이 특정 방향을 향해 수렴한다는 수렴 진화(convergent evolution)를 주장한다.[18] 수렴 진화는 "생물 조직이 특별한 요구에도 동일한 해답에 이르려고 하는 반복 성향"[19]으로 이해될 수 있다. 모리스는 "원하는 만큼 몇 번이고 생명의 테이프를 다시 돌려보라. 그래도 마지막 결과는 동일할 것"이라고 주장한다.[20] 그는 생물들의 사례들을 수집하고 관찰한 귀납적 사실에 기초하여 "수렴의 세부 내용은 서로 다른 출발점들이 잘 다져진 다양한 길을 통해 공통된 해답으로 변해가면서 많은 우여곡절을 거치는 진화의 변화상을 실제로 보여준다"고 주장한다.[21] 이런 사실은 생물 공간에 안정된 영역이 있음을 말해준다.

모리스가 수렴 진화 논증을 통해 굴드를 비판하는 핵심 내용은 우연은 진화 메커니즘에서 작은 역할을 하는 한 요인에 불과하다는 것, 즉 "진화의 경로는 많지만, 진화가 다다르는 종착지는 한정"[22]되어 있다는 것이다. 생물의 역사는 자신을 반복하려는 경향을 두드러지게 보여주며, 생명체는 섬뜩하다 싶을 정도로 바른 해답을 찾아내는 능력을 거듭 보여준다. "생명체는 적응하지 못하게 막는 도전들에 대응해 거의 정확한 해답들을

---

18   Simon Conway Morris, *Life's Solution: Inevitable Humans in a Lonely Universe* (Cambridge: Cambridge University Press, 2003), 297; 모리스의 수렴 진화 논증에 대한 요약적 설명은 맥그래스, 『정교하게 조율된 우주』, 400-406을 참조하라.

19   Ibid., xii.

20   Ibid., 282.

21   Ibid., 144; 예컨대 광합성과 눈을 포함한 익숙하고 다양한 사례에 대한 소개는 457-461을 참조하라.

22   Ibid., 24.

50   신학과 과학의 만남 2

향해 '항해해 가는' 특이한 경향을 지니고 있다."[23] 따라서 진화는 본질상 무작정 이루어지는 탐색 과정처럼 보일지라도, 결국 생물학 공간에서 안정된 결과를 찾아내는 과정이라고 말할 수 있다.

모리스는 진화의 방향성을 굴드처럼 순전히 무계획적 또는 무목적적 과정으로 해석하거나 미리 설정된 목표를 향해 기계적으로 나아가는 것으로 보는 경직된 이분법을 반대하고 보다 나은 전망을 찾고자 한다. 그는 폴리네시아인들이 이스터섬을 발견한 것을 유비로 사용하여 수렴 진화 현상을 설명하는데, 그들이 남태평양 한가운데 멀리 떨어진 이 섬을 발견한 것을 단순히 우연으로 보기 어렵다고 주장한다.[24] 모리스는 이런 안정성을 표현하기 위해 "다윈의 나침반"이라는 비유를 사용한다.[25] 폴리네시아인들이 마치 나침반과 같은 정교한 항해 전략으로 이 섬을 발견했듯이, 유기체 진화의 방향에도 단순히 우연으로 치부할 수 없고 나침반에 비유할 수 있는 안정성이 작용한다는 것이다. 모리스의 주장은 다음과 같다.

진화 과정 곳곳에 나타나는 수렴은 진화의 끝이 확정되어 있지 않고 진화의 결과들도 예견할 수 없으며 불확정이라는 견해를 부정한다. 요컨대 유기체는 거듭 동일한 생물학적 해답에 이른다. 아마도 척추동물과 두족류에서 볼 수 있는 카메라 눈이 가장 유명한 사례일 것 같은데, 이는 예견 가능성을 어느 정도 제공하기도 하지만, 생명체에 더 심오한 구조가 있음을, 곧 진화가 반드시 건너가야 할 대지에 비유할 수 있는 것이 있음을 가리킨다는 점에서

---

23   Ibid., 225.
24   Ibid., 19-21.
25   S. C. Morris, "Darwin's Compass: How Evolution Discovers the Song of Creation," *Science and Christian Belief* 18 (2006), 5-22.

더 흥미롭다.[26]

맥그래스가 보기에 진화의 방향성에 대한 모리스의 설명은 어떤 목적론 개념을 가리키는 것으로 해석할 수도 있다. 프란시스 아얄라는 진화에 대한 목적론적 변증을 강하게 주장하는 진화생물학자다. 아얄라는 목적론적 설명을 현대 생물학의 근간으로 간주하면서, 유기체를 구성하는 부분들의 기능적 역할을 설명하고 자연선택에 관한 설명에서 중심 역할을 하는 재생산 적합성(reproductive fitness)의 목표를 서술하는 데 목적론 개념이 필요하다고 주장한다.

목적론적 설명은 우리가 살펴보는 시스템이 일정한 방향을 지니고 조직되었음을 암시한다. 그런 이유로 생물학과 사이버네틱스 영역에서는 목적론적 설명이 적절하지만, 물리학에서 돌이 떨어지는 것과 같은 현상을 묘사하기 위해 이 설명을 사용할 경우에는 아무런 설명도 하지 못한다. 더욱이 가장 중요한 것은 목적론적 설명들이 마지막 결과가 그 결과에 기여하거나 그 결과에 이른 목적 혹은 과정의 존재를 설명하는 이유임을 암시한다는 점이다. 목적론의 관점에서 물고기 아가미를 설명하는 것은 아가미가 바로 호흡에 기여하기 때문에 존재하게 되었음을 암시한다. 만일 위의 추론이 옳다면, 생물학이 목적론적 설명들을 사용하는 것은 받아들일 수 있는 정녕 불가피한 일이다.[27]

---

26   Ibid., 19-21.
27   Francisco J. Ayala, "Teleological Explanations in Evolutionary Biology," *Philosophy of Science* 37 (1970), 12.

아얄라가 보기에 자연선택은 재생산의 효율을 늘리려는 목표를 지향하고, 목표를 지향하는 기관들을 만들어내며, 이에 필요한 과정들을 만들어내기에 목적론적 과정으로 간주되어야 한다. 따라서 유기체들 안에 존재하는 목적론적 메커니즘들은 생물학적 적응이 만들어낸 결과들이며, 자연선택 과정의 결과로서 나타난 것으로 주장될 수 있다.[28]

Ⅲ. 진화의 방향성에 대한 맥그래스의 목적론적 재해석

맥그래스는 진화의 방향성에 대한 굴드의 해석과 모리스의 해석을 견주면서, 목적론적 해석을 다시 새롭게 숙고할 것을 제안한다. 그가 보기에 에른스트 마이어와 같은 생물철학자들이 전통적인 목적론을 진화생물학에 도입하는 것을 비판하는 것은 부분적으로 타당하다. 자연과학자들이 자연 과정을 설명하면서 목적론 개념을 끌고 들어오는 것을 반대한 것은 그 목적론이 선험적·형이상학적 주장을 자연 과정에 대한 경험적·과학적 관찰과 성찰에 강요하여 과학의 발전을 저해했기 때문이다.[29] 마이어는 칸트가 『판단력 비판』(1790)에서 뉴턴의 물리주의 철학의 기초 위에 생물철학을 발전시키려다가 실패하자 아리스토텔레스에게 호소하여 전개한 선험적 목적론이 19세기 독일 철학에 미친 역효과를 사례로 제시한다.[30]

28　마이어는 아얄라의 해석이 라마르크식의 변형적 진화론에서는 불합리하다고 볼 수 없지만, 어떤 궁극적인 목표를 지니지 않은 다윈의 진화론에서는 더 이상 타당한 견해가 아니라고 본다. Mayr, *What Makes Biology Unique?*, 62.
29　맥그래스, 『정교하게 조율된 우주』, 407.
30　Mayr, *What Makes Biology Unique?*, 90-91.

그렇다고 마이어가 생물학을 포함한 과학에서 목적론 개념의 사용을 부정하는 것은 아니다. 마이어는 실제 자연에 풍부하게 존재하는 종착지나 목표 지점으로 나아가는 과정과 활동을 인정한다. 그는 목표를 지향하는 활동에 해당하는 사례들은 자연계에 널리 퍼져 있을 뿐 아니라, "목표를 지향하는 과정들의 등장이야말로 어쩌면 생물계가 지닌 가장 두드러진 특징일지도 모른다"[31]고 주장한다. 따라서 생물학자들이 목적론적 언어를 사용하는 것은 정당하며, 또 목적론적 언어를 사용하는 것이 물리화학적 설명을 거부하거나 인과율을 따르지 않는 설명을 암시하는 것도 아니다.[32] 마이어는 단지 생물학에서 확인되는 목적론적 언어와 전통적인 형이상학적 목적론의 언어를 구별하면서, 후자를 생물학에 강요하지 말아야 한다고 생각한다.

마이어는 진화생물학에서 목적론의 부상과 몰락의 역사를 연구한 결과[33]에 기초하여 오늘날 생물학에서 정당하게 사용되는 목적론적 개념에 가해진 타당하지 않은 다섯 가지 비판을 열거한다.[34]

(1) '목적론적 진술들과 설명들은 과학에서 증명할 수 없는 신학적 또는 형이상학적 교리들의 추인을 함축한다.' 이 비판은 이전 시대의 베르그송과 드리슈와 같은 대부분의 생기론자들(vitalists)에게는 타당하지만, 목적론적 언어를 사용하는 다윈주의자들에게

---

31   Ernst Mayr, *Toward a New Philosophy of Biology: Observations of an Evolutionist* (Cambridge, MA: Harvard University Press, 1988), 44-45.
32   Ibid., 59.
33   Ibid., 235-255.
34   Mayr, *What Makes Biology Unique?*, 46-47.

는 적용되지 않는다.

(2) '생명이 없는 자연에 똑같이 적용할 수 없는 어떤 생물학적 설명은 물리화학적 설명을 거부하는 것이 아니다.' 모든 현대 생물학자들은 세포-분자 수준에서 물리-화학적 설명을 받아들이며, 나아가 겉보기에 유기체의 목적론적 과정은 엄격하게 물질주의적으로 설명될 수 있기에, 이것도 타당하지 않은 비판이다.

(3) '미래의 목표들은 현재 일어나는 사건들에 방향을 부여하지 않으므로 목적률 또는 합목적적(teleonomic) 과정은 인과성 및 개념과 갈등을 일으키지 않는다.' 물리주의자들이 자주 제기하는 이 비판은 그들이 물리주의적 개념과 이론의 고전적인 틀거리에서 존재하지 않는 프로그램 개념을 적용하지 못하는 것에서 기인한다.

(4) '목적론적 설명은 법칙들로 제한해야 한다.' 실제로 법칙들을 목적론적 설명 속으로 집어넣으려는 시도는 단지 혼돈을 초래했을 뿐이다.

(5) 텔로스는 '종점(end point) 또는 목표(goal)를 의미한다. 두 단어는 같다.' 반대로 진화생물학자들에게는 목표로서의 '텔로스'와 종점으로서의 '텔로스' 사이에 커다란 차이가 있다. 만일 자연선택과 더 넓게 진화의 모든 과정이 텔로스를 지니고 있는지 묻는다면, 어떤 텔로스를 염두에 두고 있는지를 분명히 해야 한다.

마이어는 일부 철학자들이 목적론을 획일적인 의미로 사용하는 것이 타당하지 않다고 비판하면서 다섯 가지 다른 의미의 목적론적 현상을 구별한다. (1) Teleomatic processes, (2) Teleonomic processes, (3) Purposive behavior, (4) Adapted features, 그리고 (5) Cosmic teleology. 마이어는 목

적론적이라고 불리는 앞의 네 가지 현상은 과학에 의해 완전히 설명될 수 있지만, 다섯 번째는 과학에 존재하지 않는다고 주장한다.[35]

마이어가 물리화학적·생물학적으로 정당화될 수 있는 목적론적 언어와 그렇지 않은 목적론적 언어를 구별하는 것은 혼란을 피하는 데 도움이 된다. 마이어는 이런 구별에 기초하여 다윈주의의 진화론을 궁극적 목적으로 귀결된다는 의미의 전통적인 목적론적 개념으로 해석하는 것을 반대한다. 다윈의 자연선택 원리가 지지자들이나 반대자들에 의해 목적론적으로 널리 해석되었지만, 진화의 변이적 본성을 온전히 이해한다면 진화 자체를 목적론적 과정으로 해석하는 것은 더 이상 타당하지 않다. 진화가 궁극적 목표가 없고 퍼스가 말한 것과 같이 "종국적"(종점을 지향하는, finious) 과정이라는 정의가 자연선택 과정에는 들어맞을 수 있지만, 진화의 방향성을 목적론적으로 해석하는 것은 부적절하다. 자연선택은 최적화 과정이 확실하지만, 어떤 구체적인 목표를 지니지 않는다. 무수한 제약과 우연의 빈도를 고려할 때 진화를 목적론적 과정이라고 부르는 것은 오도하는 것이다. 적응에서의 향상 역시 목적론적 과정이 아니다.[36]

그럼에도 맥그래스는 진화의 과정을 목적론적으로 해석하는 것 자체를 철저히 거부하는 진화생물학자들이나 진화생물철학자들의 입장이 전적으로 정당한 것은 아니라고 본다. 그는 진화의 과정에서 나타나는 분명한 방향성을 목적론적으로 해석할 수 있는 다른 방식을 모색한다. 서로 다른 두 가지 목적론 개념을 구별할 수 있는데, 하나는 아리스토텔레스와 칸트 등의 전통적 방식의 선험적인 형이상학적 목적론이고, 다른 하나는 과

---

35   Ibid., 49.
36   Ibid., 62.

학적 관찰과 이론에 부합하는 후험적인 목적론이다. 후자는 경험적 관찰이 불가능한 선험적·형이상학적 사변에 기초한 목적론과 달리 경험적 추론에 기초한 목적론이다. 이런 접근의 목적론에서는 진화의 과정에서 관찰되는 우연의 역할을 인정하면서도 우연을 통해 귀결되는 목적 현상에 대해 질문하는 것이 가능하다.[37]

진화의 과정 또는 방향성을 탐구하는 가운데 발견하게 되는 이런 목적론 개념은 경험으로 확인할 수 있는 것으로서 경험을 통해 밝혀낸 결과에 근거한 것이지, 사전에 강요한 것, 즉 "미리 결정된 목적론"이 아니다. 다시 말하면 그것은 "진화의 과정을 관찰한 결과에서 추론한 것" 또는 "관찰 결과를 성찰해 끌어낸 관념"이지 "경험으로 확인할 수 없는 형이상학 체계에서 연역해낸 것"이 아니다.[38] 맥그래스는, 마이어도 인식했듯이, 퍼스의 목적론적 사유가 어떤 종착점을 향해 나아가려는 생물체의 현상을 경험에 기초하여 설명해줄 수 있는 잠재적 능력을 지니고 있다고 평가한다. 오늘날 자연과학자들은 선험적·형이상학적 관념을 과학의 영역에서 추방해야 한다는 생각에 사로잡혀 있지만, 형이상학적 관념들이 자연과학에서 차지하는 위치와 명백히 일치하는 점들이 존재하기 때문에 자연에서 관찰한 결과에서 등장한 후험적·형이상학적 관념들을 몰아내야 한다는 주장은 터무니없다.[39] 지금까지 맥그래스가 제안하는 자연현상의 경

---

37   참조. Ernan McMullin, "Cosmic Purpose and the Contingency of Human Evolution," *Theology Today* 55 (1998), 389-414; Francisco Ayala, "Intelligent Design: The Original Version," *Theology and Science* 1 (2003), 9-32; William E. Carrol, "At the Mercy of Chance? Evolution and the Catholic Tradition," *Revue des questions scientifiques* 177 (2006), 179-204.

38   맥그래스, 『정교하게 조율된 우주』, 413.

39   Ibid., 411f; Alister E. McGrath, *A Scientific Theology*, vol. 3, Theory (London: Continuum, 2003), 237-294 참조.

험과 관찰에 기초한 목적론의 면모와, 그에 비추어 진화의 방향성을 목적
론적으로 해석할 수 있다는 그의 주장을 살펴보았다.

IV. 다윈주의 진화론자들에게 부치는 비판적 후기

앞서 살펴본 대로 다윈주의 진화론자들이 비록 진화의 과정을 목적론적
으로 해석하는 것 자체를 금기시하지만, 목적론을 완전히 떨쳐버려야 하
는지에 대해 혼란스러운 것도 사실이다. 목적론과 관련해서 다윈주의자
들 가운데 나타나는 이런 혼란은 어쩌면 『종의 기원』에서 태생적으로 유
래하는 것이 아닐까? 굴드는 다윈 자신이 자연선택 메커니즘을 일반적인
진보가 아니라 국지적인 적응만을 일으킨다고 간주함으로써 진보를 부정
하면서도 동시에 모든 정신적·물질적 자질이 생명의 역사를 통해 완성되
어간다는 상반되는 주장을 펴는 논리를 지적하면서 『종의 기원』 마지막
쪽에 등장하는 놀라운 문장을 주목하게 한다.[40]

> 자연선택은 오로지 각 개체에 의해, 개체를 위해 작동하므로 모든 정신과 물
> 질적 자질은 완성을 향해 진보되어갈 것이다.

다윈이 후기에 진화 과정의 메커니즘으로 자연선택을 채택한 이후에는
목적론을 버렸다는 해석도 있지만, 초기에는 지지자들과 적대자들 모두

40　굴드, 『풀 하우스』, 187-203, 특히 196-197 참조; 찰스 다윈/장대익 옮김, 『종의 기원』
　　　(서울: 사이언스북스, 2019), 649 참조.

에게 목적론자로서 여겨진 사실[41]이나 목적론적 사고가 생물학에서 여전히 이어지고 있다는 사실은 이런 혼란을 계속 불러일으킨다.

예컨대 다윈의 진화 세계는 어떤 목표나 목적도 지니고 있지 않으며 어떤 구체적인 목표를 향해 나아가는 것으로 여겨질 수 없다고[42] 주장하는 도킨스조차도 유전자가 철저하게 맹목적이라는 논증을 펼치면서 때로 혼란에 빠져드는 듯하다. 그는 "유전자를 의식이 있는 목적 지향적인 존재[자]로 생각해서는 안 된다"고 강조한 후에 곧장 "그러나 맹목적인 자연선택 작용에 의해 유전자는 마치 목적을 가지고 행동하는 존재[자]인 것처럼 보인다"고 주장한다.[43] 유전자에 대한 그의 신인동형론적 묘사를 보면 마치 유전자가 복제 과정에서 어떤 목적과 의도를 가지고 행동하는 지시자 같다는 인상을 지울 수 없다. "진화는 미래를 보지 못한다"라는 주장은 분명히 진화의 목적성을 부정하는 의미일 텐데, 바로 직전에 "개체 수준에 한정된 이타주의를 보임으로써 자신의 이기적 **목표**를 가장 잘 달성하는 특별한 유전자들도 있다"[44]는 주장이 나온다. 그는 자신이 "생존 기계"라고 부르는 유기체의 행동에서 "가장 뚜렷한 특성의 하나는 목적이 있는 것처럼 보인다는 것"이라고 말한다.

---

41 Mayr, *What Makes Biology Unique?*, 42; 참조. James G. Lennox, "The Darwin/Gray Correspondence 1857-1869: An Intelligent Discussion about Chance and Design," *Perspectives on Science* 18 no. 4 (2010), 456-479. 레녹스는 다윈의 동시대인들 사이에 자연선택론이 목적론적 설명을 생물학에서 걷어냈는지에 대해 의견의 불일치가 있었음을 밝혀준다.

42 Richard Dawkins, *River out of Eden: A Darwinian View of Life* (London: Phoenix, 1995), 133.

43 리처드 도킨스/홍영남·이상임 옮김, 『이기적 유전자』, 전면 개정판 (서울: 을유문화사, 2010), 329.

44 Ibid., 40, 강조는 덧붙인 것임.

여기서 내가 말하고자 하는 것은 [동물] 생존 기계의 행동이 **목적의식 있는** 인간의 행동과 매우 닮았다는 것이다. 동물이 먹이나 배우자, 또는 잃어버린 새끼를 '찾는' 것을 보면, 인간이 무언가를 찾을 때 경험하는 모종의 주관적 감정을 그 동물 역시 가지고 있다고 하지 않을 수 없다. 이와 같은 감정에는 어떤 물체에 대한 '욕망', 즉 바라는 물체를 '마음속에 그린 그림' 또는 '**목적**'이 내포되어 있다. 누구나 자신을 되돌아보면 알 수 있듯이, 현대의 생존 기계 중 하나(사람)에서는 이 **목적성이 '의식'이라고 불리는 특성을 진화시켰다.**[45]

도킨스의 주장에서 빈번하게 등장하는 목적과 그와 관련된 단어들을 보면 혼란스럽기 짝이 없다.

도킨스가 인간이 "**왜** 존재하는지에 대하여 일관성 있고 조리 있게 설명을 종합한 사람은 다윈이 처음"[46]이었다고 주장할 때, 우리는 이 주장을 다윈이 인간의 존재 목적을 설명했다는 뜻으로 읽을 수밖에 없다. 또한 유전자는 인간에게 이기적 행동을 지시할지 모르지만, 인간은 이타주의를 학습하고 "동물 중에서 인간만이 **학습**되고 전승되어온 **문화**에 지배"[47]된다는 주장에서 진화의 학습과 문화 국면이 뚜렷하게 목적 지향적인 활동임을 쉽사리 알 수 있다. 실제로 도킨스는 언어와 같은 인간의 문화적 진화의 힘을 언급하는 맥락에서 유전적 진화나 문화적 진화나 "진보적"이라고 말한다.[48] 밈의 전파를 통한 문화적 진화는 낡은 유형의 유전적 진화보

---

45   Ibid., 110, 강조는 덧붙인 것임.
46   Ibid., 38, 강조는 덧붙인 것임.
47   Ibid., 41, 강조는 덧붙인 것임.
48   Ibid., 320f.

다 "훨씬 빠른 독자적 진화를 시작"했다고도 말한다.[49]

"맹목적 존재[자]는 유전자이지 유전자가 프로그램하는 동물이 아니다"[50]라는 도킨스의 말은 복잡한 동물 신경계는 맹목적이지 않다는 뜻이다. 그는 유전자가 맹목에 의해 움직이지만, 유전자를 담은 개체 동물이나 인간은 우연과 맹목에 지배되지 않는다고 주장하는 듯하다. 도킨스가 동물 행동을 연구하기 위한 관점으로 제시하는 "확장된 표현형"이라는 현상도 "어떻게 생성되는지" 잘 모르고, 또 그 "효과가 개체라는 단위에 싸여서 나타난 것은 우연일 뿐"이라고 하지만,[51] 이것 역시 목적론적 현상이라는 생각을 지우기 어렵다.

따라서 실상은 물리화학의 세계에서 유기체의 세계로 넘어오고 나아가 의식과 정신을 지닌 고도로 복잡한 인간 등정의 발자취를 따라 목적에 대한 관념, 즉 목적론은 강화된다고 할 수 있지 않을까? 목적 혹은 목표 지향성은 자기 유도 미사일과 같은 비생명체에서도 나타날 수 있지만, 유기체는 그보다 훨씬 두드러진 목적 지향성을 보여준다.[52] 동물이나 새의 행동을 관찰해보면 목적성이 두드러지게 나타나는 것을 확인할 수 있다.[53] 고차적인 인간의 의식과 자의식 차원에서 목적에 대한 사고는 더욱 두드러진다.

마이어와 같은 생물철학자들이 물리화학 영역과 생물 영역의 목적

---

49   Ibid., 325.
50   리처드 도킨스/홍영남·장대익·권오현 옮김, 『확장된 표현형』, 전면 개정판 (서울: 을유문화사, 2016), 49.
51   Ibid., 29, 60.
52   어찌 보면 자기 유도 미사일뿐만 아니라 온갖 기계 장치들이 인간의 목적 지향적 행동을 수행하는 문화적 차원의 "확장된 표현형"이 아닐까?
53   참조. Ian Barbour, *Religion and Science: Historical and Contemporary Issues*, rev. and expanded ed. (SanFrancisco, CA: HaperSanFrancisco, 1997), 235-237.

성을 구별하는 것은 적절해 보인다. 굴드가 진화의 방향성을 우연의 서사로 해석할 때 드는 비유 대상이 바닷속 "버제스 혈암 동물군"이나 삶의 목표를 망각하고 싶은 "술주정뱅이"인 것에 비교해 모리스가 드는 비유 대상이 "폴리네시아 사람들"이라는 것은 매우 흥미로운 점이다. 두 생물학자는 같은 생명의 계단에 서서 논증하지 않는다. 누가 보아도 버제스 혈암 동물군보다는 술주정뱅이가 더 목적론적 행위를 하고, 같은 인간이지만 술주정뱅이보다는 남태평양을 가로질러 휘젓고 다녔을 폴리네시아인들의 위풍당당한 행동이 더 목적 지향적일 것이다.

일찍이 모노는 자연적 물체와 인위적인 것을 구별하면서 인위적인 것은 의도와 목적의 산물이고, "생명체는 우주에 존재하는 다른 모든 존재자로부터 합목적성(teleonomy)이라 부를 속성에 의해서 구별된다"[54]고 말한다. 또한 생명체의 구조는 "정확하고 엄밀한 자율 결정성"을 보이고, 외적 조건이나 힘에 대해 거의 완전히 '자유'로우며, 생명체란 그 구조나 활동에 있어서 어떤 의도를 실현하며 추구하는 것이라는 점을 인정하지 않을 수 없다고 말한다.[55] 생명체가 합목적성을 지닌다는 모노의 주장은 의미심장하다.

모노에 따르면 다윈도 "점점 더 고도로 발달되어가는 합목적적인 구조들이 출현하고 진화하고 점진적으로 개선되어 나아갈 수 있었던 것"을 인식했는데, 다만 그가 생각한 가설은 그런 점진적 개선이 계속해서 돌발적으로 발생하는 많은 우연한 요란들 때문에 이루어진다는 것이다.[56] 모노는 자연이 순전한 우연의 세계에서 빠져나와 필연의 세계로, 가차 없는 확

---

54   자크 모노/조현수 옮김,『우연과 필연』(서울: 궁리, 2010), 23.
55   Ibid., 25, 39.
56   Ibid., 42.

실성의 세계로 들어간다고 하면서 다음과 같이 쓴다.

> 선택의 방향을 결정하는 데 (생물 자신의) 합목적적인 작용이 차지하는 비
> 중은 이 생물 자신의 유기적 조직화의 수준이 높아지면 높아질수록, 그러므
> 로 다시 말해 외적 환경에 대하여 이 생물 자신의 자율성이 높아지면 높아
> 질수록, 그만큼 더 커지는 것이 자명하다. 이러한 비중이 점점 더 커지다 보
> 면 고등생물에게는 합목적적인 작용이 더 결정적인 것이 되는 지경에까지
> 이른다.[57]

모노는 유전자의 세계에서는 순전히 우연이 지배하지만, 유기체 차원에
서는 필연과 확실성이 작동하고 자연선택이 작용하는 것은 거시적인 유
기체 차원이라고 말한다.[58]

모노는 인류 진화의 국면에서 언어의 특이성을 말한다. "인간의 진화
는 다른 생물의 진화와 다른 특기의 발전을 이루었는데, 이는 상징적 언어
의 사용을 통해서 이루어졌다. 상징적 언어의 사용은 생명계에서 유일무
이한 사건으로서, 또 다른 진화의 길을 열어 새로운 세계를, 즉 문화와 관
념 그리고 지식의 세계를 창조하였다."[59] 모노의 논증을 따라가다 보면 실
제로 진화의 방향은 우연과 목적이 복합 작용한 결과이면서 점점 더 목적
성이 강화되는 것으로 보인다. 모노가 데모크리토스의 주장을 인용하면
서 자신의 이름을 널리 알린 책을 여는 것은 인상적이다. "우주에 존재하
는 모든 것은 우연과 필연의 열매다." 모노의 주장을 곱씹어보면 우연과

---

57   Ibid., 181-182.
58   Ibid., 171-172.
59   Ibid., 185.

목적의 관계를 해명하는 것이 더욱 중요한 과제로 생각된다. "생명체라는 이 극히 보수적인 시스템에 진화의 길을 열어주는 기본적인 사건들은 미시적이며 우연적인 것들이며, 또한 이 사건들은 자신들이 생명체의 합목적적인 기능에 결국 일으키게 되는 효과들에는 전혀 무관심하다."[60] 어떻게 생명체의 합목적적인 기능에 전혀 무관심한 우연적인 미시적 사건에서 생명체의 합목적성이 출현하는지는 추가적인 탐구가 필요하다.

다윈주의 진화생물학자들의 목적론적 언어 사용에 나타나는 이런 혼란, 아니 역설은 무엇을 가리키는가? 다윈주의 진화론이 생물학적 차원을 넘어서는 고차적인 복잡성의 영역, 예컨대 도킨스가 "실행의 결정권을 갖는 생존 기계가 그들의 궁극적 주인인 유전자로부터 해방되는 진화의 정점"[61]이라고 정의하는 인간의 의식이나 정신과 같은 현상들을 적절하게 설명할 수 있는지에 대해 미심쩍은 부분이 있다. 다윈주의 진화론은 의식과 정신 같은 고차적인 복잡한 현상을 설명하기에는 많은 제한점을 지닌다는 지적을 받는다.

예컨대 또 다른 기포드 강연자인 존 폴킹혼은 신다윈주의가 거시적인 복잡성의 증대를 예측하거나 설명해줄 수 없음을 지적한다. 그가 보기에 인간이 보여주는 복잡성의 증대는 진화적으로 등장했다는 이해와 어느 정도 긴장 관계에 있다. 신다윈주의의 역사 설명에는 풀어야 할 두 가지 주요 문제가 있는데, 하나는 시간 스케일의 문제다. 3-40억 년은 생명의 출현과 그 진화된 복잡성의 형성을 위한 꽤 충분히 긴 시간처럼 보이고, 믿을 수 없을 정도로 복잡한(섬세한) 발전들이 그 기간 안에 적절하게

---

60   Ibid., 171.
61   도킨스, 『이기적 유전자』, 123.

들어맞아야 하지만, 진화 논증의 많은 부분이 의심스럽다는 것이다. 즉 인간의 정신 능력은 자연선택 이론으로 설명할 수 없는 뭔가가 있다.

다른 하나는 보다 근본적인 문제로서 자연 안에 있는 점증하는 복잡성을 향한 방향의 문제다. 실제 저명한 진화생물학자인 존 메이나드 스미스(John Maynard Smith)도 "신다윈주의 안에는 장기적인 복잡성의 증대를 예측할 수 있는 것이 아무것도 없다"[62]는 점을 받아들인 것으로 알려진다. 뇌의 급속하고 현저한 진화를 예측하는 것이 대표적인 사례다. 목적론 연구로 저명한 철학자인 네이절은 다음과 같이 문제를 제기한다.

> 문제는 돌도끼를 만들 수 있는 물리적 능력뿐 아니라 정신적 능력이 자동적으로 수소 폭탄을 만드는 단계로 나아갈 능력을 가져오는지 또는 자연선택으로는 설명할 수 없는 정신 능력의 어마어마한 분출(excess)이 지난 3만 년 동안 출현한 지적 도구들의 발명과 확산에 책임이 있는지 여부다.[63]

네이절은 "인간 지성의 발전을 자연선택이 모든 것을 설명하는 법칙에 하나의 개연적인 역사례로 받아들이지 않을 이유가 없다"고 주장한다.[64] 폴킹혼은 네이절의 추론을 바탕으로 자연선택의 설명에 대한 지각 있고 희망적인 대안적 방향은 세계의 역사에서 작용하는 보다 고차적인 질서를 조직하는 원리들이 있다는 점을 고려하는 것이라고 말한다.[65] 따라서 다윈

---

62   John Polkinghorne, *The Faith of a Physicist: Reflections of a Bottom-Up Thinker* (Princeton, NJ: Princeton University Press, 1994), 17; Paul Davies, *The Cosmic Blueprint* (New York: Simon & Schuster, 1987), 112에서 인용.

63   Thomas Nagel, *The View from Nowhere* (Oxford: Oxford University Press, 1986), 80.

64   Ibid., 81.

65   Polkinghorne, *The Faith of a Physicist*, 18.

주의 진화론은 합목적적인 또는 목적론적인 사유와 행동을 하는 뇌와 같은 고차적인 복잡한 실재와 현상을 온전히 해명하는 데 많은 제약이 있음을 부인하기 어렵다.

V. 결론을 대신한 질문과 성찰

다윈주의 진화생물학자들에게 던지는 의미와 가치에 관한 질문과 성찰로 결론을 대신하고자 한다. 진화론을 포함한 현대 과학은 현상과 사실의 발견에 몰두하면서 자연에 의미와 목적의 자리를 부여하지 않는 것 같다. 과학자들은 자연현상에 대한 전대미문의 설명과 통찰을 주지만, 자연에서 의미와 목적을 걷어낸 것도 사실이다. 과학적 사실조차도 부정하려는 사람들이 있지만, 과학이 발견하는 현상적 사실을 경청하는 태도가 필요하다. 하지만 자연 세계에 대한 탐구는 과학적 사실의 설명으로만 축소되어서도 안 된다. 자연현상에 대한 과학적 사실과 설명 못잖게 가치와 의미에 대한 탐구도 중요하다. 과학 연구도 비인격적이지 않고 결국 '인격적 지식' 활동이라는 폴라니의 주장[66]에도 마땅히 귀 기울여야 할 것이다. 과학을 실행하기 위해 취하는 편협한 방법론적 제약을 넘어서는 탐구를 통해 개념의 범위를 확장하지 않고서 세계에서 일어나는 사건과 현상을 온전히 이해할 수는 없을 것이다. 과학이 자기 제한적으로 설정해놓은 한계 때문에 과학의 바깥에 놓여 있는 중요한 질문도 많다는 점을 인식할 필요가

---

66   마이클 폴라니/표재명·김봉미 옮김, 『개인적 지식』(파주: 아카넷, 2001) 참조.

있는 것 같다.[67] 과학 자체가 세계와 그 안의 사물들의 진정한 깊이를 과연 제대로 읽어낼 수 있는지에 대한 의심도 정당하게 제기할 수 있다.

다윈주의 진화론자들이 그려주는 자연 세계에 대한 그림이 혼란스러운 것도 사실이다. 가령 도킨스가 그리는 다윈주의 세계상에서 자연은 간혹 이타적 행위들이 나타나기도 하지만 대체로 냉담하기 이를 데 없는 듯하다.[68] 설령 생명의 진화가 자연선택을 통한 생존 투쟁과 고통으로 얼룩진 것이 과학적 사실임을 부인할 수 없다고 하더라도, 이런 사실은 확실히 허무하거나 비관적인 세계관을 조장할 수 있다. 인류는 과학적 사실만을 맹목적으로 추구하도록 진화된 것 같지는 않다. 물론 당위가 반드시 자연의 사실과 모순되지는 않지만, 당위에 부합하지 않는 자연의 사실에 저항하고 또 그것을 바꾸려고 하는 것이 인류의 본성이기도 하다.

그러기에 진화론자들이 밝혀낸 허무와 비관을 조장할 수 있는 현상적 사실에 직면해서 목적과 의미를 부여하는 존재론적 세계상을 얼마든지 추구할 수 있다. 가치와 의미의 세계가 사실의 세계와 반드시 모순될 필요도 없고 또 모순된 것으로 단정할 수도 없지만, 설령 모순된 것으로 드러나더라도, 가치와 의미를 추구하면서 두 세계의 모순을 변화시키려는 역설적인 응답을 얼마든지 할 수 있다. 창조, 구속, 그리고 종말론적 완성에 대한 기독교의 서사는 이런 역설적 서사의 표현이 아닐까 생각한다. 다윈주의 진화론이 제시하는 자연현상에 대한 과학적 사실이 기독교의 서사와 모순된다고 해서 그 현상적 사실을 애써 부정할 필요가 있을까? 성서가 전해주고 신학이 갈고 닦은 서사는 단순히 자연현상에 대

---

67 존 폴킹혼/신익상 옮김, 『과학으로 신학하기』 (서울: 모시는사람들, 2015), 26-27 참조.
68 Dawkins, *River Out Of Eden*, 131.

한 과학적 서술을 목적하기보다 오히려 하나님이 그 냉엄한 현실을 변화시킨다는 소식을 알리는 새 창조의 대안적인 존재론적 서사(an alternative ontological narrative)다. 따라서 그리스도인들과 교회 공동체들이 해야 할 일은 다윈주의 진화론자들이 알려주는 차가운 과학적 사실을 애써 부정할 것이 아니라 오히려 경청하면서 이 새 창조의 서사가 지닌 본질적인 내용을 더욱 사유하고 실천하는 노력이 아닐까 생각한다.

참고문헌

굴드, 스티븐 제이/김동광 옮김.『원더풀 라이프: 버제스 혈암과 역사의 본질』. 경기 파주: 궁리, 2018.

_____.이명희 옮김.『풀 하우스』. 서울: 사이언스북스, 2002.

다윈, 찰스/장대익 옮김.『종의 기원』. 서울: 사이언스북스, 2019.

도킨스, 리처드/홍영남·이상임 옮김.『이기적 유전자』. 전면 개정판. 서울: 을유문화 사, 2010.

_____.홍영남·장대익·권오현 옮김.『확장된 표현형』. 전면 개정판. 서울: 을유문화 사, 2016.

맥그래스, 알리스터/박규태 옮김.『정교하게 조율된 우주: 과학과 신학의 하나님 탐 구』. 서울: IVP, 2014.

모노, 자크/조현수 옮김.『우연과 필연』. 서울: 궁리, 2010.

브로노우스키, 제이콥/임경순 옮김.『과학과 인간의 미래』. 파주: 김영사, 2011.

크리스천, 데이비드·베인, 밥/조지형 옮김.『빅 히스토리』. 서울: 해나무, 2013.

폴라니, 마이클/표재명·김봉미 옮김.『개인적 지식』. 파주: 아카넷, 2001.

폴킹혼, 존/신익상 옮김.『과학으로 신학하기』. 서울: 모시는사람들, 2015.

Ayala, Francisco J. "Intelligent Design: The Original Version." *Theology and Science* 1 (2003), 9-32.

_____. "Teleological Explanations in Evolutionary Biology." *Philosophy of Science* 37 (1970), 1-15.

Barbour, Ian. *Religion and Science: Historical and Contemporary Issues*. Revised and expanded ed. SanFrancisco, CA: HaperSanFrancisco, 1997.

Beaty, John. "Teleology and the Relationship of Biology to the Physical Sciences in the Nineteenth and Twentieth Centuries." *Newton's Legacy: The Origins and Influence of Newtonian Science*, 113-144. Edited by Frank Durham and Robert D. Purrington. New York: Columbia University Press, 1990.

Carrol, William E. "At the Mercy of Chance? Evolution and the Catholic Tradition," *Revue des questions scientifiques* 177 (2006), 179-204.

Davies, Paul. *The Cosmic Blueprint*. New York: Simon & Schuster, 1987.

Dawkins, Richard. *River Out Of Eden: A Darwinian View of Life*. New York: Basic Books, 1995.

Francis, Richard C. *Why Men Won't Ask for Directions: The Seductions of Sociobiology*. Princeton, NJ: Princeton University Press, 2004.

Gillespie, Neal C. "Divine Design and the Industrial Revolution: William Paley's Abortive Reform of Natural Theology." *Isis* 81 (1990), 214–229.

Hanke, David. "Teleology: The Explanation That Bedevils Biology." *Explanations: Styles of Explanation in Science*, 143–155. Edited by John Conrnwell. Oxford: Oxford University Press, 2004.

Hull, David L. *Darwin and His Critics: The Reception of Darwin's Theory of Evolution by the Scientific Community*. Cambridge, MA: Harvard University Press, 1973.

Huxley, Thomas H. *Lay Sermons, Addresses, and Reviews*. London: Macmillan, 1870.

Lennox, James G. "The Darwin/Gray Correspondence 1857–1869: An Intelligent Discussion about Chance and Design." *Perspectives on Science* 18, no. 4 (2010), 456–479.

Luisi, Pier. "Contingency and Determinism," *Philosophical Transactions: Mathematical, Physical, and Engineering Sciences* 361 (2003), 1141–1147.

McGrath, Alister E. *A Scientific Theology*, vol. 3, Theory. London: Continuum, 2003.

Mayr, Ernst. *Toward a New Philosophy of Biology: Observations of an Evolutionist*. Cambridge, MA: Harvard University Press, 1988.

_____. *What Makes Biology Unique?* New York: Cambridge University Press, 2004.

McMullin, Ernan. "Cosmic Purpose and the Contingency of Human Evolution." *Theology Today* 55 (1998), 389–414.

Morris, Simon Conway. "Darwin's Compass: How Evolution Discovers the Song of Creation." *Science and Christian Belief* 18 (2006), 5–22.

_____. *Life's Solution: Inevitable Humans in a Lonely Universe*. Cambridge: Cambridge University Press, 2003.

Nagel, Thomas. *The View from Nowhere*. Oxford: Oxford University Press, 1986.

Polkinghorne, John. *The Faith of a Physicist: Reflections of a Bottom-Up Thinker*. Princeton, NJ: Princeton University Press, 1994.

Ruse, Michael. *Darwin and Design: Does Evolution Have a Purpose?* Cambridge, MA: Harvard University Press, 2003.

Sterelny, Kim. "Understanding Life: Recent Work in the Philosophy of Biology." *British Journal for the Philosophy of Science* 46 (1995), 155–183.

Stoeger, William S. "The Immanent Directionality of the Evolutionary Process, and Its Relationship to Teleology." *Evolutionary and Molecular Biology: Scientific Perspectives on Divine Action*, 163–190. Edited by Robert J. Russell, William S. Stoeger, and Francisco Ayala (Vatican City: Vatican Observatory Publications, 1999).

Van Valen, Leigh M. "How Far Does Contingency Rule?" *Evolutionary Theory* 10 (1991), 47–52.

기포드 강연에서의 '자연'의 재구성을 위한 시도들

- 바버, 미즐리, 브룩 & 캔터를 중심으로*

백충현

* 이 논문은 2019년 7월 1일부터 2022년 6월 30일까지 대한민국 교육부와 한국연구재단의 지원을 받아 수행된 연구(NRF 2019S1A5A2A03034618)로서 다음과 같이 출판되었다. 백충현, "기포드 강좌에서의 '자연'의 재구성을 위한 시도들 - 바버, 미즐리, 브룩 & 칸토어를 중심으로", 「대학과 선교」 49권(2021. 09), 7-29.

Ⅰ. 서론

본 논문은 한국연구재단 일반 공동 연구로 진행되고 있는 기포드 강연에 관한 2년 차 연구로서 '자연'의 재구성을 위한 시도들을 다룬다. 지난 1년 차의 연구는 종교/신학과 과학의 풍성한 만남에 기여하는 작업들을 이안 바버(Ian G. Barbour, 1923-2013), 매리 미즐리(Mary Midgley, 1919-2018), 존 헤들리 브룩(John Hedley Brooke, 1944-), 제프리 캔터(Geoffrey Cantor, 1943-)를 중심으로 살펴보았다.[1] 그리고 1년 차 연구의 결과로 공동 연구에 참여하는 연구원 전체가 신학과 과학의 만남을 위한 기포드 강연의 시도들을 알리기 위한 소개서로 『신학과 과학의 만남: 기포드 강연을 중심으로』를 출판했다.[2]

1년 차 연구를 바탕으로 2년 차에 시도되는 연구 주제는 '자연'의 재구성을 위한 시도들이다. 그런 시도를 분석하는 데 있어 논리적으로 자연스럽게 필요한 경우 1년 차의 내용을 다시 소개하며 이를 토대로 논의를 더 진전시켜나갈 수 있다. 특히 오늘날에는 빅 히스토리가 소개되면서 '자연'에 대한 기존의 이미지 또는 이해가 크게 변화되어야 한다. 빅 히스토리는 데이비드 크리스천(David Christian)과 밥 베인(Bob Bain)의 책 『빅 히스토리』(Big History)에서 상세하게 정리한 거대사에 관한 이야기로서 최근에 널리 소개되고 다루어지고 있다.[3] 특히 빌 게이츠(Bill Gates)가 지원

---

1   백충현, "종교/신학과 과학과의 풍성한 만남에 기여하는 기포드강좌의 시도들 – 바버, 미즐리, 브룩 & 칸토어를 중심으로",「대학과 선교」45권(2020. 09), 293-316.
2   윤철호·김효석 책임편집,『신학과 과학의 만남: 기포드 강연을 중심으로』(서울: 새물결플러스, 2021). 이 책의 113-128에 1년 차 연구논문 내용이 대중화를 위한 출판사 편집 목적에 맞춰 수정된 후 출판되었다.
3   데이비드 크리스천·밥 베인 지음/조지형 옮김,『빅 히스토리(Big History)』(서울: 해나

하는 프로젝트로서 유명하다.[4] 본 논문은 종교/신학과 과학의 만남에서 시도된 '자연'의 재구성을 집중적으로 다루되 빅 히스토리 자체를 세밀하게 다루지는 않고, 다만 기포드 강연에서 바버, 미즐리, 브룩, 캔터가 '자연'에 대한 이해 및 이미지를 어떻게 새롭게 형성하고 제안하고 있는지를 집중적으로 다루고자 한다. 특히 기존에 개념화되어온 '자연'을 탈개념화하는 동시에 새로운 시대에 맞추어 '자연'을 재구성하는 데 어떤 점들이 중요하게 작동하는지를 집중적으로 다루고자 한다.

이런 연구는 대학 교육 및 대학 선교에서 '자연'에 대한 이해가 어떻게 변화되어야 하는지에 관한 많은 함의를 제공해줄 것이며, 이런 함의들을 바탕으로 대학 교육 및 대학 선교가 이루어질 때 더욱 효과적인 만남이 이루어질 수 있으리라 기대한다.

II. '자연'의 재구성을 위한 시도들

빅 히스토리로 표현되는 거대사 개념은 138억 년의 타임라인 안에서 여덟 가지 임계국면을 설정하여 설명한다. 첫째는 138억 년 전 빅뱅, 둘째는 135억 년 전 별의 출현, 셋째는 135억 년 전 새로운 원소의 출현, 넷째는 45억 년 전 태양계와 지구의 형성, 다섯째는 38억 년 전 지구의 생명체 출현, 여섯째는 20만 년 전 출현한 호모 사피엔스의 집단학습 시작, 일곱째는 1만 1천 년 전 농경 시작, 여덟째는 250년 전 근대 산업혁명을 가리킨

무, 2013).
4   Ibid., 28-29.

다.[5] 빅 히스토리에서 다루는 상세한 내용들은 그 자체로 과학의 많은 발견과 관찰 또는 이론에 대한 자료에 기반한다.

그리고 이런 내용들은 오늘날 우리에게 '자연'에 대한 기존의 이미지 또는 이해를 크게 변화시킬 것을 요청한다. 그렇다면 '자연'에 대한 이미지 또는 이해가 어떻게 변화되어야 할까? 즉 빅 히스토리라는 거대사 안에서 어떻게 '자연'을 새롭게 이해할 것인가? 이에 대한 답은 분명하게 보일 수도 있지만, 사실 그렇게 단순하지 않다. 그러므로 1888년부터 현재까지 100년 이상 "가장 광의의 의미로서의 자연신학(Natural Theology)"[6]을 주제로 진행되고 있는 기포드 강연에서 '자연'의 재구성을 위한 시도들을 집중적으로 살펴보고자 한다.

1. 이안 바버: 비판적 실재론에 근거한 '자연'에 대한 모형(model)/패러다임(paradigm)

물리학자이자 신학자인 바버는 두 해 연속으로 기포드 강연에 참여했다. 첫 번째는 1989-1990년에 "과학 시대의 종교"(Religion in an Age of Science)라는 제목으로, 두 번째는 1990-1991년에 "기술 시대의 윤리"(Ethics in an Age of Technology)라는 제목으로 강연했다.[7] 여기서 바버는 종교와 과학의

---

5   Ibid., 7-9.

6   "The Gifford Lectures," https://www.giffordlectures.org (2020. 8. 8. 접속).

7   Ian G. Barbour, *Religion in an Age of Science* (New York: HarperCollins, 1990); *Ethics in an Age of Technology* (New York: HarperCollins, 1993). 이외에도 다음과 같은 후속 연구가 많이 나왔다. Ian G. Barbour, *Issues in Science and Religion* (London: SCM, 1966); *Myths, Models and Paradigms: The Nature of Scientific and Religious Language* (London: SCM, 1974); *Nature, Human Nature, and God* (Minneapolis: Fortress Press, 2002); *Religion and Science: Historical and Contemporary Issues* (San Francisco: HarperSanFrancisco, 1997); ed. *Science and Religion: New Perspectives on the Dialogue*

관계를 네 가지 유형, 즉 갈등(conflict), 독립(independence), 대화(dialogue), 통합(integration)으로 정리했는데, 이런 작업은 이후 종교와 과학의 관계에 관한 논의에 지대한 영향을 끼쳤다.

첫 번째 강연에서 바버는 과학 시대에 과학이 종교에 던지는 도전들에 주목하면서 과학 시대의 특징을 다섯 가지로 정리했다.[8] 그중 두 번째 특징인 '자연'에 대한 새로운 시각과 관련하여 "많은 과학이 이전 세기들에 가정된 자연 영역들(domains of nature)과는 철저하게 다른 특징들을 지닌 자연 영역들을 우리에게 보여준다"[9]는 점에 주목하면서 다음과 같이 구체적인 예들을 제시한다.

> 아원자 사건들의 불확정성 및 관찰자의 관찰 과정 참여와 같이 양자물리학과 상대성이론의 새로운 특징들이 함의하는 바는 무엇인가? 천체물리학의 현재 이론들에 따르면 150억 년 전에 지구 팽창을 시작한 최초의 폭발인 "빅뱅"의 신학적 의미는 무엇인가? 우주의 기원과 생물학적 진화에 관한 과학적 이야기들이 기독교의 창조론과 어떻게 관련되는지에 대해 다윈은 무작위적 변위와 자연선택 작용의 관점으로 인간종을 포함한 새로운 종의 발전이 오랫동안 천천히 진행되는 과정을 묘사했다. 더욱 최근에 분자생물학자들은 진화에서 그리고 유기체들의 발전과 기능에서 DNA의 역할에 관한

(London: SCM, 1968); *Technology, Environment, and Human Values* (New York: Praeger, 1980); *When Science Meets Religion* (New York: HarperCollins, 2000).

8 Barbour, *Religion in an Age of Science*, xiiv-xv. 여기서 바버는 다섯 가지 특징을 ① 과학적 방법들의 성공, ② 자연에 대한 새로운 시각, ③ 신학을 위한 새로운 상황(특히 인간론과 창조론), ④ 국제 시대에서의 종교 다원주의, ⑤ 기술이 지닌 애매한 힘(권력)으로 정리한다.

9 Ibid., xiv.

놀라운 발견을 이루었다. 이런 발견들이 생명의 본질과 정신에 관해 우리에게 말해주는 바는 무엇인가? 이런 질문들은 II부에서 다루어진다.[10]

바버는 『과학 시대의 종교』 II부에서 구체적으로 물리학, 천문학, 진화생물학 이론들을 다루면서 현재의 과학 이론이 '자연'의 재구성에 미치는 철학적·신학적 함의를 검토한다. 가장 대표적인 예로 물리학 분야에 관한 바버의 논의를 살펴보고자 한다.

바버에 따르면, 20세기에 들어 기존의 뉴턴 물리학에 대해 의문이 제기되었는데, 특히 자연에 대한 실재론적(realistic) 인식론, 결정론적(deterministic) 시각, 환원론적(reductionistic) 전망에 관해 의문이 제기되었다. 첫째, 자연에 대한 기존의 이해에서 실재론적이라는 것은 이론들이 관찰자와는 별도로 세계 그 자체로서 있는 그대로를 기술한다고 여기는 입장이다. 이런 입장에서는 수학적으로 표현되는 질량과 속도와 같은 속성들이 실재 세계의 객관적(objective) 특성으로서 간주된다. 둘째, 결정론적이라는 것은 운동 중인 물질 체계의 미래가 현재 상태에 관한 정확한 지식으로부터 예측될 수 있다고 여기는 입장으로, 가장 작은 입자들부터 가장 멀리 있는 행성까지 동일한 불변의 법칙들로 지배된다고 본다. 셋째, 환원론적이라는 것은 구성 입자들처럼 가장 작은 부분들의 행동이 전체 행동을 결정한다고 여기는 입장으로, 부분들 자체가 불변적이며 변화란 단지 부분들의 재배열에 불과하다고 본다. 바버에 따르면, 이와 같은 이해와 시각과 전망이 자연을 단순히 법칙을 따르는 기계로 여기는 기존의 이미지 또는 개념을 형성했다. 그리고 이런 이해에서 세계 또는 우주가 시계

---

10   Ibid.

라는 기계장치로서 여겨졌고, 신은 시계공(watch-maker)으로서 이신론적 (deistic) 신으로 여겨졌다.[11]

하지만 바버에 따르면, 현대에 새롭게 등장한 양자물리학의 상보성과 불확정성 그리고 상대성이론에 의해 여러 변화가 생겨났고, 이로 인해 고전적 실재론(classical realism)은 몰락했다. 그래서 바버는 비판적 실재론 (critical realism)을 주장하는데, 이 입장에 따르면, 이론과 모형들은 원자적 실재에 대한 문자적 기술로서 더 이상 여겨질 수 없다고 하더라도, 자연의 구조들, 즉 관찰 가능한 특정 현상을 일으키는 구조들을 표현하는 선택적 이고 상징적인 시도들로서 여겨질 수 있다. 또한 관찰자가 관찰에 참여한 다는 점도 강조된다. 양자물리학에서는 파동함수들의 전체적 특성과 관찰 과정의 상호작용적 특성이 이런 점을 함축하고, 상대성이론에서는 시간적 속성과 공간적 속성이 개별 대상 자체의 본질적 특질로서보다는 관계로서 여겨진다. 또한 부분들뿐만 아니라 전체를 보아야 하므로 단순히 환원론이 될 수 없다는 점이 강조된다.[12]

바버에 따르면, 자연에 관한 이해에서 이런 논의들은 시간성 (temporality), 역사성(historicity), 우연(chance), 법칙(law), 전체성(wholeness), 창발(emergence)에 대한 새로운 이해를 제시해준다. 고전적 물리학에서보다 현대의 새로운 물리학에서 시간이 더 근본적인 방식으로 실재 구조 안으로 들어온다. 양자 세계에서 시간은 미리 결정된 일련의 사건들의 전개가 아니라 미리 예견되지 않은 사건들의 새로운 생성이다. 상대성이론에서 시간은 공간과 불가분리적이기에 순수한 공간적(purely spatial) 관계

---

11   Ibid., 95-96.
12   Ibid., 121-122.

는 없고 오직 시공간적(spatiotemporal) 관계만이 있을 뿐이다. 이런 이해는 절대적 공간과 시간을 말하는 뉴턴적 세계와는 전적으로 다르다. 양자물리학과 상대성이론에서뿐만 아니라 천문학과 진화생물학에서도 변화와 진정한 새로움의 창발에 대해 강조하는데, 이로 인해 자연의 역사성(the historicity of nature)이 모든 과학에서 분명하게 드러난다고 바버는 주장한다. 즉 자연과 역사는 대조되거나 대립하는 것이 아니라 상호 연관된 개념이 될 수 있다.[13]

그리고 바버는 하이젠베르크의 불확정성의 원리(the Uncertainty Principle)를 주관적 불확실성과 인간적 무지의 결과로서가 아니라 자연 안에서의 객관적 비결정성(objective indeterminancy in nature)을 보여주는 것으로서 해석한다. 이런 시각은 개별 사건들에 대안적 잠재성이 있음을 의미한다. 비평형 열역학에서 두 갈래 길 사이에서의 선택은 우연 현상(chance phenomenon)인데, 우주의 초기 순간들에서의 양자 효과들과 진화 역사에서의 무작위적 변이들을 포함하여 다른 분야들에서도 우연과 법칙 사이의 조합이 존재한다. 이런 점들은 예측되지 않는 새로움이 존재함을 드러내며, 열린 미래의 중요성을 가리킨다.[14] 복잡한 존재들의 활동을 그들의 구성 요소들의 법칙들로 설명하려는 환원론에 반대해서, 파울리의 배타원리(the Pauli Exclusion Principle)에서처럼 바버는 더 고차원적인 유기 구조 차원들이 독특한 행동 유형을 포함한다고 주장한다. 관찰자와 관찰 대상 사이의 불가분리성은 상호 의존성을 보여주는 추가적인 증거가 된다. 상대성이론에서 공간, 시간, 물질, 에너지의 통일성은 근본적인 종류의 전체

---

13   Ibid., 123.
14   Ibid.

성을 드러낸다. 비평형 열역학은 더 낮은 수준의 무질서로부터 더 높은 차원의 체계적 질서의 창발을 기술한다.[15]

이와 같이 현대 과학에서 제시하는 '자연'에 대한 새로운 시각은 바버로 하여금 기존의 자연 이해로부터의 탈개념화와 새로운 이해로의 재구성을 추구하게 한다. 다만 바버는 탈개념화 및 재구성 작업에서 활발하게 나아가지는 않는다. 그럼에도 그는 새로운 구성적 작업을 할 수 있게 만드는 이론적 작업을 탄탄하게 제시했다. 그것은 바로 과학의 영역과 종교의 영역 모두에서 모형과 패러다임이 실제로 작동하고 있음을 적극적으로 인정하고 수용한 점이다.

과학의 영역에서 바버는 토마스 쿤(Thomas Kuhn)이 1962년에 출판한 『과학혁명의 구조』(The Structure of Scientific Revolutions)[16]에서 제시한 대로 패러다임을 "개념적 및 방법론적 가정들의 집합을 구체화하는 과학적 활동의 표준적인 예들"로 간주한다. 자료 자체가 이론으로 나아가는 것이 아니라 그 과정에서 패러다임을 통해 창조적 상상력이 작동한다. 그러기에 과학의 자료들도, 더 나아가 과학에서 다루고자 하는 자연조차도, 패러다임-의존적이고 이론-준거적(theory-laden)인 특성을 지닌다.[17] 신학의 영역에서 바버는 샐리 맥페이그(Sallie McFague)가 1982년에 출판한 『은유신학: 종교언어에서의 하나님 모형들』(Metaphorical Theology: Models of God in Religious Language)[18]에서 제시한 대로 모형이 체계적이며 상대적으로 영속

---

16 토마스 쿤/김명자 옮김, 『과학혁명의 구조』 (서울: 까치, 2013).
17 Barbour, Religion in an Age of Science, 51-54.
18 샐리 맥페이그/정애성 옮김, 『은유신학: 종교 언어와 하느님 모델』 (서울: 다산글방, 2001).

적인 메타포(metaphor)로서 단지 문자적이거나 자의적인 것이 아니라 관찰 대상을 상상하기 위한 하나의 방식이라고 간주한다.[19]

이런 점들을 종합하면 바버에게는 자연조차도 모형 또는 패러다임을 통한 것이기에 자연 자체와 자연에 대한 이해는 구별될 수 있다. 나아가 우리가 현재 가지고 있는 자연에 대한 이해는 그 자체로 영원불변한 것이 아니라 특정 시대에서 생성된 하나의 개념에 불과하다. 더욱이 현재 우리가 가지고 있는 자연에 대한 이해는 자연 자체에 대한 완전한 혹은 충분한 이해를 제시하지 못하며 단지 어떤 측면에서의 이해를 드러낼 뿐이다. 그러므로 시대의 변화와 과학의 발달에 따라 자연에 대한 기존 개념은 탈개념화되어야 하며, 동시에 새롭게 재구성되어야 한다.

2. 매리 미즐리: '자연'에 대한 객관적·기계주의적 이해 비판 및 경외, 경탄, 존경의 회복

철학자인 미즐리는 1990년 봄에 기포드 강연에 참여하여 "과학과 구원"(Science and Salvation)이라는 제목으로 강연했다.[20] 미즐리는 논리실증주의와 언어철학이 당시의 철학계를 지배함으로써 철학이 삶의 문제들을 제대로 다루지 못하고, 근대 이후로 발전된 과학이 삶의 의미를 제시하려고 하고 있음을 비판적으로 지적했다. 특히 과학의 발달로 인해 사람들은

---

19 Barbour, *Religion in an Age of Science*, 41-45.
20 Mary Midgley, *Science and Salvation: A Modern Myth and Its Meaning* (London: Routledge, 1992). 이외에도 다음과 같은 연구들이 있다. Mary Midgley, *Evolution as a Religion: Strange Hopes and Stranger Fears* (London: Methuen, 1985); *Heart and Mind: The Varieties of Moral Experience* (London: Methuen, 1985); *Science and Poetry* (London: Routledge, 2002).

과학 자체가 삶의 의미를 제시해줄 수 있다는 과도한 확신을 지니게 되었다.[21] 이런 과정에서 과학의 객관성에 대한 오해와 맹신이 생겨났고, 더 근본적으로는 자연에 대한 기계주의적 이해가 초래되었다. 즉 물리 세계인 자연이 순수한 객관으로, 과학이 객관성이 보증된 학문으로 간주되고, 더 나아가 과학자들이 객관적인 태도를 견지하는 것으로 여겨진다. 그러면서 결국 자연이 객관적인 것으로, 그러나 역설적이게도 객관적이되 기계주의적인 것으로 여겨지게 된다.[22] 이런 식으로 과학 안에서 자연에 대한 왜곡이 일어난다고 미즐리는 비판한다.

따라서 미즐리는 과학의 객관성이라는 이름하에 17세기부터 20세기까지 '자연'에 대한 기계주의적 시각이 자리를 잡게 되었다고 분석한다. 미즐리는 대표적인 예로 데카르트(Descartes)와 로버트 보일(Robert Boyle)과 프랜시스 베이컨(Francis Bacon)을 든다. 미즐리에 따르면, 데카르트는 "자연이란 말로써 내가 어떤 여신 또는 어떤 종류의 상상의 힘을 의미하지 않음을 알라. 나는 이 단어를 물질(matter) 그 자체를 의미하는 것으로 사용한다"고 했으며, 보일은 "사람들이 자연(Nature)이라고 부르는 어떤 존재[는]⋯무한한 힘을 지닌 일종의 여신으로 표상된다"고 말하면서 "사람들이 자연(nature)이라고 부르는 것에 대해 보이는 공경은 신의 열등한 피조물들을 지배하려는 인간의 제국에 방해가 되어왔다"고 불평했다.[23] 그리고 베이컨은 학자들이 자연(Nature)을 더 깊이 꿰뚫고 들어가서 자연을 극복할 것을 요청했고, 인간이 자연을 정복하고 제압할 수 있을 것으

---

21   Ibid., 51-57.
22   Ibid., 47-50.
23   Ibid., 75.

로 기대했다.[24] 17세기부터 20세기까지 이런 시각은 자연을 물질(matter) 자체로, 더 나아가 기계(machinery)로 여기며 비인격화(depersonalizing/ impersonal)를 시도했다. 특히 계몽주의 초기에 학자들은 기존 입장을 가혹하게 비판했는데, 그들이 미신이라고 여겼던 것들 가운데 분명한 대상은 자연에 대한 이전의 관념/개념이었다. 그래서 기계주의적 입장을 지닌 과학자들은 "새롭게 순화시키려는 열심, 살균을 위한 열정, 때때로 인지적으로 세탁하려는 강박을 드러냈고, 대단위의 정결케 하려는 과정에서의 작은 역할조차도 받아들이고자 하는 의지를 보이게 되었다. 그리고 이런 것들이 과학에 대한 본질적인 것으로서 여겨지게 되었다."[25]

이런 과정에서 기계론자들은 자연에 대한 경탄(wonder)을 제거했고, 자연-숭배(nature-worship)처럼 보이는 것에 반대하는 운동을 벌였으며, 자연 세계에 대한 기술에서 매력/끌림(attraction)과 같은 용어의 사용을 무시했다. 심지어 요한네스 케플러(Johannes Kepler)의 입장(예를 들어 조수는 달의 매력에 의해 생성된다는 표현)이나 뉴턴의 만유인력의 이론(theory of gravitation)조차도 당시 기계론자들에 의해 무시되었고, 공허하고 비이성적인 것으로 간주되었다.[26] 이와 같은 기계주의적이고 비인격적인 '자연' 개념은 19세기와 20세기에 실증주의적이고 객관주의적인 입장을 초래하면서 더욱 강화되었다. 즉 과학의 객관성에 대한 과도한 이해가 만연하게 되었고, 이로 인해 과학과 종교 사이에 갈등과 충돌이 불가피하게 되었다.

이렇게까지 비판적으로 분석한 미즐리는 자신의 기포드 강연을 통해 과학 안에서조차 인간의 심리적 요소들(psychological factors)이 작동하고 있

---

24   Ibid., 77.
25   Ibid., 79.
26   Ibid., 82-83.

음을 강조했다. 미즐리가 언급하는 심리적 요소들은 "동기부여, 종합적인 세계-그림, 신화, 드라마, 판타지 등과 같은" 것들로서 인간의 지적 활동을 위한 상상의 배경을 형성한다.[27] 따라서 미즐리에 따르면, 과학을 포함한 인간의 모든 지적 활동에는 심리적 요소들이 형성하는 상상이 매우 본질적이고 중요한 핵심이 된다.[28]

이런 입장을 견지하는 미즐리는 일찍이 1985년에 『종교로서의 진화』(*Evolution as a Religion*)에서 자연과 우주에 대한 경외(awe), 경탄(wonder), 존경(reverence)이 전적으로 적합한 감정들이며, 과학자들이 그 감정들을 회복해야 한다고 주장했다. "그것들이 결여된 탐구자는 나쁜 과학자(a bad scientist)가 될 것이다."[29] 그리고 훨씬 나중인 2002년에 『과학과 시(詩)』(*Science and Poetry*)에서는 자연과 우주에 대한 인격화(personalification)가 필요하며, 여기서는 경탄(wonder)이 아주 중요한 역할을 한다고 주장한다. "물론 이런 종류의 사고에서 인격화를 문자적으로 여겨서는 안 된다. 그러나 그런 인격화 아래에 놓여 있는 태도, 즉 존경과 경외로 가득한 태도는 과학에서나 우리가 우주와 맺는 일반적인 관계에서나 모두 적합한 태도임이 확실하다."[30]

---

27   Ibid., 15, 96-97.

28   Ibid., 100-101.

29   Mary Midgley, *Evolution as a Religion: Strange Hopes and Stranger Fears* (London: Methuen, 1985), 128.

30   Mary Midgley, *Science and Poetry* (London: Routledge, 2002), 254.

3. 존 헤들리 브룩 & 제프리 캔터: '자연'의 재구성에서 미학적 요소의 중요성

과학사 전공인 브룩과 캔터는 1995-1996년에 기포드 강연에서 함께 "자연의 재구성"(Reconstructing Nature)이라는 제목으로 강연했다.[31] 이들은 종교와 과학의 관계와 관련하여 역사적 연구를 취함으로써 각 상황, 기능, 언어, 인물, 실천에 따라 여러 다양한 접근이 있음을 보여주었다.[32] 이런 역사적 연구를 통해 종교와 과학의 관계에 관해 획일적이거나 본질주의적인 시각에 빠지지 않으면서 양자 사이에 다양하고 풍성한 논의가 가능하게 해주었다.[33]

종교와 과학의 관계에 관한 이들의 연구에서 가장 주목할 만한 함의는 자연을 다루거나 연구하는 과정에서 자연이 재구성(reconstruction)된다는 점이다. 이들은 뉴턴 역시 자연을 연구할 때 있는 그대로의 객관적 자연을 연구한 것이 아니라 실제로는 자연을 나름대로 재구성하면서 연구

---

31   John Hedley Brooke and Jeffrey Cantor, *Reconstructing Nature: The Engagement of Science and Religion* (Oxford: Oxford University Press, 1998). 이외에도 이들의 연구는 각각 다음과 같다. John Hedley Brooke, *Science & Religion: Some Historical Perspectives* (Cambridge: Cambridge University Press, 1991); *Heterodoxy in Early Modern Science and Religion* (New York: Oxford University Press, 2005); Geoffrey Cantor, *Michael Faraday Sandemanian and Scientist: A Study of Science and Religion in the Nineteenth Century* (London: Macmillan, 1991); *Quakers, Jews, and Science: Religious Responses to Modernity and the Sciences in Britain, 1650-1900* (Oxford: Oxford University Press, 2005); Geoffrey Cantor & Marc Swetlitz, eds. *Jewish Tradition and the Challenge of Darwinism* (Chicago: University of Chicago Press, 2006).

32   Brooke and Cantor, *Reconstructing Nature*, 22-34. 여기서 브룩과 캔터는 다음과 같은 다섯 가지 접근을 소개한다. ① 상황적 접근(Contextual Approach), ② 기능적 접근(Functional Approach), ③ 언어적 접근(Linguistic Approach), ④ 전기적 접근(Biographical Approach), ⑤ 실천적 접근(Practical Approach).

33   Ibid., 34-37.

했음을 보여주었다. 그래서 이들은 뉴턴을 다음과 같이 평가한다. "뉴턴은 자연을 재구성했고 자신들의 재구성에서 아름다움(beauty)을 보았던 다수의 창조적 사상가 중 한 명이다."[34] 이들에 따르면, 뉴턴은 자연을 기술할 때 자연을 이상화하거나 나름대로 관념화한다.[35] 이들은 뉴턴을 비롯한 과학자뿐만 아니라 모든 인간이 객관적으로 있다고 여겨지는 자연을 만나는 것이 아니라 각자 나름대로 이상화하거나 관념화하는 과정을 거쳐 상상 속에서 재구성되는 자연을 만나는 것임을 명확하게 보여주었다.

이런 점에서 이들은 자연에 관한 연구에서 상상의 역할이 매우 중요하며, 따라서 더 많은 상상을 자극할 필요가 있다고 주장한다. 이와 관련하여 이들은 조지 캠벨의 『수사학의 철학』(*The Philosophy of Rhetoric*)(1776)의 논의에 주목한다.

다른 누구보다도 캠벨은 종교적인 논증을 가장 설득력 있는 방식으로 제시하는 것의 중요성을 강조했다.…캠벨에 따르면, 말이든 글이든 소통은 이성적 기능에 호소할 뿐만 아니라, '상상을 즐겁게 하고…열정을 움직이거나, 의지에 영향을 끼쳐야' 한다. 캠벨은 그것들이 '이성의 시녀들'이라고 주장했다. 비록 수사학이 연역적 논증에서는 아무런 역할을 하지 않더라도, 다른 형태의 모든 담론에서 수사학은 회중에게 확신을 일으키기 위해 필수적으로 요청된다. 설교자의 일이 회중을 기쁘게 하고 움직이고 가르치는 것이기 때문에, 만약 설교자가 회중의 지성에만 호소한다면 아무런 영향도 끼치지 못할 것이다. 그 대신에 설교자는 유비와 비유를 사용하여 회중의 상상을 홍

---

34   Ibid., 2.
35   Ibid., 5-6.

미롭게 함으로써 회중의 관심을 얻을 수 있다고 캠벨은 주장했다.[36]

브룩과 캔터는 캠벨의 논의에 근거하여 상상을 충족시켜주는 네 가지 주요 특질로서 생기(vivacity), 아름다움(beauty), 숭고(sublimity), 참신함(novelty)을 언급한다. 이들은 이 네 가지 중에서도 특히 아름다움과 숭고에 많은 관심을 보인다. 아름다움은 설계, 질서, 정합성, 조화, 일치, 대칭 같은 개념들과 밀접하게 연결되어 있는데, 이런 것들은 상상을 기쁘게 하며 정신에 위안을 준다고 여겨진다. 그리고 18세기와 19세기 초의 많은 작가가 아름다움과 숭고를 구별했는데, 이들에 따르면 아름다움에 대한 인식은 정신이 위안을 받을 때에 발생하지만, 숭고는 공포에 근거하며 정신을 긴장 상태에 놓이게 한다. 그래서 이 당시의 자연신학자들은 경탄(wonder), 경외(awe), 존경(reverence)을 가장 많이 불러일으키는 자연 세계의 측면들을 환기함으로써 숭고를 광범위하게 사용한다.[37]

더 나아가 브룩과 캔터는 이렇게 자연이 이상화 또는 관념화를 통해 재구성되는 과정에서 미학(aesthetics)이 중요한 역할을 하고 있음을 강조한다.[38]

여기서 그들이 의미하는 미학은 아름다움(beauty)과 고상함(elegance)에 대한 바람과 탐구를 가리킨다. 그들에 따르면, 미에 대한 갈망은 과학적 작업의 중심에 종종 자리하곤 했다. 미에 관한 이론이 때로는 환상으로 치부되어 버려지기도 하지만, 예기치 않은 미가 드러나는 이론으로 대체되기도 한

---

36   Ibid., 183-184.
37   Ibid., 184-187.
38   Ibid., 207-213.

다. 미에 대한 탐구는 항상 있었고 과학적 탐구와 이론의 구성을 규정해왔다. 그들은 과학적 창의성에서 이런 심미적 요소들을 드러냄으로써 과학에 대해 무지하거나 비공감적인 인식을 교정할 수 있다고 주장한다.[39]

브룩과 캔터에 따르면, 미학의 중요한 역할은 다윈에 대한 해석에서도 예외가 아니다. 어떤 이들은 다윈주의자들이 유용성과 자연선택을 강조함으로써 세계로부터 아름다움을 제거했으며, 아름다움을 유용성으로 환원시켰다고 주장한다. 그래서 다윈이 아름다운 것들과 숭고한 것들을 죽였다는 결론을 내야 한다고 유혹받는 이들도 있다. 하지만 다윈은 만년에 자신에게 미학적 감수성이 퇴화하고 있음을 불평했다고 알려진다. 그렇지만 브룩과 캔터는 더 세밀한 연구에 의하면 다윈이 실제로 숭고에 무감각하지 않았다고 주장한다.[40]

III. 결론

위에서 논의한 내용을 정리해보면, 첫째, 과학 시대에 과학이 종교에 던져주는 도전 중 하나는 '자연'에 대한 새로운 시각이다. 바버에 따르면, 근대의 고전적 실재론하에서 형성된 자연에 대한 실재론적 인식론, 결정론적 시각, 환원론적 전망에 관해 의문이 제기되었기에, 자연에 대한 기존 이해를 탈피하여 새로운 이해를 재구성해야 한다. 바버는 새로운 재구성 작업

---

39   백충현, "종교/신학과 과학과의 풍성한 만남에 기여하는 기포드강좌의 시도들", 310.
40   Brooke and Cantor, *Reconstructing Nature*, 226.

에서 활발하게 앞으로 나아가지는 않았지만, 새로운 구성적 작업을 할 수 있도록 이론적 토대를 탄탄하게 제시해주었다. 그는 비판적 실재론의 입장에서 과학의 영역과 종교의 영역 모두에서 모형과 패러다임이 실제로 작동하고 있음을 적극적으로 인정하고 수용했다. 그에 따르면, 자연조차도 모형 또는 패러다임을 통한 것이기에 자연 자체와 자연에 대한 이해는 구별될 수 있다. 더 나아가 현재 자연에 대한 우리의 이해는 그 자체로 영원불변한 것이 아니라 특정 시대에 생성된 하나의 개념에 불과하다. 더욱이 현재 우리는 자연 자체에 대해 완전하거나 충분한 이해를 제시하지 못하며 단지 어떤 측면들에서의 이해를 드러낼 뿐이다. 따라서 우리는 시대의 변화와 과학의 발달에 따라 자연에 대한 기존 개념을 탈개념화하고 새롭게 재구성해야 한다.

둘째, 미즐리에 따르면, 과학의 발달로 인해 사람들은 과학 자체가 삶의 의미를 제시해줄 수 있다는 과도한 확신을 가지게 되었다. 이 과정에서 과학의 객관성에 대한 오해와 맹신이 생겨났고, 더 나아가 자연에 대한 기계주의적 이해를 초래하게 되었다. 17세기부터 20세기까지 자연을 물질 그 자체로, 더 나아가 기계로 여기는 비인격화가 시도되었다. 그에 따라 자연에 대한 경탄(wonder)을 제거했고, 자연-숭배처럼 보이는 것에 반대하는 운동을 벌였으며, 자연 세계에 관한 기술에서 매력/끌림과 같은 용어의 사용을 무시하게 되었다. 미즐리는 기포드 강연에서의 비판적 분석을 통해 과학에서도 동기부여, 종합적인 세계─그림, 신화, 드라마, 판타지 등과 같은 심리적 요소들이 작동하고 있음을 강조했다. 그는 과학을 포함한 인간의 모든 지적 활동에서 심리적 요소들이 형성하는 상상이 매우 본질적이고 중요한 핵심임을 강조하며, 과학자들이 자연과 우주에 대한 경외, 경탄, 존경이라는 적합한 감정들을 회복해야 한다고 주장한다.

셋째, 브룩과 캔터에 따르면, 자연은 다루어지거나 연구되는 과정에서 재구성된다. 그들은 과학자들뿐만 아니라 모든 인간이 객관적으로 있는 자연을 만나는 것이 아니라 각자 나름대로 이상화하거나 관념화하는 과정을 거쳐 상상 속에서 재구성되는 자연을 만나는 것임을 명확하게 드러냈다. 이런 점에서 그들은 자연 연구에서 상상의 역할이 매우 중요하며, 따라서 상상을 더 많이 자극할 필요가 있다고 주장한다. 그들은 캠벨의 논의에 근거하여 상상을 충족시켜주는 네 가지 주요 특질로서 생기, 아름다움, 숭고, 참신함을 언급한다. 아름다움은 설계, 질서, 정합성, 조화, 일치, 대칭과 같은 개념들과 밀접하게 연결되어 있으며, 숭고는 공포에 근거하며 정신을 긴장 상태에 놓이게 하기에 자연에 대한 경탄, 경외, 존경을 불러일으킨다. 이런 점에서 브룩과 캔터는 자연이 이상화 또는 관념화를 통해 재구성되는 과정에서 미학이 중요한 역할을 담당함을 강조한다.

　　이와 같이 바버의 비판적 실재론에 근거한 '자연'에 대한 모형 (model)/패러다임(paradigm), 미즐리의 '자연'에 대한 객관적·기계주의적 이해 비판 및 경외, 경탄, 존경의 회복, 그리고 브룩과 캔터의 '자연'의 재구성에서 미학적 요소의 중요성은 오늘날 우리가 자연에 대해 새로운 상상력을 펼쳐가야 함을 함의한다. 따라서 앨리스터 맥그래스는 자연에 관한 그의 방대한 논의의 결론으로서 "자연을 재-상상하는 것"(Re-imagining Nature)을 우리에게 우선적으로 요청한다.[41]

41　　Alister E. McGrath, *Re-Imagining Nature: The Promise of a Christian Natural Theology* (Oxford: Wiley Blackwell, 2017), 181-183.

참고문헌

다니엘 밀리오리/신옥수·백충현 옮김. 『기독교조직신학개론: 이해를 추구하는 신앙』 (개정3판). 서울: 새물결플러스, 2016.

데이비드 크리스천·밥 베인 지음/조지형 옮김. 『빅 히스토리(*Big History*)』. 서울: 해나무, 2013.

백충현. "종교/신학과 과학과의 풍성한 만남에 기여하는 기포드강좌의 시도들 – 바버, 미즐리, 브룩 & 칸토어를 중심으로." 「대학과 선교」 45권(2020. 09), 293-316.

샐리 맥페이그/정애성 옮김. 『은유신학: 종교 언어와 하느님 모델』. 서울: 다산글방, 2001.

송용섭. "제4차 산업혁명 시대의 융합적 교회 모델." 「대학과 선교」 36권(2018. 04), 7-38.

윤철호. "존 매쿼리의 자연신학과 변증법적 신론." 「한국조직신학논총」 58권(2020년 3월), 85-122.

윤철호·김효석 책임편집. 『신학과 과학의 만남: 기포드 강연을 중심으로』. 서울: 새물결플러스, 2021.

이안 바버/이철우 옮김. 『과학이 종교를 만날 때』. 서울: 김영사, 2002.

주만성. "기독교 과목의 변증적 교수법." 「대학과 선교」 1권(2000. 02), 140-179.

천사무엘. "칼빈의 성서해석과 자연과학." 「대학과 선교」 11권(2006. 12), 241-265.

토마스 쿤/김명자 옮김. 『과학혁명의 구조』. 서울: 까치, 2013.

Barbour, Ian G. *Ethics in an Age of Technology.* New York: HarperCollins, 1993.

_____. *Issues in Science and Religion.* London: SCM, 1966.

_____. *Myths, Models and Paradigms: The Nature of Scientific and Religious Language.* London: SCM, 1974.

_____. *Nature, Human Nature, and God.* Minneapolis: Fortress Press, 2002.

_____. *Religion and Science: Historical and Contemporary Issues.* San Francisco: HarperSanFrancisco, 1997.

_____. *Religion in an Age of Science.* New York: HarperCollins, 1990.

_____. ed. *Science and Religion: New Perspectives on the Dialogue*. London: SCM, 1968.

_____. *Technology, Environment, and Human Values*. New York: Praeger, 1980.

_____. *When Science Meets Religion*. New York: HarperCollins, 2000.

Brooke, John Hedley. *Heterodoxy in Early Modern Science and Religion*. New York: Oxford University Press, 2005.

_____. *Science & Religion: Some Historical Perspectives*. Cambridge: Cambridge University Press, 1991.

Brooke, John Hedley and Geoffrey Cantor. *Reconstructing Nature: The Engagement of Science and Religion*. Oxford: Oxford University Press, 1998.

Cantor, Geoffrey. *Michael Faraday Sandemanian and Scientist: A Study of Science and Religion in the Nineteenth Century*. London: Macmillan, 1991.

_____. *Quakers, Jews, and Science: Religious Responses to Modernity and the Sciences in Britain, 1650-1900*. Oxford: Oxford University Press, 2005.

Cantor, Geoffrey and Marc Swetlitz, eds. *Jewish Tradition and the Challenge of Darwinism*. Chicago: University of Chicago Press, 2006.

McGrath, Alister E. *Re-imagining Nature: The Promise of a Christian Natural Theology*. Oxford: Wiley Blackwell, 2017.

Midgley, Mary. *Evolution as a Religion: Strange Hopes and Stranger Fears*. London: Methuen, 1985.

_____. *Heart and Mind: The Varieties of Moral Experience*. London: Methuen, 1985.

_____. *Science and Poetry*. London: Routledge, 2002.

_____. *Science as Salvation: A Modern Myth and its Meaning*. London: Routledge, 1992.

Re Manning, Russell, ed. *The Oxford Handbook of Natural Theology*. Oxford: Oxford University Press, 2013.

Witham, Larry. *The Measure of God: History's Greatest Minds Wrestle with Reconciling Science and Religion*. New York: HarperCollins Publishers, 2005.

"The Gifford Lectures." https://www.giffordlectures.org (2020. 8. 8. 접속).

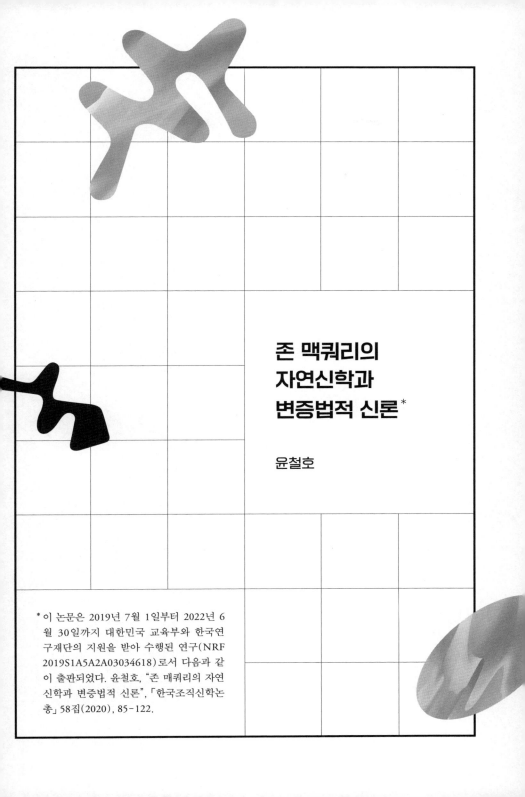

존 맥쿼리의
자연신학과
변증법적 신론 *

윤철호

* 이 논문은 2019년 7월 1일부터 2022년 6
월 30일까지 대한민국 교육부와 한국연
구재단의 지원을 받아 수행된 연구(NRF
2019S1A5A2A03034618)로서 다음과 같
이 출판되었다. 윤철호, "존 매쿼리의 자연
신학과 변증법적 신론", 「한국조직신학논
총」 58집(2020), 85-122.

I. 서론

오늘날 우리는 자연신학의 정당성과 필요성이 새롭게 조명되는 시대에 살고 있다. 다시 말하면, 세속화, 세계화, 다문화, 다종교의 상황, 그리고 기독교 세계관이 과학의 도전에 직면하고 있는 오늘의 시대에, 기독교의 진리를 공적 포럼에서 변증해야 하는 신학의 공적 과제를 수행하기 위한 자연신학의 중요성에 대한 인식이 많은 신학자와 기독교인 사이에 더욱 증대되고 있다. 이와 같은 오늘의 상황에서 존 맥쿼리(John Macquarrie, 1919-2007)의 자연신학과 그의 자연신학적 신론을 고찰하는 것은 매우 의미 있는 일로 여겨진다. 맥쿼리는 스코틀랜드의 신학자이자 성공회 사제로서, 한국의 신학계, 특히 개신교 신학계에서는 비교적 잘 알려지지 않은 인물이다. 그러나 그는 바르트, 불트만, 틸리히, 판넨베르크 등과 어깨를 나란히 하는 금세기의 대표적인 신학자들 가운데 한 사람이다. 맥쿼리는 실존주의자, 조직신학자, 자연신학자 또는 철학적 신학자 등으로 불린다. 그는 전기에는 칼 라너의 신학과 하이데거의 철학의 영향을 많이 받았으며, 후기에는 화이트헤드의 과정철학의 영향을 받았다.

맥쿼리에 따르면, 자연신학이 "자연"신학인 까닭은 하나님이 자연의 현상과 동일한 방식으로 다루어지기 때문이 아니라, "어떤 특수한 지식의 원천에 호소함 없이 모두에게 공통된 자연스러운 인간의 자원에 의해 탐구가 이루어지기"[1] 때문이다. 맥쿼리의 자연신학의 특징은 그의 책 『기독교 신학 원리』[2]에, 그의 자연신학적 신론은 그의 책 『신성의 탐구』

---

1   John Macquarrie, *In Search of Deity: An Essay in Dialectical Theism* (London: SCM, 1984), 12.

2   John Macquarrie, *Principles of Christian Theology* (London: SCM, 1977).

에 잘 나타난다. 『신성의 탐구』는 맥쿼리가 1983-1984년 세인트앤드루스(St. Andrews) 대학교에서 개최된 기포드 강연에서 동일한 제목으로 행한 강연 내용을 한데 묶어 출판한 것이다. 기포드 강연을 창시한 기포드의 의도는 성서에 나타나는 특별계시에 의존하지 않고 자연 질서와 인간 이성의 능력에 기초한 자연신학의 가능성을 모색하는 것이었다.[3] 맥쿼리는 기포드의 의도를 충실히 반영하는 자연신학적 논증을 통해 "변증법적 신론"(dialectical theism)을 제시한다.

이 글에서는 맥쿼리의 자연신학을 다음과 같은 주제들을 중심으로 고찰하고자 한다. 2장에서는 맥쿼리의 신학 방법론인 "새로운 방식"의 자연신학을 소개한다. 3장에서는 맥쿼리의 분류에 의한 신개념의 두 유형인 종교적 계시신학과 철학적 자연신학에 대해 살펴본다. 4장에서는 인간에 대한 실존론적 분석에 기초한 맥쿼리의 자연신학적 계시 인식론을 고찰한다. 5장에서는 하나님의 존재에 대한 맥쿼리의 인간학적 논증을 살펴본다. 6장에서는 고전적 신론에 대한 맥쿼리의 비판을 소개하고, 7장에서는 맥쿼리가 고전적 신론에 대한 대안으로서 제시하는 변증법적 신론을 고찰한다. 그리고 8장에서는 맥쿼리의 자연신학과 변증법적 신론의 주요 내용에 대한 평가와 반성을 논술한다.

---

3   기포드의 신탁증서에는 특수한 기적적 계시를 언급하거나 그것에 의존하지 않아야 한다고 명시되어 있다. 이것은 하나님이 피조물에게 자신을 보편적으로 전달할 수 있는 길, 즉 비록 특정한 종교의 특수한 계시는 아니더라도 정당하게 계시라고 불릴 수 있는 길이 있음을 암묵적으로 전제한다.

II. "새로운 방식"의 자연신학

맥쿼리에 따르면, 신학의 과제는 "교회의 신앙을 일관성 있는 전체로서 숙고하는 것"[4]이다. 이와 같은 과제를 위한 신학은 이중적 성격을 갖는다. 한편으로 신학은 신앙에 참여한다. 신학은 다른 모든 학문과 구별되는 특수한 전이해, 즉 신앙과 더불어 시작한다. 다른 한편으로 신학은 신앙을 비판적으로 숙고하는 작업이다. 신학은 신앙이 "지적으로 지지되고 인간의 삶의 전 영역과 통합될 수 있음"[5]을 보여주어야 한다. 맥쿼리는 『기독교 신학의 원리』에서 자신의 신학을 "새로운 방식"의 자연신학 또는 철학적 신학이라고 명명한다.[6] "새로운 방식"의 자연신학은 신학의 토대와 전제 및 가능성을 탐구한다.[7] 이 자연신학은 신학적 진술의 전제를 철학적 언어로 규명하고 그 전제의 이해 가능성, 일관성, 의미를 평가한다. 이 자연신학은 신학을 가능하게 만드는 선험적 조건과 아울러 신학과 세속적 사고의 연결에 관심을 둔다.

전통적인 자연신학과 "새로운 방식"의 자연신학은 공통으로 신학적 주제와 일상적 사고 및 경험을, 그리고 신학의 언어와 일반 학문의 언어를 연결하고자 한다. 그러나 맥쿼리는 자신의 자연신학이 전통적인 자연신학과 세 가지 점에서 다르다고 말한다. 첫째, 새로운 방식의 자연신학은 전통적인 자연신학보다 더욱 근본적이다. 전통적인 자연신학의 신 존재 증명은 사실상 하나님에 대한 믿음을 전제한다. 그러나 맥쿼리는 인간의

---

4   Macquarrie, *Principles of Christian Theology*, v.
5   Ibid.
6   Ibid., 54-58.
7   Ibid., 43.

인식의 근본적인 방식으로 들어가서, "종교적 확신을 정당화하는 자격증을 주는 것처럼 보이는 경험의 기본적 구조와 패턴을 밝혀내고자 한다."[8] 둘째, "새로운 방식"의 자연신학은 추론하기보다는 기술한다. 이 자연신학은 논리적 논증으로 증명하려고 하지 않고 우리가 보도록 해준다. 즉 이 자연신학은 "우리가 신앙이 주장하는 바가 무엇인지 볼 수 있도록, 신앙이 뿌리내리고 있는 기본적인 상황을 밝히 드러낸다."[9] 여기서 드러나는 것은 신앙 안에 함축된 실존적 자기 이해다. 셋째, 맥쿼리의 자연신학은 합리적이라기보다 실존적이다. 이 자연신학은 순수하게 이성적인 또는 우주론적인 사변이 아니라 세계 안에서 인간 실존의 전 영역으로부터 생겨나는 폭넓은 이해에 기초한다. 즉 이 자연신학은 인간 실존과 경험의 전체성에 관심을 기울인다.[10]

맥쿼리는 전통적인 자연신학에 대한 현대의 신학적 비판 두 가지를 소개한다.[11] 하나는 칼뱅에서 바르트에 이르는 신학 전통의 비판이다. 이 신학 전통은 인간의 죄가 인간의 의지 및 지적 능력을 심대하게 타락시켰기 때문에, 인간 이성의 능력이 심히 왜곡되어 하나님에 관한 어떤 사고도 왜곡과 거짓을 낳을 뿐이라고 주장한다. 그러나 맥쿼리는 인간의 사고가 이기적인 욕망에 의해 왜곡될 수 있는 것은 사실이지만, 신뢰할 만한 사고의 가능성을 비관적으로 포기해서는 안 되며, 더욱 엄격하고 합리적인 사고를 위해 노력해야 할 필요가 있다고 강조한다. 그렇지만 그는 인간의 유한성이 자연신학의 성취를 한계 짓는다는 비판에는 동의한다. 합리적 논

---

8   Ibid., 55-56.
9   Ibid., 56.
10   Ibid.
11   Ibid., 49-54.

증의 보증된 확실성을 요구하는 것은 인간의 유한성을 인정하기를 거부하는 것이다. 신앙은 확실성이 아닌 모험에 기초하며, 이 신앙의 모험은 결코 이성에 의해 제거될 수 없다.

자연신학에 대한 또 하나의 신학적 비판은 추론적 논증을 통해 하나님에 관해 말하는 것이 부적절하다는 것이다. 왜냐하면 그것은 하나님을 세계 안에서 지각될 수 있는 다른 대상들 가운데 하나처럼 취급하는 것이기 때문이다. 맥쿼리는 이런 비판에 동의한다. 반면에 만일 논증이 주관적인 경외의 태도를 지닌다면 자연신학은 객관적 의미에서의 증거를 제시한다고 주장할 수 없을 것이다. 그러나 맥쿼리는 자신이 경외에 대한 이해를 신앙 공동체로부터가 아니라 존재에 대한 후기 하이데거의 태도로부터 끌어내기 때문에, 자신의 자연신학은 순수한 경험적 탐구와 구별되며 동시에 다른 학문적 일관성을 확보할 수 있다고 주장한다.

맥쿼리의 자연신학은 인간이 하나님에 대한 선험적 관념과 하나님을 믿고자 하는 성향을 가지고 있다는 믿음에 기초한다. 그러나 그는 자연신학의 과제가 먼저 하나님에 대한 정합적인 개념을 형성하고 그 개념에 상응하는 실재가 존재한다는 것을 증명하는 일에 있다고 보지는 않는다. 하나님의 "존재"라는 개념 자체는 매우 불명료하다. 하나님은 유한한 존재와 같은 방식으로 존재하지 않는다. 우리는 우리의 개념에 상응하는 실재가 존재하는지를 물음으로써 하나님의 실재에 대한 물음을 다룰 수 없다. 맥쿼리에 따르면, 세계가 세계 안에서 발견될 수 있는 한 사물이 아니라 어떤 대상에 대한 우리의 인식에 내포된 선험적 관념인 것처럼, "하나님 개념은 전체로서의 실재를 이해하고 그것과 관계를 맺는 길을 우리에게 열어주는 해석적 개념이다."[12]

맥쿼리는 자연신학과 계시신학의 관계를 대립적 관계가 아닌 변증법적 관계로 이해한다. 인간의 하나님 인식에서 주도권은 하나님께 있다. "하나님은 자신을 우리에게 알려주신다. 따라서 움직임은 하나님 쪽에서 우리로이지 우리 쪽에서 하나님으로가 아니다."[13] 하나님은 우리의 발견을 기다리지 않고 적극적인 방식으로 자신을 계시하신다. 그러나 계시는 합리성을 무효화하지 않으며, 경외는 비판적 이성을 무효화하지 않는다. 그리고 계시는 특수한 존재들의 자연적 존재 안에서 발생한다. 여기서 자연신학과 계시신학의 경계는 모호해진다. 맥쿼리는 계시신학과 자연신학의 불가분리성을 다음과 같이 말한다. "어떤 의미에서 모든 자연신학은 계시신학이다. 왜냐하면 하나님이 만물의 원천이라면, 하나님은 그분 자신에 대한 인식의 원천이 되어야 하며, 따라서 '도움을 받지 않은'(unaided) 하나님 인식은 없기 때문이다.…그러나 또한 어떤 의미에서 모든 계시신학은 자연신학이다. 왜냐하면 계시신학은 이 세계 안의 인간, 사물, 사건을 통해 오며 우리의 보편적 인간 능력에 의해 전유되기 때문이다."[14]

---

12   Macquarrie, *In Search of Deity*, 29.
13   Macquarrie, *Principles of Christian Theology*, 52-53.
14   Macquarrie, *In Search of Deity*, 12-13.

신학과 과학의 만남 2

III. 신 개념의 두 유형: 종교적 계시신학과 철학적 자연신학

맥쿼리는 전통적 신학 또는 자연신학을 거부하는 흄과 칸트가 전제하는 신 개념이 과연 적절한 것인지 묻는다. 그는 그들이 두 가지 신 개념 사이에서 왕복한다고 본다. 하나는 기적 또는 적절한 보상과 형벌을 통해 세계 안에 개입하는 신인동형론적·유사-신화론적 신 개념이고, 다른 하나는 세계 너머에 멀리 떨어져 있으면서 세계가 자연의 법칙에 따라 전개되도록 허용하는 이신론적 신 개념이다.[15] 맥쿼리는 우리가 하나님의 내재성에 좀 더 관심을 기울인다면 그들이 제기하는 문제는 상당 부분 극복될 수 있을 것으로 본다.

신 개념에 대한 맥쿼리의 접근은 다신론에 대한 설명과 더불어 시작된다. 그에 따르면 신 개념의 출현에서 중요한 것은 단순히 초인간적 질서의 힘에 대한 관념이 아니라 이런 힘이 인간과 유비를 지닌 인격적 또는 유사인격적 존재라는 믿음이다. 맥쿼리에 따르면, "신 언어는 인간이 자기 주위의 우주적 힘과 갖는 유사성의 감각으로부터 출현했다."[16] 다신론적 종교에서 자연현상은 성례전적으로 인식되었다. 즉 자연현상을 통해 인간 존재와 유비적인 실재가 인간의 삶과 접촉하며 관계를 맺는다. 그러나 과학 시대에 자연은 비신성화되고 물질적인 것으로 환원되었다. 맥쿼리는 "방법론적 환원주의로부터 존재론적 환원주의로 가는 것은 매우 어리석은 일"임을 강조한다.[17] 그에 따르면, 자연의 힘 안의 신적 차원에 대한 다신론적 직관은 단지 미신이 아니라 존재의 신비를 표현하고자 하는

---

15   Ibid., 11.
16   Ibid., 19.
17   Ibid., 21.

시도다. 다신론적 종교에서 많은 신은 자연의 힘과 인간의 삶의 다원성을 표상한다. 그러나 인간 안에는 다자의 원천으로서의 일자 또는 궁극적 실재, 즉 일신론을 지향하는 본성이 있다.

맥쿼리는 일신론을 종교적 일신론과 철학적 일신론으로 구별한다. 종교적 일신론에 대한 고전적 범례는 히브리 성서에 나타난다. 다신론의 내재적 신들과 대조적으로 일신론의 신은 매우 초월적이다. 즉 여기서는 하나님의 신비, 타자성 그리고 은폐성이 강조된다. 철학적 신 개념은 이미지로부터 개념으로 이동한다. 역사적으로 철학적 신 개념의 발전은 히브리 전통의 종교적 일신론이 그리스 철학의 형이상학적 사변과 만난 것이 직접적 계기가 되었다. 그러나 종교적 믿음에 대한 철학적 반성은 근본적으로 인간의 이성적 본성의 요청이다. 성서에서는 왕 또는 목자로 표현되는 인격적 하나님이 철학에서는 초월적 존재 원리가 된다. 성서의 하나님이 의, 자비, 신실함과 같은 속성으로 표현된다면, 철학의 신은 전능, 변화불가능성, 고통 불가능성 같은 속성으로 표현된다. 성서 전통은 하나님의 존재를 단순히 전제하는 데 반해, 철학적 유신론은 신 존재 증명을 위한 논증을 전개한다.

맥쿼리는 종교적 유신론과 철학적 유신론 사이에 쉽게 종합할 수 없는 긴장이 존재한다는 점은 인정하지만, 철학적 유신론자가 단지 살아 계신 하나님을 추상적 사고로 대체하는 것이라는 견해에는 동의하지 않는다. 철학적 유신론자도 하나님과 진정한 종교적 관계를 맺는다. 그러나 "그의 지적인 성실성은 그의 신 개념이 가능한 한 명료화되고 비판될 것을 요구한다."[18] 맥쿼리는 종교적 유신론과 철학적 유신론, 즉 성서적 계시

---

18   Ibid., 25.

신학과 철학적 자연신학 사이에 긴장이 존재함에도, 이 둘 중 하나를 제거하고자 하면 안 된다고 강조한다. 이 둘은 하나님에 대한 신학적 반성 안에서 변증법적으로 함께 속해 있다. 따라서 맥쿼리의 신 개념은 종교적 관점에서의 최고 가치와 철학적 관점에서의 최고 실재, 실존적 차원과 존재론적 차원, 주관적 요소와 객관적 요소의 변증법적 종합으로 구성된다.[19]

IV. 맥쿼리의 계시 인식론

맥쿼리는 하나님을 향한 탐구의 조건이 바로 인간 본성의 구조 안에 있다고 본다. 따라서 맥쿼리의 자연신학은 인간 실존에 대한 실존론적 분석에 기초한다. 그는 인간 실존의 본성을 초월성으로 이해한다. 여기서 초월성은 미완결적이고 개방적인 존재의 역동적 특성을 표현한다. 즉 자신에게 주어진 어느 단계의 조건을 넘어 나아가고자 하는 것이 인간의 본성이다.[20] 은혜를 향한 탐구는 참된 자아의 가능성을 향한 개방성과 욕구로부터 생겨난다. 신앙은 단지 위로부터 오는 하나님의 부르심에 대한 순종이 아니라, 인간 존재가 귀속한 더 넓은 맥락이 인간 존재에 은혜롭다는 사실에 대한 실존적 위탁이다. 이 존재의 더 넓은 맥락이 은혜로운 이유는 그것이 현 사실성과 부름을 받은 가능성이 서로 괴리된 인간 실존의 양극성을 변증법적으로 통합하기 때문이다. 이와 같이 맥쿼리는 신앙의 원천을

---

19 Ibid., 26-27.
20 Ibid., 61. 이런 맥쿼리의 사고는 존재를 향한 선험적 초월성을 인간 실존의 본성으로 이해하는 칼 라너의 영향을 보여준다. Karl Rahner, *Hearers of the Word* (New York: Seabury Press, 1969), 제6장.

인간 실존에 의미를 부여하는 것에 대한 탐구에서 발견한다. 신앙은 그 탐구가 인간 실존 안에서 만나는 것을 발견한다. 물론 신앙은 단지 인간의 탐구에 대해서가 아니라 이 탐구의 대상에 대해 말한다. 신앙은 한편으로 인간 자신 안에 뿌리를 두고 있지만, 오직 희미하게 그리고 모르고 추구하던 것에 의해 붙잡힐 때만 확립된다.[21] 즉 신앙은 계시에 의존한다.

맥쿼리의 계시 인식론에서 주도권은 인간에게 있지 않고 알려지는 것에 있다. 계시의 본래 의미는 "베일을 벗음"이다. "알려지는 것이 빛 안으로 온다. 더 적절하게 말하자면 알려지는 것이 빛을 비추며, 이로써 그것이 알려지고 우리가 우리 자신을 알게 된다."[22] 진리는 탈은폐적이다. "은폐되어 있던 것이 드러나고 빛 안으로 옮겨질 때, 우리는 진리에 이른다."[23] 그런데 맥쿼리는 계시를 인간의 인식 경험의 전 영역에, 그리고 "거룩한 존재"와의 종교적 만남과 인간의 수용성의 접촉점에 자리매김하게 한다. 계시는 인간 실존의 구조로부터 생겨난다. 계시는 대상화할 수 있는 외부의 무엇을 보는 것이 아니라, 동일한 것을 다른 방식으로 보는 것이다. 계시를 받아들이는 것은 특정한 사물 안에 현존하고 현현하는 존재를 보는 것이다. 이 보는 것은 "정서적 상태"(affective state)에 상응한다. "정서적 상태"란 어떤 대상을 가리키지 않으며, 그 상태를 경험하는 인간이 참여하는 상황, 다시 말하면 "내부로부터 알려지는 상황 안에 있는 주체와 객체의 통일성"을 가리킨다.[24]

---

21 Macquarrie, *Principles of Christian Theology*, 83-84.
22 Ibid., 86.
23 Ibid.
24 맥쿼리는 하이데거의 용어인 "기분"(mood)으로 정서적 상태를 설명한다. "기분은 환경에 대한 조율과 같은 것이며, 우리가 그 안에서 우리 자신을 발견하고 참여하는 전체 상황에 대한 인식과 응답이다." Ibid., 98.

맥쿼리는 계시적 경험을 이해하기 위한 적절한 모델로서 "원초적 (primordial) 사고"를 제시한다. 원초적 사고는 사물이나 인격과의 만남 (encounter)에 관심을 기울이지 않으며, 탐색적이 아닌 명상적 성격을 갖는다. 이 사고는 존재 자체의 말을 기다리고 듣고 응답한다. 존재 자체는 "모든 특수한 존재자들에 의해 현존하고, 그것들에 의해 자신을 드러내며, 그것들을 통해 자신을 전달하고, 특히 우리 자신이라는 존재의 심층을 통해 자신을 전달한다. 왜냐하면 우리는 존재에 대한 참여자이며, 실로 존재가 자신을 개방하는 유일한 존재자이기 때문이다."[25] 인식 주체는 알려지는 것에 의해 붙잡히며, 알려지는 것은 인식 주체에 자신을 각인시킨다.

그러나 인식 주체가 전적으로 수동적인 것은 아니다. 인식 주체는 계시를 전유할 수 있는 어느 정도의 능력을 지니고 있다. 우리가 존재를 붙잡는 것이 아니라 존재가 우리를 붙잡는 것이 사실이지만, 단지 우리가 존재에 의해 압도되는 것은 아니다. "존재는 타자성만이 아니라 유사성 안에서 자신을 계시한다. 따라서 우리는 존재에 의해 붙잡힐 때조차도 어느 정도 존재를 붙잡을 수 있다."[26] 맥쿼리는 계시적 경험을 심미적 경험에 비유한다. 심미적 경험 안에서 알려지는 것은 우리에게 부딪혀오는 것의 심층이며, 이 심층이 심미적 경험을 계시적 경험을 위한 유비로 만든다.

맥쿼리는 후기 하이데거와의 대화를 통해 하나님의 계시를 설명한다. 하이데거는 『형이상학 입문』에서 사고와 존재의 관계를 주체와 객체의 관계로 이해하는 서구 철학 전통을 거부하고 그 둘의 관계를 존재가 능

---

25   Ibid., 94. 맥쿼리의 원초적 사고는 하이데거의 '초연한 내맡김'(Gelassenheit)으로서의 명상적 사고와 공명한다.
26   Ibid., 95.

동적 주체로서 우선성을 갖고 사고가 부름을 받는 관계라고 설명한다.[27] 하이데거에 따르면, "이해(apprehension)는 인간이 속성으로서 가지고 있는 기능이 아니라, 반대로 이해가 인간을 갖는 사건이다."[28] 존재가 있는 곳에 이해도 있다. 존재 자체가 인간이 자신을 넘어 존재를 향해 나아가 존재를 성취하도록 추동한다.[29] 그런데 존재가 현존하고 현현하는 장소는 바로 인간이다. 따라서 인간이 존재의 현현에 대한 이해로서 존재를 사고하는 것은 오직 인간을 통한 존재의 능동적 자기 탈은폐 안에서다.

존재의 자기 탈은폐와 말을 걸어옴에 대한 하이데거의 사고는 계시에서의 하나님의 주도권에 대한 맥쿼리의 사고에 잘 반영된다. 맥쿼리는 계시에 대한 세 가지 잘못된 이해를 거부한다.[30] 첫째, 그는 계시의 내용이 우리의 일상적인 인식 방식으로 접근할 수 없는 사물에 대한 정보를 제공해주는 문자적·명제적 형태의 비밀스러운 지식이라는 견해를 거부한다. 인간의 전 존재를 사로잡는 계시는 일차적으로 문자적 진술이 아니라 존재의 자기 수여 또는 자기 전달이다. 둘째, 맥쿼리는 과학이 자연현상을 기술하기 위해 사용하는 것과 같은 명제와 이론으로 계시의 내용이 기술될 수 있다는 견해를 거부한다. 셋째, 맥쿼리는 계시의 내용을 인격적 만남(encounter)의 유비로 표현하는 것의 부적절성을 지적한다. 계시의 내용은 주체-객체의 구별을 초월하는 방식으로 표현되어야 한다. 존재와의 조우는 주체-객체의 구분을 넘어서는 방식으로, 즉 참여적 방식으로 표현

---

27   Martin Heidegger, *An Introduction to Metaphysics* (New Haven: Yale University Press, 1959), 136-37.
28   Ibid., 141.
29   Ibid., 163.
30   Macquarrie, *Principles of Christian Theology*, 104-105.

되어야 한다. "우리는 오직 존재에 참여함을 통해서만 존재를 생각하거나 명명할 수 있으며, 오직 존재의 자기 수여와 자기 탈은폐의 기초에서만 존재를 알 수 있다."[31]

맥쿼리에 따르면, 존재와 존재자(인간)는 존재론적 차이와 유사성을 함께 갖는다. 한편으로 존재는 존재하는 모든 것의 선행 조건으로서 모든 존재자를 초월하는 신비다. 개별적 존재자들의 조건으로서 존재는 "존재하게 함"(letting-be), 능동적이고 적극적인 "존재를 가능케 함, 존재의 힘을 줌, 존재를 가져옴"[32]이다. "존재하게 함"은 존재의 창조성을 가리키며, 존재자의 의존성은 존재자의 피조물성을 가리킨다. 이 존재의 "존재하게 함"의 능력은 존재와 존재자의 존재론적 차이를 구성한다. 다른 한편으로 "존재하게 함"으로서의 존재는 초월적 신비지만, 전적으로 접근 불가능하지는 않다. 자신이 존재한다는 것을 아는 인간의 실존적 차원에서 존재를 이해할 수 있다. 즉 인간은 존재에 참여하며, 따라서 자신이 "존재하게 함"을 받았다는 사실을 안다. 종교적 인간은 "존재자들을 '존재하게 함'을, 자신을 부어주고 존재를 부여하는 존재의 자기 수여, 존재의 은혜로 경험한다."[33] 존재에 참여함 없이는 아무것도 존재할 수 없다. 존재가 모든 개별적 존재 안에 현존하고 현현하기 때문에, 존재는 모든 존재자와 친밀하고, 존재자에게 열려 있으며, 접근 가능하다. 맥쿼리에게 존재의 현존과 현현은 성례전적 의미를 갖는다. 계시신학과 자연신학은 하나님의 자기 수여 행동을 존재자의 영역 안의 현존과 현현으로 이해하는 것을 가능하게 하는 존재의 현존과 현현 개념에 의해 매개된다.

---

31   Ibid., 106.
32   Ibid., 113.
33   Ibid., 114.

그러면 "존재"와 "하나님"은 어떤 관계인가? 맥쿼리에게 이 둘은 때로 등가적으로 사용되기도 하지만 동의어는 아니다. "존재"는 존재론적 개념으로서, 실존적 의미를 지니고 있지 않다. 반면에 "하나님"은 존재를 가리키면서 동시에 존재에 대한 신앙의 태도, 즉 실존적인 가치판단, 헌신, 경배 등을 포함한다.[34] 하나님은 "거룩한 존재"다. "거룩한 존재"로서의 하나님은 실존적 측면과 존재론적 측면을 결합한다. 맥쿼리는 이와 같은 신 개념을 "실존적-존재론적 신론"이라고 명명한다.[35] 맥쿼리에게 "거룩한 존재"로서의 하나님은 "은혜로운 존재"이기도 하다. 하나님은 멀리 떨어져 있는 방관적 존재가 아니라 "요구하는 동시에 지탱함으로써, 우리가 존재에 대한 신앙 안에서 존재의 충만함을 향해 나아가고 자아의 잠재성을 온전히 성취할 수 있게 해준다."[36]

V. 하나님의 존재에 대한 인간학적 논증

맥쿼리의 자연신학은 하나님의 존재에 대한 인간학적 논증으로 나아간다. 그의 인간학적 논증은 『인간의 탐구』[37]와 『신성의 탐구』에 나타난다. 이 두 책에서 맥쿼리의 사고는 하이데거적인 실존적-존재론적 사고의 차원을 넘어 화이트헤드적인 우주적 차원의 자연신학으로 나아간다. 맥쿼

---

34   Ibid., 115.
35   맥쿼리는 이 신 개념을 원시적인 신화론적·인간동형론적 신 개념과 세계 너머에 존재하는 전통적인 형이상학적 유신론의 신 개념에 대한 대안적 신 개념으로 제시한다. Ibid., 116.
36   Ibid., 121-122.
37   John Macquarrie, *In Search of Humanity* (London: SCM, 1982).

리의 방법론의 특징은 하나님에 대한 선험적 교리로부터 출발하지 않고 인간에 관한 연구로부터 출발한다는 데 있다. 그는 『인간의 탐구』에서 인간과 세계 속 대상들의 관계를 다루는데, 이것은 그의 인간학적 논증에 매우 중요하다. 여기서 맥쿼리는 단지 생존을 넘어 인간의 독특한 실존을 형성하는 데 필수적으로 요구되는 근본적인 물질적 요소들[38]에 관심을 기울인다. 즉 그의 관심은 개인주의적인 하이데거적 도구성(道具性)으로부터 창조세계를 위한 책임성으로 옮겨진다. 하나님의 세계에의 책임 있는 참여의 강조는 인간학적 논증에서 우주 안에서의 인간의 역할에 대한 중요한 예표가 된다.

인간은 근본적으로 우주와의 연속성 안에 존재한다. 우주 자체가 자신의 차원으로부터 인간을 산출한다. 인간은 존재의 계층 질서의 모든 차원을 자신 안에 요약하는 소우주(microcosm)다. 반성적 사고 능력을 지닌 인간의 출현은 "진화가 자신을 이해하게 된, 그리고 자신의 방향을 (한계 안에서) 지시할 수 있게 된"[39] 획기적인 사건이다. 인간은 인격적 존재로서 전적으로 새로운 차원의 존재지만, 존재의 계층 질서에서 자신보다 낮거나 자신을 선행하는 모든 존재의 차원들과 철저하게 연속적이며, 자신 안에서 우주의 전체 구조를 반영한다. 소우주로서의 인간 안에는 "우주적 피조물이 포함된다. 인간은 천사처럼 이해하고, 인간처럼 추론하며, 동물처럼 지각하고, 식물처럼 생명을 가지고, 몸과 영혼 안에서 살아간다. 인

---

38 맥쿼리는 인간을 우주의 한 부분으로서의 체화(embodiment)로 자리매김한다. 체화란 자유, 초월, 합리성과 연합되어 있는 "물질적 유기체"를 가리킨다. 인간은 물질적 몸과 분리될 수도, 동일시될 수도 없다. 물질적·시공간적 세계 안에서 인간은 "육체 안에서" 영위되는 삶을 산다. Ibid., 46.

39 John Macquarrie, *Studies in Christian Existentialism* (London: SCM, 1965), 185.

간 안에 포함되지 않는 피조물은 없다."⁴⁰ 인간은 자신을 의식하고, 자신에게 방향을 지시하며, 자신을 초월하고, 자신을 넘어서는 우주다. 인간의 사실성과 아울러 인간의 초월성은 우주의 산물이다. 인간의 초월성은 인간의 관계적인 유기적 맥락 안에서 체화된 초월성이다.⁴¹ 인간의 자유, 초월성, 합리성은 물질적 유기체를 떠나서는 있을 수 없다. 인간이 된다는 것은 "단순한 생물학적 현상으로부터 심대한 의미를 지닌 사건으로서의 인격적 삶으로 변화되는 것"⁴²이다.

맥쿼리에게 소우주로서의 인간은 우주와의 유사성과 아울러 존재와의 유사성을 갖는다. 인간은 우주의 다른 사물들과 구별되는 자신만의 독특성 안에서뿐만 아니라 우주와의 유사성 안에서도 존재와의 유사성을 갖는다. 인간과 존재의 유사성은 인간이 자신의 본성적 구조 안에서 존재의 더 넓은 맥락을 향한 탐구의 토대를 가짐과 아울러 존재의 "자기 수여"와 "존재하게 함"의 속성과 유사한 창조성과 사랑의 속성을 갖는다는 데 있다. 우주에 대한 인간의 "존재하게 함"은 매우 유기적(organic)이다. "인간의 본성이 자신 안에 우주 안의 모든 존재의 차원을 포괄하기 때문에, 만일 인간이 하나님과의 연합으로 고양될 수 있다면 인간 안에서 모든 만물이 완성으로 이끌어질 것이다."⁴³ 따라서 인간의 과제는 자신의 "신화"(deification) 과정을 통해 전 창조세계의 "신형"(deiformity)을 가져오는

---

40   Macquarrie, *In Search of Deity*, 95.
41   맥쿼리는 인간 본성의 기본적인 특성을 원초적 개방성으로서의 자유와 초월성, 그리고 자기 지향성과 헌신 등으로 표현한다. 이에 대해서는 Georgina Morley, *The Grace of Being: John Macquarrie's Natural Theology* (Bristol, IN: Wyndham Hall Press, 2001), 145-147을 참고하라.
42   Macquarrie, *In Search of Humanity*, 48.
43   Macquarrie, *In Search of Deity*, 110.

데 있다. 우주의 산물인 인간 안에서 우주는 자신을 초월하며, 자신을 넘어 존재의 궁극적 원천을 지시하는 "신 현현"(theophany)이 된다. 도토리가 그 안에 성장한 참나무의 생명력을 포함하고 있는 것같이 우주는 그 안에 존재의 실현을 위한 잠재성을 지니고 있다. 인간의 과제는 우주 안의 생명력을 끌어내어 열매를 맺게 하는 것이다.

　　이와 같이 맥쿼리의 인간학적 신 존재 논증은 우주, 인간, 하나님 사이의 존재론적 차이와 유사성으로 구성된다. 우주로부터 산출된 소우주, 즉 우주의 새로운 자기표현으로서의 인간의 인격적 성격은 우주 너머를 가리키며, "왜 무가 아니라 존재가 있는가?" 하고 묻는다. 존재의 물음을 물음으로써 그리고 세계를 형성함으로써 인간은 자신이 우주를 넘어서 지시하는 것을 위한 유비를 마련한다. 인간이 소우주인 것처럼 하나님은 내재적이며, 인간이 "존재하게 하는" 것처럼 하나님은 초월적이다. 이것은 하나님의 실재에 대한 경험이다. 이 경험의 주장은 인간의 조건 안에 깊이 뿌리내린 것으로서 결코 반박될 수 없다.[44]

　　맥쿼리에게 소우주로서의 인간은 두 가지 특성 안에서 하나님을 현시한다.[45] 첫째, 소우주로서 인간은 하나님이 우주를 창조할 때 자신의 그 무엇을 우주에 분여했기 때문에 그 자체로서 이미 하나님을 드러내는 우주를 반영한다. 둘째, 소우주로서 인간은 물질로부터 하나님의 흔적에 이르는 전체 계층 구조의 실재를 포함한다. 더욱이 인간은 보다 직접적으로 영적·이성적 존재로서, 그리고 아우구스티누스가 말한 영혼의 세 가지 본성(기억, 이해, 의지) 안에서 하나님을 반영한다. 따라서 인간은 소우주이며

44　　Macquarrie, *In Search of Humanity*, 261.
45　　Macquarrie, *In Search of Deity*, 70, 95.

동시에 "신 현현"이다.[46]

맥쿼리의 우주론적 논증의 핵심은 우주가 자신의 자원으로부터 소우주를 산출하며, 이에 의해 자신을 요약하고 새로운 차원 즉 자신 너머를 가리키는 차원의 표현으로 이끈다는 것이다. "우주는 자신을 넘어 자신의 근거로서 더욱 궁극적인 실재를 가리키며, 더욱 궁극적인 이 실재는 하나님이라고 주장된다."[47] 그리고 그의 인간학적 논증의 핵심은 바로 소우주인 인간 안에서 우주가 자신 너머를 가리키며, 따라서 신 현현이 일어난다는 것이다. 인간은 우주에 의해 산출되었지만, 인간의 지평은 우주에 제한받지 않는다. 인간은 "왜 단지 무가 아닌 존재가 있는가?" 하고 묻는다. "인간 자신이 우주의 산물이기 때문에, 우리는 우주가 이 산물을 통해 자신을 묻고 자신을 초월하여 자신 너머를 가리킨다고 말할 수 있다."[48]

VI. 고전적 신론에 대한 비판

맥쿼리는 고전적 신론이 하나님의 초월성을 일방적으로 강조한 나머지 하나님의 내재성을 거의 무시했다고 본다. 따라서 그는 고전적 신론을 근본적으로 재구성하고자 한다. 맥쿼리의 신론을 살펴보기 전에 먼저 고전적 신론에 대한 그의 비판을 살펴볼 필요가 있다. 맥쿼리는 고전적 신론이 근본적으로 군주신론적이라고 비판한다. 즉 고전적 신론에서는 하나님이 자유로운 결정에 의해 무로부터 세계를 창조하고 따라서 자신의 목적에

---

46   Ibid., 94.
47   Ibid., 206.
48   Ibid., 209.

따라 어느 때라도 자연법칙을 정지시킬 수 있는 절대군주로 이해된다. 고전적 신론의 하나님은 일방적으로 초월적이고, 세계로부터 분리되며, 세계 너머에 존재한다.

맥쿼리에 의하면 고전적 신론은 토마스 아퀴나스에 의해 대표된다. 아퀴나스는 다섯 가지 방식의 신 존재 증명을 시도했다. 맥쿼리는 이 논증에 나타난 두 가지 문제점을 지적한다.[49] 하나는 여기서(다섯 번째는 제외하고) 하나님이 존재하는 사물들 가운데 한 다른 실재처럼 여겨진다는 것이다. 즉 이 논증은 존재하는 모든 사물이 다른 어떤 실재로 소급될 수 있다는 인상을 준다. 이 실재는 "탁월한 의미"에서 존재하지만, 그럼에도 불구하고 다른 존재들 가운데 한 존재다. 다른 하나는 아퀴나스가 하나님을 궁극적 인과성의 관점(첫 네 증명)과 지배적 섭리의 관점(다섯 번째 증명)에서 논증하는데, 이와 같은 첫 번째 원인과 섭리자로서의 하나님 이해는 창조자와 세계의 지배자로서의 군주적 하나님 이해를 강화한다는 것이다.

먼저 고전적 신론에 따르면, 하나님은 자신의 주권적 의지의 자유로운 행위에 의해 무로부터 세계를 창조했다. "무로부터의 창조" 교리는 세계를 하나님 밖에 자리매김한다. 맥쿼리는 이와 같은 하나님과 세계의 분리는 이신론으로 왜곡될 가능성을 내포하고 있다고 본다. 즉 창조자의 전적 타자성, 창조세계의 완전한 외부성, 그리고 그 둘 사이의 무한한 차이를 강조하는 교리는 이신론, 심지어는 무신론을 향한 경향을 내포한다.[50] 무로부터 창조 교리는 세계가 하나님의 의지의 자유로운 행위에 의해 생겨났으며, 하나님이 세계를 창조해야 할 필연성이 없었음을 함축한다. 세

---

49   Ibid., 33-34.
50   Ibid., 35.

계의 존재는 하나님의 의지에 의존하기 때문에, 세계는 하나님이 세계가 존재하기를 원하는 한 존재한다. 맥쿼리는 이런 군주신론적 견해에서는 하나님이 자의적(恣意的)이고 변덕스러운 존재로 나타난다고 본다.[51]

맥쿼리에 따르면 자유는 자의와 관계가 없다. 자유는 구조화되어 있으며, 목적 지향적이다. 자유롭게 되는 것은 자신을 위해 선택한 목적을 향해 나아갈 수 있는 것이다. 참으로 자유로운 사람은 자신의 본성이 결정한 것과 다른 것을 하고자 꿈꾸지 않는다. 만일 하나님의 본성이 사랑이라면, 하나님은 창조가 아닌 다른 것을 하지 않을 것이다. 이것은 하나님에게 창조가 필연적이라고 말하는 것이 아니다. 하나님은 자신의 사랑의 본성을 따라 창조하기 때문에 자유롭게 창조한다. 따라서 맥쿼리는 창조론과 유출론을 변증법적으로 통합하고자 한다. 그에 따르면, 창조론은 세계의 기원을 사랑이 아니라 신적 의지에 자리매김하는 반면, 유출론은 세계를 하나님의 사랑과 관대함의 흘러넘침으로 이해하며, 따라서 하나님이 진정으로 세계 안에 내재한다고 이해한다. 맥쿼리에 따르면 유출론은 성서적 창조 교리와 대립하지 않는다. 맥쿼리는 "만듦"과 "유출"이 상호 배타적이 아닌 상호 보완적인 유비로서 변증법적으로 통합될 수 있다고 주장한다.[52]

고전적 신론에서 창조세계는 어느 정도 독립성을 갖는다. 고전적 신론은 세계의 상대적인 독립성을 "이차적 원인" 개념을 통해 인정한다. 아퀴나스에 따르면, "하나님은 사물들 안에서 충분히 일차적 작인으로서 행동하신다. 그러나 이것은 이차적 원인의 행위가 불필요하다는 것을 함축

---

51   Ibid., 36.
52   Ibid., 37.

하지 않는다."[53] 단, 주권적 통치자인 하나님은 때때로 의도한 일상적인 목적을 이루기 위해 초자연적인 행위 즉 기적을 통해 세계의 과정에 개입한다. 그러나 맥쿼리는 세계 안에서의 하나님의 행동을 유의미하게 말하기 위해서는 세계의 외부에서 세계 안으로 개입하는 하나님의 행동 개념을 극복해야 한다고 주장한다. 하나님의 초월성을 일방적으로 강조하는 고전적 신론에 기초한 이와 같은 하나님의 행동 개념은 오늘날 과학 시대에 어려움을 초래한다. 맥쿼리는 세계의 과정을 하나님의 존재 안으로 밀접하게 통합된 것으로 이해할 것을 제안한다.

맥쿼리는 하나님의 섭리와 관련된 고전적 신론의 또 다른 문제점을 지적한다. 고전적 신론에서는 하나님이 세계에 대해 행동하지만, 세계는 하나님에 대해 행동하지 못한다. 하나님은 세계에 영향을 주지만, 세계로부터 영향을 받지 않는다. 여기서 하나님과 세계의 관계는 일방적이고 비변증법적이다. 맥쿼리는 고전적인 군주신론적 개념인 "고통 불가능성", "변화 불가능성", "영원성", "완전성" 등의 개념이 일방적인 방식이 아니라 변증법적으로 적용되어야 한다고 주장한다. "만일 우리가 이런 개념들의 하나를 하나님께 적용한다면, 우리는 반대되는 속성 역시 적용될 수 있음을 인식함으로써 그림을 교정해야 한다."[54]

맥쿼리는 신적 고통 불가능성 교리에 대한 변증법적 이해를 다음과 같이 제시한다. 세계에 영향을 주지만 세계로부터 영향을 받지 않는 하나님, 고통이 불가능하고 무감각한 하나님은 사랑의 하나님이 될 수 없다. "만일 하나님이 지고한 사랑이라면 자신이 사랑하는 모든 피조물의 수많

---

53   Thomas Aquinas, *Summa Theologiae*, 60 volumes, ed. Thomas Gilby, OP (London and New York: Eyre and Spottiswoode and McGraw-Hill, 1964-76), Ia, 105, 5.

54   Macquarrie, *In Search of Deity*, 41.

은 고통으로 인해 지고한 고통과 슬픔을 경험하지 않겠는가?"[55] 하나님은 고통을 당하신다. 그러나 어떤 고통도 하나님을 압도할 수 없으며, 하나님 안에서 흡수되고 변화된다. 하나님의 영원성과 완전성, 변화 불가능성 개념도 변증법적 관계 안에서 이해되어야 한다. 이 개념들이 일방적으로 강조될 때, 하나님은 시간의 밖에서 그리고 자신의 완전성 안에서 완전히 자족적인 하나님이 된다. 그러나 만일 하나님이 참으로 자신의 창조세계 안에 참여한다면, 하나님은 어떤 측면에서 시간과 역사 안에 참여해야 한다. 창조세계가 최상의 차원으로 성장할 때, 하나님의 지복도 증대된다. 하나님의 완전성은 정적 개념일 필요가 없다. 새롭고 더 넓은 완전성이 이를 능가할 수 있다. 따라서 하나님의 변화 불가능성은 "얼어붙은 불변성"을 의미할 필요가 없고, "하나님이 추구하는 목표의 절대적인 항상성"을 의미한다.[56] 마지막으로 맥쿼리는 고전적 신론의 인격적 신 개념이 하나님의 불가해한 신비를 다 드러낼 수 없으며, 하나님의 불가해한 신비를 표현하기 위해서는 초인격적 신 개념이 요구된다고 주장한다.

VII. 변증법적 신론

맥쿼리는 고전적 신론에 대한 대안으로 (무신론이나 범신론이 아닌) "변증법적 신론"을 제안한다. "변증법적 신론"이란 무엇인가? 이 신론은 한편으로 하나님의 세계 초월성을 지나치게 강조하는 고전적 신론과 대조되며,

---

55   Ibid.
56   Ibid., 42.

다른 한편으로는 하나님의 세계 내재성을 일방적으로 강조하는 범신론과 대조된다. 변증법적 신론의 하나님은 반은 초월적이고 반은 내재적인 존재가 아니라, 전적으로 초월적이고 전적으로 내재적인 존재다.[57] 맥쿼리는 변증법적 신론 안에서 하나님의 존재 및 활동과 관련된 모든 대립을 변증법적으로 통합하고자 한다.

맥쿼리의 변증법적 신론은 여섯 가지 대립 요소의 변증법적 관계로 구성된다.[58] 첫째는 존재와 무다. 하나님은 존재인 동시에 무다. 아퀴나스는 하나님을 "존재하는 분"(He who is)으로 정의했다.[59] 그러나 하나님은 시간과 공간의 세계 안에 존재한다는 의미에서 존재하는 것이 아니다. 하나님은 모든 존재의 원천이라는 의미에서 존재한다. 하나님은 "존재"라기보다 "존재하게 함"이다. 성서는 하나님이 존재한다고 말하지 않고, 사물을 존재하게 한다("빛이 있으라")고 선언한다. 하나님은 모든 존재의 조건이 됨으로써 모든 존재를 선행한다. 따라서 하나님 자신은 존재들 가운데 하나가 아니다. 이런 의미에서 하나님은 무다.

---

57 "변증법적 신론"의 다른 명칭은 "만유재신론"(panentheism)이다. 그러나 맥쿼리는 "만유재신론"이란 명칭이 범신론으로 오해되기 쉽다고 생각하기 때문에 "변증법적 신론"이란 명칭을 선호한다. 맥쿼리에 따르면 변증법적 신론은 역사가 오래되었다. 그는 『신성의 탐구』에서 변증법적 신론을 보여주는 여덟 명의 철학자를 선별하여 그들의 사상을 소개한다. 고전 시대(3세기)의 플로티노스, 교부 시대의 디오니시우스, 중세 시대의 요하네스 스코투스 에리우게나, 르네상스 시대의 니콜라스 쿠자누스, 계몽주의 시대의 라이프니츠, 19세기의 헤겔, 그리고 20세기의 화이트헤드와 하이데거가 그들이다. 이들은 모두 변증법적 또는 만유재신론적 신론을 보여주는 철학자들이다. 맥쿼리는 이들이 하나님과 세계의 관계에 대해 충분히 일관성 있고 만족스러운 이해를 보여주지는 않는다고 평가한다. 하지만 그는 이들이 공통으로 보여주는 자연신학이 지금도 가능하며 또한 필요하다고 강조한다.

58 Macquarrie, *In Search of Deity*, 172-84.

59 Frederick Copleston, SJ, *A History of Philosophy*, Doubleday (New York: Image Books, 1963), vol. III/2, 37.

둘째로 하나님은 일자와 다자의 변증법적 대립으로 구성된다. 맥쿼리는 하나님의 존재를 "원초적"(primordial) 양태, "표현적"(expressive) 양태, "통일적"(unitive) 양태로 구별한다. 원초적 양태의 하나님은 초월적·궁극적 신비로서, 존재하는 모든 것의 창조적 원천이다(일자). 표현적 양태의 하나님(로고스 또는 누스)은 우주를 창조함으로써 우주 안에서 자신을 전달하고 계시한다(일자→다자). 통일적 양태의 하나님(영)은 창조세계 안에 내재하면서 창조세계를 완성함으로써 다시 하나님께 돌아가도록 한다(다자→일자).

세 번째 변증법적 대립 요소는 이해 가능성과 이해 불가능성이다. 원초적 양태의 은폐된 하나님은 이해 불가능한 존재다. 그러나 하나님이 은폐성으로부터 나와 창조를 통해 그리고 창조세계 안에서 자신을 표현하기 때문에, 하나님은 이해 가능한 존재다. 그런데 여기서 이해 가능성은 세계로부터의 연역과 추론에 의한 것이 아니라, 세계 안의 현존과 세계의 통일성으로서의 하나님에 대한 세계 내적 직관에 의한 것이다.[60]

네 번째 변증법적 대립 요소는 초월성과 내재성이다. 하나님은 세계와 존재론적으로 구별되는 타자적 존재, 세계를 선행하는 창조적 원천, 자연적 차원의 실존을 넘어서는 자연 질서의 근거로서 초월적이다. 그러나 동시에 하나님은 창조세계 안에 내주하며, 세계의 사물과 사건 안에 현존하고 행동하는 분으로서 내재적이다. 하나님은 원초적 양태 안에서 초월적이며, 표현적 양태와 통일적 양태 안에서 내재적이다. 맥쿼리는 하나님의 초월성을 일방적으로 강조하는 고전적 신론을 비판하면서, "유출"과

---

60   Macquarrie, *In Search of Humanity*, 20.

유사한 이미지가 성서의 창조 이야기에 나타난다고 말한다.[61]

다섯 번째 변증법적 대립 요소는 고통 불가능성과 고통 가능성이다. 고전적 신론의 하나님은 순수 현실태로서 세계에 영향을 주지만, 세계로부터 영향을 받지 않는다. 그러나 하나님의 세계 내재성을 진지하게 받아들인다면, 하나님이 세계에서 일어나는 일에 영향을 받는다는 것을 인정하지 않을 수 없다. 어떤 사람의 고통과 죄로 인해 슬픔을 경험하지 않고 그 사람을 사랑하는 것은 불가능하다. 그러나 하나님의 고통은 인간의 고통과 다르다. 하나님은 세계의 고통을 자신 안에 받아들이지만, 그 고통에 압도되지 않고 그 고통을 흡수하고 변화시킨다.[62]

여섯 번째 변증법적 대립 요소는 영원과 시간이다. 고전적 신론의 하나님은 시간 너머에서 변화 없이 영원히 동일한 분이다. 하나님 안에서 이미 모든 것이 성취되었다. 그리고 하나님은 영원토록 변함없이 신실한 분이다. 그러나 하나님은 또한 세계의 시간적 과정에 깊은 관심을 가지고 참여한다. 세계 안의 투쟁이 실제적이라면 그 투쟁은 하나님께도 실제적이다. 따라서 세계의 진보는 하나님의 만족을 증진하고 하나님의 완전성에 기여할 것이다.

---

61   예를 들어 성서에서 하나님은 인간을 만들 때 인간에게 생명의 호흡을 불어넣음으로써 자신의 그 무엇을 나누어준다.
62   고난의 도구인 십자가는 부활을 통해 생명과 구원의 상징으로 변화된다.

VIII. 결론

맥쿼리의 "새로운" 자연신학은 인간의 상황과 함께 시작한다. 그는 하이데거의 철학을 사용하여 인간 실존으로부터 궁극적인 존재의 발견으로의 길을 탐구한다. 인간 실존은 위로부터의 은혜를 향해 열려 있는 초월적 실존이며, 인간의 하나님 인식은 하나님의 선행적 계시에 의존한다. 하나님의 계시 또는 존재의 탈은폐는 인간 실존의 구조 안에서 일어나며, 따라서 계시는 인간의 수용 가능성을 전제한다. 인간은 우주를 자신 안에 요약하는 소우주이자 신적 "존재하게 함"의 유비로서, 하나님(존재)이 현존하고 현현하는 장소다. 맥쿼리의 "새로운" 자연신학은 합리적 이성에 의한 신 존재 증명을 추구하는 전통적인 자연신학과 구별되는 "실존적-존재론적" 접근방식을 보여준다. 그의 계시 인식론에 나타나는 "존재의 자기 탈은폐 또는 현현으로서의 계시", "정서적 상태", "원초적 사고" 등의 개념들은 하이데거의 실존적-존재론적 철학의 영향을 잘 보여준다. 그러나 그의 인간학적-우주론적 신 존재 논증은 실존적-존재론적 철학의 범주를 넘어선다.

맥쿼리는 고전적 유신론이 하나님의 세계 초월성을 일방적으로 강조함으로써 하나님의 세계 내재성을 약화시켰다고 비판한다. 그는 하나님의 내재성과 친밀성을 정당하게 다루기 위해서는 창조의 "만듦"의 은유가 "유출"의 은유로 보완되어야 한다고 주장한다. 궁극적으로 신비의 원초적 하나님이 "존재하게 함" 또는 "자기 수여"라면, 창조 즉 자신으로부터 흘러넘쳐 존재의 선물을 주는 것은 하나님의 본성이다. 하나님은 존재의 충만함 안에서 자신에게서 나와 타자를 창조한다. 맥쿼리는 창조를 의지의 행위가 아닌 신적 본성의 결과로, 즉 창조자의 본성이 분여되는 "유출"로

이해할 필요가 있음을 강조한다.[63]

맥쿼리가 "만듦" 은유를 "유출" 은유로 보완할 것을 주장하지만, 창조에서 하나님의 자유로운 의지적 행위(만듦)는 사랑의 본성과 대립 관계에 있지 않음을 기억할 필요가 있다. 하나님의 자유로운 의지적 행위는 사랑의 본성으로부터 나온다. 맥쿼리는 창조론이 세계의 기원을 사랑이 아니라 신적 의지에 자리매김한다고 비판한다. 그러나 하나님의 창조 행위는 하나님의 본성인 사랑의 자연스러운 발로이기 때문에, 하나님의 본성과 대립 없이 하나님의 자유로운 의지적 행위로서의 창조를 말하는 것은 본유적으로 가능하다. 하나님의 사랑 안에서 필연과 자유 사이의 대립 또는 긴장은 극복된다. 이와 아울러 "무로부터의" 창조가 반드시 세계를 하나님의 외부에 창조하는 것을 의미하지 않음을 기억할 필요가 있다. 하나님의 사랑으로 말미암은 세계 창조는 하나님의 자기 제한을 통해 일어난다. 위르겐 몰트만에게 "무로부터의 창조"에서 "무"는 하나님의 자기 제한 또는 자기 부정의 결과로서, 창조자 안의 비존재를 의미한다. 따라서 하나님의 창조는 하나님 자신 안의 내적 긴장, 즉 자기 분화와 자기 동일화의 변증법적 역동성으로부터 말미암는다.[64] 이와 같은 창조론에서는 맥쿼리가 비판하는 군주적 유신론이 전제되지 않는다.

맥쿼리의 변증법적 신론은 하나님의 초월성과 내재성을 변증법적으

---

63 주지하는 바와 같이, 교회 전통에서 유출 이론은 하나님의 자유를 부인하고 창조를 비인 격화시킨다는 이유로 거부된 이론이다. "유출" 개념은 창 1장에서 "창조"를 의미하는 히 브리어 "바라"(בָּרָא)와 양립되기 어렵다. "바라"는 아무런 물질적 재료를 전제하지 않는 "무로부터의" 창조를 함축하기 때문에 "유출"과 양립되기 어려울 뿐만 아니라, 물질적 재료를 전제하는 "만듦"을 의미하는 "아사"(עָשָׂה)와도 구별된다.

64 이에 대해서는 Jürgen Moltmann, *God in Creation: A New Theology of Creation and the Spirit of God*, 번역. Margaret Kohl (San Francisco: Harper and Row, 1985), 86-88을 참 고하라.

로 통합하고자 한다. 먼저 존재는 존재자의 총합과 구별된다. 존재는 존재자의 총합이 아니다. 존재는 모든 존재자 안에 현존하고 현현함에도 불구하고, 자신이 존재하게 한 세계와 전적으로 구별되는 초월자다. 존재는 존재자와 다른 질서로서 존재자들의 존재에 선행하는 존재의 역동적인 "존재하게 함"이다. 그러나 이 신적 초월성은 세계 내재성과 대립하는 특성이 아니라, 세계 내재성을 위한 조건이다. 전통적인 군주적 유신론과 달리, 하나님과 세계의 관계는 어느 정도 상호적이다. "하나님은 세계를 떠나 생각될 수 없다. 창조하는 것(존재하게 함)은 하나님 자신의 본성이다. 하나님은 세계에 영향을 줄 뿐 아니라 세계에 영향을 받는다.…하나님은 시간과 역사 너머에 있을 뿐만 아니라 그 안에도 있다."[65]

맥쿼리에게 하나님은 어떤 의미에서는 세계 안에서 자신을 창조한다고 할 수 있다. 하나님은 만물을 창조하고 그 무엇에 의해서도 창조될 수 없지만, 신적 본성은 만물 안에서 놀라운 방식으로 창조된다.[66] 이런 맥쿼리의 사고는 화이트헤드의 하나님의 결과적 본성을 떠올리게 한다. 화이트헤드에게 하나님의 원초적 본성은 영원하고 완전한 반면, 결과적 본성은 시간적이며 세계의 창조적 전진을 공유한다. 하나님은 결과적 본성 안에서 세계 안에 내재하며 세계의 모든 고통(과 기쁨)을 함께 경험한다. 이런 의미에서 화이트헤드는 이렇게 말한다. "세계가 하나님 안에 내재한다고 말하는 것은 하나님이 세계 안에 내재한다고 말하는 것과 마찬가지로 참이다.…하나님이 세계를 창조한다고 말하는 것은 세계가 하나님을 창조한다고 말하는 것과 마찬가지로 참이다."[67] 그러나 맥쿼리는 하나님이

---

65   Macquarrie, *Principles of Christian Theology*, 121.
66   Macquarrie, *In Search of Deity*, 93.
67   Alfred North Whitehead, *Process and Reality: An Essay in Cosmology*, ed. David Ray Griffin

"진화한다"고 말하지는 않고, 대신 "풍요롭게 된다"고 말한다. 그에게 하나님의 완전성은 정적 개념이 아니라 더욱 풍요한 차원으로 나아가는 역동적 개념이다.

뉴웨이에 따르면, 하나님 안의 일련의 변증법적 대립으로 구성되는 맥쿼리의 변증법은 "X는 A다, X는 A가 아니다"의 형태가 아니라, "X는 A와 B다"의 형태다. 여기서 B는 단지 A의 부정이 아니라, A와 조화되기 어려워 보이지만, 또 다른 긍정적 특성이다.[68] 이것은 헤겔적 변증법으로서, 두 단어 또는 사고가 서로 대항함으로써 상호적 부정의 갈등에 의해 중재적·종합적 입장을 향해 나아가는 변증법이다. 맥쿼리는 이와 같은 변증법을 통해 하나님의 초월성과 내재성을 통합하고자 한다. 물론 그는 신적 초월성을 일방적으로 강조하는 고전적 유신론에 대한 대안을 제시하고자 하므로, 신적 내재성을 더 강조하는 것이 사실이다.

하나님의 초월성과 내재성을 변증법적으로 통합하는 맥쿼리의 신관은 삼위일체적이다. 아버지는 "원초적 존재"(primordial Being)다. 원초적 존재는 "'존재하게 함'의 궁극적 행동 또는 에너지이며, 모든 존재자의 존재를 위한 조건이고, 존재하는 모든 것뿐만 아니라 모든 존재의 가능성의 원천이다."[69] 아들은 "표현적 존재"(expressive Being)다. 표현적 존재를 통해 원초적 존재의 에너지가 부어지고, 지적 구조를 지니고 시간과 공간 안에 배치된 특수한 존재자들의 세계가 생겨난다.[70] 성령은 "통일적 존재"(unitive

---

and Donald W. Sherburne (New York: Free Press, 1978), 348.

68   PS Newey, "Revelation and Dialectical Theism: Beyond John Macquarrie," *Colloquium: the Australian and New Zealand Theological Society* 22, no. 1 (1989), 38.

69   Macquarrie, *Principles of Christian Theology*, 199.

70   Ibid., 199-200.

Being)다. 유지하고, 강화하며, 존재와 존재자들의 통일성을 회복하는 것이 성령의 기능이다.[71] 원초적 존재, 표현적 존재, 통일적 존재는 삼위일체하나님의 세 존재 양태 또는 위격이다.[72] 하나님의 세 가지 양태에 대한 이와 같은 맥쿼리의 구별은 기독교의 특별계시에 의존함 없이 자연신학이 삼위일체적 신 개념에 도달할 수 있음을 잘 보여준다. 맥쿼리는 자연신학으로서의 변증법적 신론이 기독교 신앙을 위한 철학적 틀과 지성적 변호를 제공하며, 예수 그리스도 안의 하나님의 계시에 기초하여 기독교가 수립하는 삼위일체적·성육신적 신 개념으로 우리를 인도한다고 믿는다.[73]

이와 같이 "새로운" 자연신학의 길을 제시하고 자연신학적 신 개념을 수립하고자 하는 맥쿼리의 시도는 기포드가 의도한 바와 같이 기독교 신학을 풍성하게 하는 매우 유의미한 시도라고 할 수 있다. 물론 그가 제시하는 자연신학적 접근방식과 이에 기초한 변증법적 신론이 성서가 증언하는 특별계시의 빛 안에서 하나님의 정체성과 본질에 대한 이해를 수립하는 것을 신학의 본유적 과제로 믿는 신학자 모두로부터 긍정적인 평가를 받지는 못할지도 모른다. 그럼에도 오늘날의 세속화, 다문화, 다종교, 과학 시대에, 공적인 포럼에서 상호적인 대화를 통해 기독교 진리를 이해 가능한 방식으로 논증해야 하는 신학의 공적 과제를 위해 이와 같은 자연신학적 시도는 그 어느 시대보다도 유의미하다고 하지 않을 수 없다.

---

71 Ibid., 201.

72 Macquarrie, *In Search of Deity*, 174-175.

73 맥쿼리의 "변증법적 신론" 개념은 윤철호가 제시하는 "변증법적 만유재신론" 개념과 유사하다. 단 윤철호의 변증법적 만유재신론은 세계의 변증법적 과정 안에 참여하는 삼위일체 하나님의 변증법적 과정을 그리스도 형태론적으로 더욱 분명하게 드러낸다. 이에 대해서는 윤철호, 『세계와의 관계성 안에 계신 하나님』(서울: 한국장로교출판사, 2012), 제11장을 참고하라.

참고문헌

윤철호. 『세계와의 관계성 안에 계신 하나님』. 서울: 한국장로교출판사, 2012.

Aquinas, Thomas. *Summa Theologiae*. 60 Volumes. Edited by Thomas Gilby, OP. London and New York: Eyre and Spottiswoode and McGraw-Hill, 1964-76.

Copleston, SJ. Frederick. *A History of Philosophy*, Doubleday. New York: Image Books, 1963.

Heidegger, Martin. *An Introduction to Metaphysics*. New Haven: Yale University Press, 1959.

Macquarrie, John. *In Search of Deity: An Essay in Dialectical Theism*. London: SCM, 1984.

_____. *In Search of Humanity*. London: SCM, 1982.

_____. *Principles of Christian Theology*. London: SCM, 1977.

_____. *Studies in Christian Existentialism*. London: SCM, 1965.

Moltmann, Jürgen. *God in Creation: A New Theology of Creation and the Spirit of God*. Translated by Margaret Kohl. San Francisco: Harper and Row, 1985.

Morley, Georgina. *The Grace of Being: John Macquarrie's Natural Theology*. Bristol, IN: Wyndham Hall Press, 2001.

Newey, PS. "Revelation and Dialectical Theism: Beyond John Macquarrie." *Colloquium: the Australian and New Zealand Theological Society* 22, no. 1 (1989), 37-44.

Rahner, Karl. *Hearers of the Word*. New York: Seabury Press, 1969.

Whitehead, Alfred North. *Process and Reality: An Essay in Cosmology*. Edited by David Ray Griffin and Donald W. Sherburne. New York: Free Press, 1978.

Youn, Chul Ho. "A Methodological Investigation on Christian Natural Theology." *Neue Zeitschrift für Systematische Theologie und Religionsphilosophie* 62, no. 1 (Mar. 2020), 41-57.

과학 시대, '신'에 대한 현대 자연신학의 논의

- R. 스윈번과 R. 스태나드의 신 이해, 그리고 신정론에 대한 대답들[*]

이관표

[*] 이 논문은 2019년 7월 1일부터 2022년 6월 30일까지 대한민국 교육부와 한국연구재단의 지원을 받아 수행된 연구(NRF 2019S1A5A2A03034618)로서 다음과 같이 출판되었다. 이관표, "과학 시대, '신'에 대한 현대 자연신학의 논의 - R. 스윈번과 R. 스태나드의 신 이해 그리고 신정론에 대한 대답들", 「한국조직신학논총」 64집(2021), 71-106.

Ⅰ. 서론

본 논문은 최신의 과학 시대에 신 이해를 새롭게 제시하고자 하는 현대 자연신학의 시도들을 살펴본다. 이를 위해 본 논문은 R. 스윈번[1]의 "궁극적인 확고한 사실"(the ultimate brute fact)로서의 신, R. 스태나드[2]의 "초-정신"(Super-Mind)으로서의 신, 그리고 이들의 신정론에 대한 대답을 다루며, 그 이후 자연과학의 최신 연구 결과 안에서 새롭게 시도되는 자연신학의 의미와 한계를 제안한다.

"물리, 화학, 생물학의 영역 안에서 전례가 없을 정도로 발전된 과학적 시대를 사는"[3] 현대인에게 신의 존재는 아직 신뢰할 만한 것일까? 전

---

1   "리처드 스윈번(Richard Swinburne, 1934-)은 인간의 정신(영혼)과 육체(몸)의 관계에 대한 논의를 영미 분석철학 전통 안에서 수행해온 영국의 심리철학자다. 특별히 그가 철학 분야를 넘어 기독교학계에서 알려진 이유는 옥스퍼드 대학교의 기독교철학과 교수라는 점과 더불어 그의 기본적 연구 주제가 기독교 변증론이면서 동시에 철학을 이용한 신학, 즉 철학적 신학이기 때문이다"(이관표, "리처드 스윈번, 러셀 스태나드", 윤철호·김효석 책임편집, 『신학과 과학의 만남: 기포드 강연을 중심으로』[서울: 새물결플러스, 2021], 170). 또한 "리처드 스윈번은 자연신학을 오랫동안 지지해왔다." 이안 바버/이철우 옮김, 『과학이 종교를 만날 때』 (서울: 김영사, 2002), 62.

2   러셀 스태나드(Russell Stannard, 1931-)는 런던에서 태어난 양자물리학자(고에너지 핵물리학 연구)다. 영국 밀턴케인즈의 오픈 대학교에서 교수로 재직했고, 지금은 그곳의 은퇴 교수로 연구를 계속하고 있다. 특별히 어린 학생들을 위한 쉬운 자연과학 서적을 많이 집필했고, 1986년에는 템플턴 UK 프로젝트 상을 받았으며, 물리학과 과학 대중화에 힘쓴 공로로 영국 훈장(OBE)을 받기도 했다. 그는 영국 성공회 신자였던 그의 종교성 혹은 신앙에 따라 과학과 종교의 상호 이해 문제를 기술한다. 그의 기포드 강연도 바로 이런 과학과 종교 사이, 특히 과학과 기독교 신학 사이의 관계 설정을 다룬다. 강연을 기초로 한 그의 저서는 스코틀랜드의 애버딘 대학교에서 1997년과 1998년 사이에 진행된 두 시리즈의 기포드 강연에 기초하고 있다. 이관표, "리처드 스윈번, 러셀 스태나드", 179-180.

3   Russell Stannard, *The Divine Imprint: Finding God in the Human Mind* (London: SPCK. 2017). 39.

통적으로 우리는 절대자 혹은 우리보다 더 많은 능력을 지닌 존재를 상정하고, 그것의 실재를 믿으며, 신으로 명명해왔다. 그리고 우리는 이 신에 대한 신앙, 즉 "종교 안에서…죽음, 불안, 고통의 극복을 절대자에게 간구"[4]해왔다. 그래서 "두려움이 신들을 만들었다"(*Timor fecit deos*)[5]라는 고백은 종교에 대한 핵심 비판이 되고 있다. 최신 과학 시대에 이르러 이런 종교 비판은 이전보다 더 인정받으며, 종교가 그 자체로 몰락하는 상황이 가속화되는 것처럼 보인다. 왜냐하면 과학은 전례가 없는 발전을 거듭하면서 종교 없이도 영원한 삶을 가능하게 할 만큼 발달했고[6], 이전 시대의 통념과 신화들은 이제 무가치한 것으로 여겨지기 때문이다.[7] 그리고 종교의 몰락은 결국 더 이상 신이 없으므로 우리는 이제 아무것도 의지할 수 없고 스스로 자기 삶을 견뎌내야 한다는 슬픈 독립선언이 되어버렸다.

그러나 현대의 종교 몰락 선언과 종교 비판에도 불구하고 한편에서는 여전히 이 과학적 내용과 종교 비판을 통과한 새로운 종교 이해와 신 존재에 대한 제안이 함께 자라고 있다. 왜냐하면 "동서고금을 막론하고 '신 존재'에 관한 물음은 인간이 미지를 향해 던질 수 있는 질문치고는 가

---

4   이관표, "토마스 렌취의 부정초월과 철학적 신학의 과제", 「신학논단」 71집』(2013), 239.

5   Alfred Jäger, *Gott. Nochmals Martin Heidegger* (Tübingen: J. C. B. Mohr [Paul Siebeck] 1978), 434.

6   현대 과학 및 의학의 영생에 대한 논의는 다음을 참조하라. 이관표·김소연, "현대의학의 영생 기술과 그 신학적 성찰 – 텔로미어와 유전자 가위를 중심으로", 「신학사상」 178집 (2017).

7   "이런 다툼은 물론 놀라운 것이 아니다. 진화가 신앙과 상충하든 아니든, 과학과 종교는 극단적으로 다른 두 세계관을 대표한다. 이 둘은 어떻게든 공존하다 해도 서로 불편할 수밖에 없다." 리처드 도킨스 외/존 브록만 엮음/김명주 옮김, 『왜 종교는 과학이 되려 하는가: 창조론이 과학이 될 수 없는 16가지 이유』 (서울: 바다출판사, 2017), 40.

장 존재론적이며 심오한 것"[8]이기 때문이다. 다시 말해 "신은 인류 역사에서 항상 중요한 주제로 다루어져 왔"[9]고, 이런 의미에서 종교와 신 존재에 대한 다양한 관심이 다시금 시작되는 것은 어쩌면 당연한 일이다. 물론 이런 자연과학 안에서의 관심은 단순히 사이비종교 혹은 비합리적으로 과학을 변형시키는 몇몇 단체를 지시하는 것이 결코 아니다. 오히려 이것은 자연신학이라는 이름으로 출발한 몇몇 과학자와 종교인들 사이의 건설적 대화[10]를 의미하는데, 특별히 여기서 소개되는 학자들은 스윈번과 스태나드다.

자연신학(natural theology)이란 전통적으로 자연을 탐구하는 것, 즉 계시와는 다른 자연의 빛(이성) 안에서 신 존재를 증명하고 기술하는 신학적 흐름이다.[11] 이것은 전적으로 계시신학으로 언급되는 추상적·성서 중심적 신학 방법론과 대비된다는 점에서 계시 밖의 것에 관심을 가지는 신학[12]

---

8   김현태, 『철학과 신의 존재』 (서울: 철학과현실사, 2003), 60.

9   이관표, "현대에 신에 대해 말하기: 하이데거의 '마지막 신'과 비트겐슈타인의 '말할 수 없는 것'", 「신학논단」 76집(2014), 255.

10   "최근 30여 년 전부터 과학과 신학, 또는 과학과 종교 사이의 학제적 연구가 진척되었는 데 이안 바버[가] 과학과 종교의 관계를 갈등, 독립, 대화 그리고 통합이라는 네 가지 타입으로 분류"[김기석, "과학과 종교의 대화: 빅뱅 우주론과 창조신앙", 「조직신학논총」 10집(2004), 116]했다는 것은 주지의 사실이다. 한국에서는 얼마 전까지만 해도 과학과 종교 사이의 대화가 잘 소개되지 못했다. 그러나 21세기에 접어들어 템플턴 재단 및 버클리 연합신학대학원에 있는 신학과 자연과학 센터의 다양한 프로그램에 한국 기관들이 참여했고, 이 안에서 많은 외국학자가 소개되고 있다.

11   윤철호·김효석 책임편집, 『신학과 과학의 만남』, 23 참조. 판넨베르크는 자연신학의 수행 이유를 다음과 같이 말한다. "만일 신학이 하느님의 신성을 사유하고자 한다면, 신학은 하느님이 인간 역사뿐만 아니라 자연까지도 결정하는 힘을 사유해야만 한다." 볼프하르트 판넨베르크/데드 피터스 엮음/박일준 옮김, 『자연신학』 (서울: 한국신학연구소, 2000), 124.

12   "자연신학은 기독교 전통 밖에서도 하나님에 관한 것이 알려질 수 있다는 사실을 가정하고 있다." 앨리스터 맥그래스/황의무 옮김, 『과학 신학 탐구: 신앙의 관점에서 본 과학과 신학의 관계』 (서울: CLC, 2010), 129. 과학 신학은 이런 자연신학 안에서도 신학의 내

이라고 말할 수 있다. 본 연구는 이런 자연신학을 현대 과학으로 개진하는 두 학자가 본 "신의 존재", 그리고 그 의미와 한계를 살펴보고자 하는데, 그 이유는 다음과 같다.

첫째, 스윈번과 스태나드는 모두 비합리적 신학이나 신앙을 통해 현대 과학과 철학의 논의를 무시하는 것이 아니라, 오히려 현대 과학과 철학의 최신 성과들을 수용함으로써 전통적 신학의 주제 및 신앙 경험 등을 새롭게 재해석하기 때문이다. 이런 이유에서 두 사람이 모두 대표적인 자연신학 강연인 기포드 강연[13]에 초대되어 강의했다. 둘째, 두 학자는 현대 자연과학의 논의 안에서 특별히 신-인식 및 신의 존재에 대한 단초를 발견했고, 이것을 통해 자연신학의 가능성을 우리에게 제안하고 있기 때문이다. 그리고 바로 이런 두 가지 이유로 본 논문은 두 학자가 주장하는 신의 존재와 신정론에 대한 논의들을 살펴봄으로써 과학 시대 내 자연신학의 새로운 조건들을 모색하는 동시에 그 한계도 지적해보고자 한다. 논의의 순서는 다음과 같다.

2장은 스윈번의 자연신학에 대한 이해와 "궁극적인 확고한 사실"로서의 신 이해를 살펴본다. 3장은 스태나드의 자연신학에 대한 이해와

용을 과학적 사실들을 통해 검증하고 새롭게 해석해내는 흐름이다. "가설이라는 용어를 사용함으로써 우리가 신이라고 부르는 절대적 신비에 대한 신학적 주장들은 자연과학에서 획득된 자료에 비추어 비판적으로 평가된다. 신학적 진리 주장들은 과학적 지식으로부터 정보를 제공받고 더 첨예하게 다듬어져야 한다"는 것이 이 흐름의 전제다. 테드 피터스 엮음/김흡영·배국원·윤원철·윤철호·신재식·김윤성 옮김, 『과학과 종교: 새로운 공명』(서울: 동연, 2010), 14.

13 "기포드 강연은 스코틀랜드의 변호사이자 판사이며 상원의원이었던 아담 기포드 경의 후원으로 1888년에 시작되어 지금까지 이어져 내려온 영국의 전통적인 신학 강연이다. 스코틀랜드의 유서 깊은 네 학교인 애버딘, 에든버러, 글래스고, 세인트앤드루스 대학교와 연계해 매년 계속되면서 국제적인 권위를 인정받고 있다." 윤철호·김효석 책임편집, 『신학과 과학의 만남』, 17.

"초-정신"으로서의 신 이해를 다룬다. 4장은 스윈번과 스태나드가 자신들의 자연신학과 신 이해를 통해 해명하는 신정론의 문제를 살펴본다. 5장은 글을 요약하고 이들이 시도하는 자연신학의 의미와 그 한계를 제시한다.

II. R. 스윈번의 자연신학과 신에 대한 이해

1. 자연신학의 출발에 대한 스윈번의 이해

스윈번에 따르면, 자연신학은 인간 안에 인간 외부적이고 초월적인 어떤 것이 이미 존립하고 있다고 전제한다. 그러나 이것은 다양한 신 존재 증명을 통해 이미 시도되었고 그 한계를 노출하고 있다. 왜냐하면 신이 존재함을 논리적으로 증명하는 것은 불가능하기 때문이다. 예를 들어 우리는 이등변 삼각형의 작은 두 변의 제곱의 합은 나머지 한 변의 제곱의 합과 같다는 것을 피타고라스의 정리를 통해 알고 있다. 우리는 점, 선, 정육면체 등에 대해서도 나름대로 정리(定理)를 갖고 있으며, 그 안에서 이것들을 증명한다. 그러나 신은 이런 증명에 포함되지 못한다.[14] 그리고 전통적인 철학자들과 신학자들, 즉 플라톤, 아리스토텔레스, 아우구스티누스, 안셀무스, 데카르트, 라이프니츠, 아퀴나스 등은 이런 신의 존재에 대한 분명한

---

14 이와 관련하여 스태나드 역시 전통적 자연신학이 만약 자신들의 기획, 즉 신 존재 증명에 성공했다면, 지금의 우리는 자연신학을 언급할 필요가 없었을 것이라고 말한다. 왜냐하면 만약 그것이 증명될 수 있다면, 우리가 지금 증명할 필요도 없을 것이기 때문이다. Stannard, *The Divine Imprint*, 11 참조.

논증에 실패했다고 말할 수 있다. 그러나 현대 과학의 발전과 더불어 새롭게 시작된 자연신학의 논의는 단순한 논리적 논증이 아니라 신-인식론의 새로운 제안을 통해 신 존재에 대한 논의를 다른 방향으로 이끌기 시작한다.

　　인식이란 앎 또는 지식을 말하며, 철학적 인식론은 앎 혹은 지식을 탐구하는 철학의 한 분과를 의미한다. 특별히 이 인식론은 앎의 의미 및 과정을 그 연구 대상으로 삼으며, 인식의 정당성을 찾는다.[15] 그리고 신학 안에서 논의된 신에 대한 인식, 즉 신-인식론 역시 이런 인식론적 정당성의 문제로부터 완전히 벗어나지 못한다. 왜냐하면 신학은 단순한 신앙의 학문을 넘어 신 자체에 대한 지식 및 인식의 가능성에 대해 꾸준히 언급해왔으며, 그런 의미에서 신-인식론은 하나의 신학이 타당하기 위한 기본적 조건일 수밖에 없기 때문이다. 신-인식론은 짧게 말해 '어떤 과정 혹은 조건을 통해 신을 알 수 있는가?' 혹은 '이런 과정으로 알게 된 신에 관한 내용이 건전한가?'를 밝히는 것이다. 그리고 전통을 넘어 시도되고 있는 이 신-인식은 이제 우리 시대의 주요 담론인 자연과학과 연결됨으로써 새로운 신 존재에 대한 긍정적 언술을 가능하게 만들고 있다.

　　기독교 철학과 교수인 스윈번은 기본적으로 기독교 배경에서 신 존재 증명에 대한 다양한 논증을 제시하며, 특별히 자연과학의 원리들을 통해 전통적 신의 존재에 관한 규정을 변증한다. 전통적으로 유신론은 전능하고 전지적이며 완벽한 자유를 지닌 인격신을 선포해왔다. 그리고 이런

15　'어떤 사람 S가 명제 P를 안다'의 필요충분조건은 다음과 같은 세 가지 전제가 모두 건전해야 한다. 전제1: P가 참이다. / 전제2: S가 P를 믿는다. / 전제3: S가 P를 믿는 것에 인식적 정당성을 가진다. 김도식, 『현대 영미 인식론의 흐름』 (서울: 건국대학교출판부, 2006), 33.

전능, 전지, 자유라는 세 가지 중요 개념은 그 자체로 인간들의 합리적 논증 안에서 증명 가능하다고 여겨졌고, 그에 따라 안셀무스로부터 시작하여 칸트에 이르기까지 다양한 신 존재 증명에 대한 논의가 있었다. 스윈번 역시 신 존재에 대한 전통적인 해명과 그 증명 방식을 비판적으로 수용하면서 새로운 길을 개척해내려고 시도한다.[16]

스윈번에 따르면, 우주가 존재한다는 사실 자체가 신의 존재를 증명하는 기본적 출발점이다. 왜냐하면 지금의 우주는 말할 것도 없고 뭔가 존재한다는 사실 자체가 엄청나게 이상한 일이고, 그 존재의 근거가 되는 무엇이 있지 않으면 상상할 수 없는 일이기 때문이다.[17] 우리는 철저히 무(無)여야 했으므로, "도대체 왜 없는 것이 아니라 도리어 어떤 것이 존재하는가?"[18]라는 라이프니츠 및 하이데거의 질문은 너무 당연한 경탄의 질문일 수밖에 없다. 경탄스러운 있음 앞에서 이 우주 및 우주의 법칙을 창조한 자로서의 신은 존재해야 한다. 이런 전제를 가지고 그는 다음과 같은 신 존재 논쟁을 진행한다.

---

16 1980년대 이후로 영미권 철학자들은 일종의 신 존재 논쟁에 대한 부활을 경험하게 되었고, 스윈번 역시 거기에 합류했던 것으로 보인다. 특별히 이런 현대적 신 존재 논쟁의 부활은 자연과학의 급속한 발달로부터 나타나게 된 무신론적 저술들(대표적으로 리처드 도킨스의 『만들어진 신』이나 스티븐 호킹의 『시간의 짧은 역사』 등)에 대항하는 것으로 이해할 수 있으며, 스윈번은 이에 대한 영미 분석철학적 경향으로 1979년에 The Existence of God? (Richard Swinburne, The Existence of God, rev. ed. [Oxford: Oxford University Press, 1991])을 집필했고, 이것에 대한 요약판으로서 1996년 Is There a God? (Oxford: Oxford University, 2010)을 출판함으로써 무신론적 자연과학자들의 전제를 비판하고 신에 대한 전통적 이해를 구축해내게 된다.

17 Swinburne, Is There a God?, 48.

18 마르틴 하이데거/신상희 옮김, 『이정표 I』(서울: 한길사, 2005), 146.

2. "궁극적인 확고한 사실"로서의 신

첫째, 스윈번은 신에게 영원성, 전능성, 전지성, 완벽한 자유와 같은 전통적 속성을 부여한다. 그리고 그는 신이 완벽하기 때문에 선하고 도덕적인 의무의 원천이 되며, 이것이 모두 신의 본질적 속성이라고 주장한다.[19] 또한 신은 자신 이외에 다른 피조물들이 존재한다는 사실에 책임이 있으며, 동시에 자기 자신만은 그 어떤 설명도 할 수 없는 영역에 남는다. 물론 이런 신에 대한 언술들은 당연히 '우리가 왜 그런 존재자를 믿어야 하는가?'라는 질문을 불러일으키는데, 이에 대한 답이 그의 두 번째 주장이다.

둘째, 신의 존재를 믿어야 하는 이유는 모든 설명이 단순할수록 정답에 가까우며, 바로 이런 이유에서 유신론이야말로 최고의 단순성을 지닌 진리이기 때문이다.[20] 스윈번에 따르면, 설명의 정당화를 위해 어떤 자연 법칙이 정당하게 될 수 있는 네 가지 기준은 다음과 같다. 1) 다른 사건들을 예측하게 해주고, 2) 제안된 것이 단순하며, 3) 우리의 배경지식에 부합하고, 4) 그 주장이 없다면 우리는 어떤 사건을 발견하리라고 기대할 수 없다. 그리고 이 네 가지를 모두 충족할 수 있는 특징은 그것이 얼마만큼 단순성에 가까워지는가 하는 것이다.

이와 관련하여 다른 것의 원인으로서 신의 존재를 상정하는 것 역시 최대 단순성 때문에 가장 정당하다.[21] 왜냐하면 신이 가진 전능, 전지, 완벽

---

19   스윈번은 본질적 속성과 부수적 속성을 구분하는데, 여기서 전자는 어떤 실체가 존재하기를 멈추지 않고서는 상실할 수 없는 것을 지칭한다.

20   "유신론은 그것이 지닌 단 하나의 원인인 하나의 인격체에게 인격체들이 갖는 본질적 속성들의 무한한 정도를—즉 무한한 능력, 무한한 지식, 무한한 자유를—가정한다." Swinburne, *Is There a God?*, 43-44.

21   "스윈번에 의하면 하느님이 존재한다고 말하는 것이 간단할 뿐 아니라 행위자의 의도로

한 자유 등은 무한대를 지칭하며, 이 무한대를 가진 존재자가 존재한다는 것은 곧 가장 단순한 '0'(zero)의 한계를 짊어지고 있는 인격체가 존재한다는 것을 의미하기 때문이다. 예를 들어 과학자들은 광자들이 극히 작은 정지질량(2.62×10^{-1000}그램)을 갖는다고 가정하는 것보다 '0'이라고 가정하는 것이 더 낫다고 생각한다. 즉 가장 단순하게 어떤 현상을 설명하면 할수록 더욱 진리에 가깝고, 이에 대해 우리가 현실에 대한 설명의 근거로 가지고 올 수 있는 가장 단순한 가정은 인격적 신이라는 것이다.

셋째, 스윈번은 나아가 이런 인격적 신의 존재가 우주와 그 안의 자연법칙 부여자로 제시될 수 있다고 주장하면서[22] 결국 신이 "모든 것을 설명하는 **궁극적인 확고한 사실**(the ultimate brute fact)"[23]이라고 규정한다. 즉 우주에는 엄청나게 많은 수의 물체가 있으며, 그것들이 거의 동일한 방식으로 행동하는 이런 놀라운 사건을 가능하게 하는 것, 나아가 그것이 그렇게 존재해야만 하는 이유, 그리고 "모든 객체의 실존뿐만 아니라 그들의 힘과 능력에 대한 책임까지도 짊어지는 것"[24] 등은 결국 인격적 초월자라는 가장 단순한 이론에 의해서만 진리에 가장 가깝게 해명될 수 있을 뿐이다. 그리고 이런 의미에서 신은 궁극적이지만 동시에 확고하여 결코 거부될 수 없는 사실로 규정될 수 있는데, 이것은 인간 현상 안에서도 유사하게 나타난다.

현상 세계를 일관성 있게 설명할 수 있기 때문에 하느님의 존재는 애당초 그럴듯하다. 그리고 현상 세계의 질서 정연함 같은 증거는 유신론적 가설이 참일 확률을 높인다고 주장했다." 바버, 『과학이 종교를 만날 때』, 62.

22 신 존재에 대한 논의는 다음의 저서로 연결된다. Richard Swinburne, *Mind, Brain, and Free Will* (Oxford: Oxford University Press. 2013).

23 Swinburne, *Is There a God?*, 18.

24 Ibid., 11.

스윈번은 비합리적 신학의 창조론보다는 진화의 과정 안에서 생명을 해석하려고 한다. 그는 인간을 동일한 진화 과정 안에 놓여 있는 것으로 가정하는 동시에, 인간이 다른 동물들과 달리 고등 동물로서 육체에 머물지 않고 무엇인가 다른 것을 소유한다고 주장한다. 이런 인간만의 고등성은 전통적으로 영혼으로서 명명되어왔다. 그리고 이 영혼은 진화의 어느 시점에 육체와 연결되었기에 결코 과학적 실험을 통해서는 설명될 수 없는 것이다.[25]

이것은 결국 인간이 진화의 과정 안에서 육체를 넘어 영혼과 연결되는 한 단계를 겪어냈고, 그 둘 사이의 인과적 관계 안에 신의 간섭과 신의 실재를 증명할 수 있는 단서들이 놓여 있음을 의미한다. "순수한 정신 사건(고통 안에 있는 나와 같은 예)은 물리적 사건(C-자율신경계 섬유가 뇌 안에서 불타고 있는 예)과 구분[되지만⋯] 영혼과 육체는 상호작용한다."[26] 또한 여기서 영혼은 능력을 지니는데, 여기서 능력이란 곧 두 가지 선택지 중 하나를 고르는 자유의지이면서 결국 구조를 가진 상태에서, 죽음 이후에는 영혼 불멸이라고 부르는 영역과도 연계될 수 있다.[27] 그리고 스윈번은 모든 것이 가능해지는 근거로서 신이 증명될 수 있다고 주장한다.[28]

---

25 Ibid., 69.

26 Richard Swinburne, *The Evolution of the Soul*, rev. ed. (Oxford: Clarendon Press. 1997), ix.

27 "만약 신이 죽음 이후에 새로운 육체를 주거나 육체 없는 영혼의 삶을 주신다면, 인간은 결코 폭력적인 자연법칙에 노출되지 않을 것이다. 왜냐하면 내가 맞는다면, 죽음 이후에 영혼에 발생할 그 어떤 것을 명령할 만한 자연적 법칙이란 존재하지 않기 때문이다." Swinburne, *The Evolution of the Soul*, 309.

28 "영혼은 전기 전구와 같고 두뇌는 소켓과 같다. 전구를 소켓에 연결하고 전원을 켠다면 불은 밝혀질 것이다. 소켓이 상하거나 전원이 꺼진다면, 불은 밝혀지지 않을 것이다. 이처럼 영혼은 기능을 하는데, 그것은 두뇌가 기능할 때다.⋯인간은 전기 전구를 옮겨서 전적으로 다른 소켓에 끼울 수 있다. 그러나 어떻게 영혼을 한 육체에 넣는지, 그리고 어떻

물론 여기서 스윈번은 단순히 그렇다는 주장만을 제안하고 끝내지 않는다. 오히려 여기에는 "경신의 원칙"(principle of credulity, 쉬운 믿음의 원칙)[29]을 통한 건전성 확보가 동반된다. 왜냐하면 유신론을 통해 영혼과 육체 간의 관계를 입증하는 이 언술들은 불가능한 것을 최대한 합리적으로 설명하는 가장 쉬운 가설이기 때문이다. 다시 말해 우리는 육체를 넘어서는 정신적 차원과 육체와 정신 사이에 설명할 수 없는 인과관계 모두를 신을 통한 간섭과 중재로 분명하게 설명할 수 있다. 그리고 바로 이런 이유에서 이 논의가 가장 건전하며, 이와 더불어 신 존재 역시 증명될 수 있다.[30]

넷째, 스윈번에 따르면 우리는 이런 신의 간섭과 더불어 신을 경험하게 되는데, 이것의 실재성이 신 존재의 마지막 논거다. 신은 선한 창조자로서 자신의 최고 피조물인 인간과 상호작용하기를 원하며, 따라서 종교적 경험의 발생은 당연한 일이다. 그리고 이 경험은 실제로부터 야기되는 외견상의 경험이지만, 앞서 언급한 "경신의 원칙"이라는 이성의 원칙을 통해 망상이 아닌 것으로 증명된다. "경신의 원칙"에 따르면, 종교적 경험은 망상이라는 증거가 나타나지 않는 한 인정되어야 한다. 나아가 이것은 신 존재에 대한 사항에서도 동일하게 적용된다. 신이 존재하지 않을 확률

게 그것을 다른 것에 연결하는지는 도저히 알 수 없다. 하지만 이 작업에는 그 어떤 모순도 없으며, 전능한 신은 이것을 수행할 수 있을 것이다.…자연의 이면에 도사리고 있는 궁극적인 능력을 발견하지 못하는 한 인간은 절대로 영혼을 다시 기능하게 할 수 없다." Ibid., 310-11.

29   이것은 "우리가 착각하고 있다는 증거가 없는 한, 그리고 그런 증거를 발견할 때까지, 사물이나 사건을 보이는 대로 믿어야 한다는 원칙이다." Swinburne, *The Existence of God*, 254.

30   "인간의 영혼을 창조하고 그것을 육체와 결합하기 위해 그가 직접적으로 간섭한다는 것은 평범한 기독교의 교리다." Swinburne, *Is There a God?*, 94.

이 더 높게 증명되지 않는 한, 전통적으로 이어져 내려온 신 존재에 대한 논의들은 거부되어서는 안 된다.

물론 여기에는 반론도 가능하다. 왜냐하면 인간은 신이 존재하지 않아도 종교적 경험을 할 수 있기 때문이다. 그러나 스윈번은 이런 반론과 관련하여, 종교 경험에 대해 신의 실재를 가정할 때와 가정하지 않을 때, 과연 어떤 상황이 개연성과 단순성에서 더 유리한지를 되묻는다. 다시 말해 우리는 신의 실재를 가정할 때라야 더 분명하게 종교 경험을 설명할 수 있고, 나아가 인간의 정신-육체의 오묘한 삶과 더불어 광대한 우주 질서도 더 잘 이해하고 설명할 수 있게 되므로 신의 실재를 가정하는 것이 낫다는 것이다. 스윈번은 경신의 법칙을 통해 신 존재 논쟁의 진흙탕을 벗어나는 동시에 더 의미 있는 작업으로 이행하고 있는 셈이다.

III. R. 스태나드의 자연신학과 신 이해

1. 스태나드의 자연신학 이해

스태나드는 자연과학의 대중화와 더불어 그것과 종교의 대화에 상당한 관심을 가졌던 물리학자다.[31] 그는 종교와 물리학 사이를 중재하면서 자

---

31 그는 입문서 수준의 많은 책을 저술했으나, 그 작업은 단순히 과학적 소개에만 머물지 않았다. 그는 영국 성공회 신자였으므로, 자신의 종교성과 신앙에 맞는 과학과 종교 사이의 상호 이해를 연구하여 기술했다. 그의 이런 이해 중 한국에 가장 잘 알려진 책은 『과학, 신 앞에 서다』(Science & Belief: The Big Issues)이다. 이 책에서 스태나드는 "과학과 신앙이 서로에게 영향을 미치는 다양한 방식을 포괄적으로 다룬다." 러셀 스태나드/임보라 옮김, 『과학, 신 앞에 서다: 진화에서 외계인까지』 (서울: 성바오로, 2014), 서문.

연신학의 가능성을 제시한다. "자연신학은 자연에 대한 연구를 통해 자연 속에 신과 신의 마음을 더 잘 이해할 수 있는 열쇠가 있는지 알아보는"[32] 방법론이다. 그리고 이런 방법론을 통해 그는 우리에게 신을 인식하는 분명한 일점이 주어져 있으며, 그것이 기본적으로 인간의 정신(mind)에 연결되어 있음을 주장함으로써 신 존재에 대한 논의를 시작한다. 즉 칸트가 말한 것처럼, 신은 그 자체로 알려지는 것이 아니라 늘 내가 아는 한에서 그를 경험할 수 있으며, 바로 그 앎이 이미 인간의 정신에 들어와 있다는 것이다.

스태나드는 일단 우리가 신을 찾을 때 잘못된 곳을 찾아가고 있음을 분명히 하면서 그중 가장 문제가 되는 것이 세계 안에서 신을 찾는 논증이라고 말한다. 우리가 세계를 관찰함으로써 세계의 근거인 신을 찾고자 하는 시도는 "M-이론의 추측적 기능"과 연결된다.[33] 이는 다시 말해 하나의 현상 혹은 근거에는 다양한 선택지의 대입이 가능하며, 결국 인간이 세계를 어떻게 바라보는가에 따라 그 근거에 대한 원인이 추론 가능함을 지시한다. 그는 바로 이런 입장에서 오히려 신-실존의 근거를 신을 알고 있음의 차원으로 환원시키고 그 안에서 의식의 중요성을 관찰하기 시작한다.

먼저 신을 인식할 수 있는 어떤 계기는 인간 모두가 분유(share)하고 있으며, 인류가 자신의 기원으로부터, 즉 자신의 출생으로부터 소유한 어떤 방법이다. 즉 인간은 공백 상태로 태어나지 않고, 정신과 함께, 정신을 가지고 세계에 출현한다. "이것은 진화론적 과거가 두뇌에 흔적을 남기

---

32   Ibid., 227.
33   M-이론은 초끈이론을 논할 때, 만약 하나의 현상 혹은 근거가 있다면, 여기에 맞는 다양한 형태의 수학적 계산이 있을 수 있음을 지칭하는 이론이다.

는 방법으로 나타난다."[34] 일반적으로 진화론은 우리 모두를 아무런 여백도 없는 생존기기로 묘사하지만, "우리는, 자기 자신을 의식했고, 그렇기에 단순한 자기복제적 생존기기로 설명될 수 없는 어떤 것을 태어날 때부터 정신적 형태로 가지고 있다. 정신의 타자성이 존재한다."[35] 여기서 정신의 타자성이란 진화적 법칙으로 해석될 수 없는 공간(spandrel)이지만, 진화 안에서 나타난 결과물임이 분명하다.

진화의 과정 안에서 두뇌가 형성되었는데, 이 두뇌는 모든 과거의 기억이 축적된 어떤 사유를 지금의 나에게 전달한다. 그리고 이 두뇌의 내부에서 "신이 우리의 의식 안에 그의 속성에 대한 흔적을 남겨놓은 것처럼, 우리는 그 자신을 그의 물리적 창조물들 위에서 발견한다."[36] 스태나드는 이 의식의 근거가 신이라고 주장한다. "우리의 의식은 신의 의식으로부터 파생되었다. 그렇기에 우리의 정신은 본성상 신의 정신적 특성 중 몇몇 측면에서 합동한다(incorporate).…진실로 성서 안에서 말하듯이 우리는 하나님의 형상이다. 그렇다. 우리의 진화적 과거는 우리의 정신에 지울 수 없는 흔적을 남겼고, 그렇게 신을 소유한다."[37] 그리고 이 흔적을 통해 이제 우리는 이미 신을 인식했으며 동시에 그와 관계를 맺고 있다.[38]

진화 과정 안에서 우리는 신의 변화와 더불어 우리의 변화를 경험할 수 있으며, 이런 현상은 단순히 우리의 현실을 신에게 투영하는 신인동형론을 넘어 우리가 전혀 상상할 수 없었던 신의 특성이 우리에게 되돌아오

---

34   Stannard, *The Divine Imprint*, 44.
35   Ibid., 116.
36   Ibid., 6.
37   Ibid., 44.
38   "우리가 신을 알게 된다는 것은 우리가 신과의 관계 안으로 들어옴을 인지하는 것 안에 놓여 있다." Ibid., 124.

는 외부적 형태를 인정하게 만든다. 그리고 바로 여기에 개별적 정신의 타자성이 등장한다.

타자성이란 진화를 통해 면면히 이어져 온 정신의 본능과 다른 어떤 영역이다. "진화란 모든 생명체를 창조하는 신의 방법"[39]이지만, 진화론은 그 자체에 이기주의적 원리라는 문제점을 지닌다. 적자생존, 약육강식, 자연선택이라는 진화론 안에서 모든 것은 생존하기 위해 이기적으로 작동하는 기계일 뿐이다. 그러나 스태나드에 따르면, 이렇게 모든 것을 기계나 망상으로 보는 관점은 오히려 위험하다. 왜냐하면 이것은 실제와 더 먼 해석이기 때문이다.

진화는 늘 효용성이 높은 것으로 변경되는데, 앞서 밝힌 것처럼 가치 있는 많은 것은 진화론적 관점으로 보면 오히려 시간과 노력의 낭비다. 다시 말해 정신이나 의식이 아예 없어서 자동화되는 행동의 형태가 된다면 더욱 진화론적 생존의 법칙에 더 알맞았을 것이지만, 오히려 정신과 의식은 우리의 삶을 더욱 복잡하게 만들어 효용성을 떨어뜨린다. 오히려 진화를 이기적 논리로 해석하는 "진화론은…계몽된 자기-흥미 이외에 다른 것"[40]이 아니다. 그러나 진화 안에는 진화론의 이기적 원리와 다른 전적으로 신비로운 영역이 존재한다. 이것이 바로 인간 정신의 타자성으로서, 진화론의 설명을 넘어서 있는 어떤 것이다.

타자성을 해명하기 위해 스태나드는 자각, 느낌, 이타주의, 도덕적 감정, 아름다움의 감각(성적 아름다움, 예술, 문학, 즉 시, 음악, 자연, 수학과 과학)을 제시한다.[41] 예를 들어 우리는 이타주의를 언급할 수 있다. 누군가 이타적

---

39   스태나드, 『과학, 신 앞에 서다』, 28.
40   Stannard, *The Divine Imprint*, 69.
41   또한 그는 성서 내 기적에 대한 기록이 일방적 강요나 저급한 기복 추구가 아니라고 말한

으로 행동할 때 우리는 그것을 이기적이라고 말하지 않는다. 리처드 도킨스는 이타성으로의 전환이 이기적 유전자의 새로운 자기보존의 법칙이라고 주장하지만, 이런 해석은 진화론적 원리에 완전히 흡수되지는 못한다. "아무것도 돌려받지 않아도 성실하게 주는 경우가 존재한다."[42] 그리고 가깝게 관련되지 않아도 이런 이타성이 나타나는 놀라운 상황들이 있다. 이타성의 다양한 상황과 관련하여 진화심리학이 모든 것을 설명할 수는 없다.

또 다른 예로서 스태나드는 도덕을 제시한다. 이것은 진화론적 생명 유지의 본능을 거스른다는 의미에서 아무런 수여자 없이 그냥 자연선택의 과정에서 나타난 것으로 언급될 수 없다. 왜냐하면 도덕은 진화론적 관점, 즉 자기중심적 사고에서 바라보면 방해꾼이 되기 때문이다.[43] 또한 두려움의 감정, 창조성의 감정, 목적의 감정 등은 앞서 언급한 진화론적 본능에 반대될 뿐만 아니라 단순한 자기중심성을 넘어선다. 이런 타자성에 대한 논의로부터 스태나드는 신의 존재를 규명하기 시작한다.

다. 오히려 기적은 그 자체로 영적인 차원에서 새롭게 제시되어야 하는 어떤 것이다. "기적을 동원해 치료를 해야 한다면 예수는 틀림없이 그렇게 했을 것이다.…그러나 기적을 행해도 그것은 사람을 개종시킬 목적이 아니었다." 스태나드, 『과학, 신 앞에 서다』, 192.

42 Stannard, *The Divine Imprint*, 114.

43 "진화는 가장 적합한 개체만 살아남는다는 점을 알려준다. 따라서 인간의 행동양식은 유전적 영향을 받게 되어 있고, 당연히 인간은 이기적인 존재가 될 수밖에 없다. [이와 달리] 다른 사람을 도우려는 마음 혹은 이타적인 욕구는 신이 우리에게 날 때부터 준 능력이다." 스태나드, 『과학, 신 앞에 서다』, 48.

2. 초-정신으로서의 신

스태나드에 따르면, 이 정신의 타자성을 가능하게 만드는 존재가 바로 신이며, 그는 그 정신을 넘어선 초-정신(Super-Mind)이라고 명명될 수 있다.[44] 이런 초-정신인 신은 우리의 사유와의 상호 간 메시지를 우리의 흔적인 정신의 타자성으로 전송한다. 그는 이렇게 함으로써 물리적 세계를 작동시키며, 아주 근원적인 차원에서부터 모든 존재자와 소통한다. 왜냐하면 그는 모든 존재의 근거이기 때문이다. "정신이 실존하게 되는 수단으로서 신은 유일하고, 직접적인 우리 의식 안의 연결고리(Link)다."[45] 이런 논의가 모두 진화심리학으로 설명될 수는 없다. 오히려 초-정신인 신의 특성들은 인간의 정신을 단순히 진화적 순응에 머물지 않고 초월하도록 만들며, 바로 이런 의미에서 스태나드는 초월적 정신의 타자성을 신의 흔적이라고 말한다. 이 흔적으로서의 정신의 타자성에는 "보다 좋은 속성, 즉 신의 근거가 유사하게 수여되었다."[46] 그럼으로써 "신에게 부여된 속성들 사이에서 밀접하게 유사한 것은 의식적 경험의 타자성의 특성이면서 다른 한편으로는 우리가 신에 의해 각인되어 태어난 정신의 외부적

---

44 "근거가 의식의 궁극적 근원임을 받아들일 때 이것은 근거 그 자체가 최소한 일종의 의식이라도 가지고 있어야 함을 암시하는 것이 아닌가? 이는 초-정신(Super Mind)이라고 부르는 것이다. 이것은 신을 의식적 개체가 존재하게 하는 수단으로서보다는 실존하는 하나의 의식적 개체로서 다룬다." Stannard, *The Divine Imprint*, 121.

45 Ibid., 122. "신은 우리의 정신 안으로 사유를 전송하는 수단으로 물리적 세계를 사용한다. 그러나 이것은 우리의 의식의 현재 단계에서는 자각되지 않는다. 우리가 이해해야 하는 것은 신은 사유와 메시지를 전송하는 수단으로서 물리적 세계가 필요하지 않다는 것이다." Ibid.

46 Ibid., 119.

특성"[47]이다. 그렇다면 전통적 고백인 창조자로서의 신은 어떻게 현대적으로 해석될 수 있는가?

스태나드는 신이 기독교의 신으로서 창조자라는 사실을 긍정하면서 이런 긍정을 표현하기 전에 먼저 해야 하는 사항은 기원과 창조라는 두 가지 용어에 대한 차이를 분명히 하는 것이라고 주장한다. 그 이유는 이 두 개념의 혼동 때문에 과학과 종교가 무가치한 갈등을 겪고 있기 때문이다. 기원은 사물의 시작이 어떠한가와 그 시작이 어떻게 설명될 수 있는가를 다룬다. 이와 다르게 신학자들은 그런 문제에 관심을 두지 않고 오히려 실존의 근원(source)을 묻는다. 창조는 무엇이 지금의 존재를 만들었는가라는 기원에 대한 물음이 아니라 '왜'에 대한 물음이며, 그 창조물의 존재에 대한 책임을 요구하는 물음이다. 신학은 신을 창조자로서 찾음으로써 그를 세계를 유지하는 자이자 모든 것의 책임자로서 기술해낸다. "신은 우리가 실존함을 위해 책임을 지고 있는 그 무엇이든 붙이게 되는 이름이다."[48]

IV. 신정론에 대한 현대 자연신학자들의 대답

이제 우리는 마지막으로 자연신학의 신 이해가 현실적으로 마주하게 되는 비판을 점검해야 한다. 왜냐하면 아무리 그럴듯한 신에 대한 논증이 가능할지라도 막상 그가 현실과 연결될 수 없다면, 그리고 현실을 설명할 수

---

47   Ibid.
48   Ibid., 33-34.

없다면, 그것은 추상적 기술에 불과할 수 있기 때문이다. 그리고 이런 현실의 설명이란 곧 신정론의 문제다.

신정론(Theodicy)이란 현실에 존재하는 고통과 악의 존재에 대한 논의다. "전능한 신은 이 악을 방어할 수 있었을 것이고, 확실히 완벽하게 선하며 전지전능한 신은 그렇게 해왔어야 한다. 그런데 왜 이런 악이 존재하는가?"[49] 전지전능한 신과 악 사이의 이 긴장은 결국 신의 완전성과 신의 사랑 사이의 역설적 긴장을 신학 안에서 터트려버린다. 왜냐하면 "왜 전능한 사랑의 신이 이런 일들이 발생하도록 허락했는지 대답하는 일은 쉽지 않"[50]기 때문이다. 이런 문제에 대해 스윈번과 스태나드는 현대 자연신학의 특징 안에서, 즉 철저히 과학적·합리적 논증을 통해 대답을 시도한다. 그럼으로써 이제 그들은 자신들이 나름대로 개진한 신에 대한 논의들에 새로운 정당성을 확보하고자 한다.

1. 신정론에 대한 스윈번의 대답

먼저 스윈번은 신정론의 문제, 즉 신이 도덕적 악과 고통을 허락하는 이유와 관련하여 그것이 인간 개인의 책임이어야 함을 분명히 한다. "신정론의 중심적 핵심은, 내가 믿거니와, 자유의지 방어가 되어야 한다."[51] 그리고 신이 이 자유의지를 인간에게 주었다는 것을 인정한다면, 결국 모든 악

---

49 Swinburne, *Is There a God?*, 84.
50 Stannard, *The Divine Imprint*, 148.
51 Swinburne, *Is There a God?*, 86. "자유의지 방어란 인간들이 자유와 책임의 선택이라고 부르는 자유의지를 가지는 엄청나게 좋은 것을 말한다. 만약 그렇다면, 도덕적 악의 자연적 가능성이 존재하게 될 것이다." Ibid.

이란 우리가 자유롭게 그리고 책임감 있게 선택한 것이 된다. 인간이 자유의지를 가졌다는 것은 결국 인간이 "자신의 성품을 형성할 수 있게 만들어졌음"[52]을 의미하는 것이다.[53]

신은 세계를 창조하면서 자신의 창조 행위에 인간이 동참하도록 했다. 이는 서로가 상처를 주고받으면서 문제를 일으킬 가능성까지도 포함하는 것이다. 신은 마치 부모가 자녀들이 지식, 능력, 자유까지도 가진 성숙한 존재가 되기를 바라듯이 그렇게 우리에게 자유의지를 허락했다. 그리고 이런 신의 사랑의 창조 행위를 통해 우리는 모두 도덕적 악과 관련하여 자유와 책임을 지닌다. 그러나 신은 그 자유의지로부터 나타날 수 있는 악과 고통을 통해 더 큰 선을 만들어냄으로써 신정론의 문제를 스스로 해결한다. 오히려 신은 악을 통해 피조물들의 삶 안에 더 선한 것을 허락한다. "신은 그 과정에서 많은 악을 허용함이 없이는 이런 선한 것들을 줄 수가 없다."[54]

나아가 더 큰 위험이 있을 때 신은 그 위험으로 침투하여 들어가며, 각 인간의 영웅적 선택이 가능하도록 그들을 움직인다. "그러나 자연이 고통을 초래할 가능성이 있다는 것은 더 큰 선을 가능하게 만든다. 세계를 선택할 수 없는 인간을 창조하면서 신은 다른 이들의 선에 고통을 가하는 위험한 세계 안에서 그들이 영웅적 선택을 하도록 그들의 선을 드러낸다."[55]

---

52   Ibid.
53   "인간의 자유로운 선택은 다른 인간들을 위한 진정한 책임성을 포함해야 하고, 이것은 그들에게 이득을 주거나 그들을 해칠 기회를 포괄한다." Ibid., 87.
54   Ibid., 85.
55   Ibid., 94.

둘째, 스윈번은 또 다른 악, 즉 자연적 악(자연적 재해)[56] 및 고통과 관련하여 인간에게 두 가지 자유로운 선택권이 있기 때문에 그것이 더 나은 선을 위한 가능성을 지닌다고 주장한다. 이 선택권 중 "첫 번째는 악을 생산하는 자연법칙들의 작동이 어떻게 악 자체가 야기되는지에 대한 인간적 지식을 제공"[57]한다는 것이다. 자연에서 벌어지는 악이란 우리에게 고통과 악일 뿐이지, 세상의 법칙을 바꿀 만한 이유는 되지 못한다. 오히려 선을 만들기 위해 신이 기본적 법칙을 바꾼다면, 결국 모든 세상이 무너질 것이고, 이것이 더 큰 자연적 악을 불러오게 될 것이다. 오히려 자연적 악과 고통 속에서 우리의 자유의지가 선과 악의 작동원리를 배우면서 악과 고통의 발생을 줄여나갈 수 있을 뿐이다. 그리고 이런 지식과 역사 내의 노력을 통해 인간은 비로소 신이 준 내용들을 기반으로 신의 존재를 깨닫게 되고, 나아가 더 선한 것을 향할 가능성을 획득하게 된다. 이 자연적 악이 인간으로 하여금 신의 존재를 확인하게 하는 동시에 그를 온전한 사람으로 바꾸는 셈이다.

두 번째 자유로운 선택권은 인간으로 하여금 무엇이든 행동을 취하도록 하며, "이것(자연적 악)이 의미 있는 선택의 범위를 확장시킨다."[58] 고통을 가진 자만이 그것을 극복할지 포기할지를 선택할 수 있다. 우리가 어떻게든 행동을 취할 수 있는 것은 이런 자연적 악과 거기로부터 나온 자극들 때문이다. 그리고 결국 이런 선택권 안에서 나는 다른 피조물들과 더불어 자연적 악과 고통을 극복하기 위한 최선의 협력을 모색하게 된다.

---

56   스윈번에 따르면, 자연적 악은 "인류에 의해 기획되고 생산된 모든 악이 아니라, 인류에 의해, 그들의 부주의한 결과로서 야기되지 않은 모든 악"이다. Ibid., 85.
57   Ibid., 94.
58   Ibid., 95.

셋째, 스윈번은 내세의 행복에 대한 신의 보상을 통해 신정론에 대해 답한다. 그에 따르면, 이런 도덕적 악과 자연적 악은 모두 그 어떤 이유를 대더라도 고통스러운 일이며, 우리는 이 고통에 대해 여전히 신에게 저항할지도 모른다. 그러나 악을 통한 선의 확대라는 신의 의도에는 늘 죽음 이후의 행복이라는 보상이 있으며[59], 이런 보상을 통해 이제 세상의 선을 위해 악에 노출되어야 하는 현실이 정당화된다. 즉 신이 약속하는 영원한 삶과 내세의 행복은 자연 안에서의 악과 고통의 문제를 해결할 수 있다.

2. 신정론에 대한 스태나드의 대답

스태나드는 신정론을 세 가지 관점에서 극복하고자 시도하는데, 그중 첫 번째 관점은 악이란 선을 돋보이게 하는 동시에 보다 나은 선을 가능하게 만드는 도구라는 것이다. 그에 따르면, 선과 악은 상호적이다. 악은 선의 결핍이며, "악이 없었다면, 우리는 선이 무엇인지 알 수 없었을 것이다."[60] 이것이 이것이기 위해서는 다른 것이 이것이 아니어야 하듯이, 그렇게 악은 선을 위해 우리에게 나타난다. "악이란 선을 위해 치러야 하는 [대가의] 값이다."[61]

나아가 선과 악은 반드시 서로 반대되기만 하는 것도 아니다. 예를 들어 핵폭탄은 분명히 생명을 멸망시킨다는 점에서 가장 최악의 악이지만,

---

59   "나의 주장은 완벽하게 선한 하나님이 선의 목적으로 악을 발생시키는 것의 정당화를 허락하기 위해 선의 위대함을 확신시킨다는 것이다. 만약 신이 선을 가능하게 하는 고통의 희생자에게 죽음 이후의 행복이라는 형태로 보상을 제공한다면 말이다." Ibid., 98.
60   Stannard, *The Divine Imprint*, 149.
61   Ibid., 150.

인류는 이 핵폭탄이 제3차 세계대전이 쉽게 일어나지 못하도록 막고 있는 상황을 경험해왔다. 노동자가 해고되는 것은 고통스럽고 악한 일이지만, 회사는 이를 통해 위기를 넘길 수 있으며, 어머니는 고통을 당하지만, 그 고통 속에서 자녀가 태어난다. "고통은 위험에 대항하는 유용한 경고(warning)로서 넓게 간주"[62]되며, 더 적극적으로는 선수들이 고통을 통해 더 나은 선수로 발전하는 것처럼 악을 경험함으로써 선이 더욱 분명하게 발휘된다.

스태나드가 신정론을 극복하는 두 번째 관점은 악이 인간의 자유의지를 통해 나왔기에 인간의 책임이라는 것이다. 인간은 분명히 진화 안에서 신으로부터 독립했지만, 신을 찬양하는 자유의지를 가지고 있다. 그러나 우리가 창조자를 거절할 수 있어야 비로소 창조자가 우리를 사랑하는 것이 되기에 인간은 거절하는 잘못된 자유의지의 사용을 통해 악을 행한다. 그래서 "악은 신에게서 기원하는 것이 아니라 우리에게서 기인한다."[63] 신에게 악의 책임이 있는 것이 아니라 거절할 수 있는 자유의지를 가진 우리에게 책임이 있다. 그러나 이런 책임과 관련하여 신은 그저 내버려 두지 않는다. 오히려 그는 악과 고통에 지친 인간을 마치 말썽꾸러기 어린아이를 돌보는 엄마와 같이 고통을 공감하며 돌본다. 위대한 사랑에는 항상 고통이 따르는데, 이것이 바로 신이 우리를 사랑하는 모습이다. 기독교의 십자가 교리가 바로 여기에 해당하며, 이는 악과 고통을 통해 신이 선을 이루어나가는 모습이다.

마지막 세 번째는 신정론 자체가 인간의 자기중심적 사고에 의한 오

---

62   Ibid., 151.
63   Ibid., 153.

류이며, 인간의 잘못된 가치판단에서 기인한다는 관점이다.[64] 이를 위해 그는 욥의 이야기를 설명한다. 우리가 잘 아는 것처럼, 욥은 아무런 잘못도 없이 큰 악과 고통을 경험했다. 이런 이유에서 욥은 전능한 신을 대면하여 따져 묻는다. 그러나 여기서 신은 욥의 질문에 대답하지 않는다. 오히려 신은 욥에게 연속적인 질문을 던질 뿐이다.

"욥기 38장에 나오는 하나님의 질문들은 하나님의 광대하심에 비해 너무나도 작은 인간 욥의 모습을 처참히 드러낸다."[65] 이 처참한 상황에서 스태나드는 유한한 인간이 스스로 해석하는 한계를 지적한다. 인간은 신의 사랑과 정의 사이에서 한편만을 주장하며 그것을 자기중심적으로 판단한다. 따라서 이것은 인간의 문제다. 수없이 많은 상황에서 인간은 신에게 정의를 요구하는 동시에 자기 욕심에 따라 사랑을 요구한다. 그러나 "신은 사랑의 신이다.…신의 또 다른 속성은 그가 정의의 신이라는 것이다. 명백히 아닌 것을 깨닫는 인간의 다양한 삶의 경험을 고려해야 한다."[66]

인간은 어린아이처럼 생각하고 행동하는 반면, 신은 인간의 부모처럼 생각하고 행동한다. 미성숙한 어린아이가 부모의 생각과 행동을 이해하지 못하듯이, 인간은 신이 왜 이런 일들을 생각하고 행하는지를 이해하지 못한다. "우리는 마치 어린아이처럼 신의 면전에 있다."[67] 그리고 인간은 어린아이처럼 울부짖으며 신정론의 문제를 꺼내 든다. 그러나 스태나

---

64   "우리는 인간의 다양한 삶의 경험이 명백하지 못함을 깨닫도록 숙고해야 한다." Ibid., 155.
65   이관표, "리처드 스윈번, 러셀 스태나드", 174.
66   Stannard, *The Divine Imprint*, 156.
67   Russell Stannard, *The God Experiment: Can Science Prove the Existence of God?* (Santa Monica: Hidden Spring, 2000), 110.

드는 이런 상황에서 전능한 신이 우리의 생각과 행동을 넘어섬을 인정하고 그에 대한 신뢰를 언급한다. 스태나드는 신정론의 문제를 우리의 무지와 신뢰의 요구라는 개념을 통해 극복한다.[68]

V. 결론: 현대 자연신학의 특징과 그 한계

지금까지 우리는 현대 자연신학의 논의 중 스윈번과 스태나드의 신 존재에 대한 제안과 신정론의 문제를 살펴보았다. 먼저 스윈번은 신이란 "모든 것을 설명하는 **궁극적인 확고한 사실**"[69]이라고 규정했다. 즉 자연의 창조와 유지가 신을 통해 설명되며, 나아가 인간과 생명의 차원에서도 영혼과 육체 사이의 관계, 영혼의 능력, 그리고 다양한 종교적 경험이 신을 통해 성립되기 때문에 경신의 법칙에 따라 신의 존재가 타당하다는 것이다.

스태나드는 신을 정신의 타자성을 가능하게 하는 근거인 초-정신[70]으로 규정했다. 인간은 오랜 진화의 과정에서 정신이 발전하며, 결국 진화의 이기적 법칙으로 해석되지 않는 정신의 타자성을 획득한다. 이것은 단순히 진화의 과정 안에 머물지 않는 초-정신으로서의 신으로부터 부여되는 것이다. 스태나드는 끊임없이 정보를 주고받는 적극적이지만 무의식적인 신과 인간의 관계를 제안한다.

또한 이 두 학자는 신에 대한 논의와 더불어 신정론에 대한 현대적 변

---

68 "그는 누군가가 자신의 상상을 꿈꾸며 맞춰왔던 그런 신이 아니다. 그는 거기에 대해서
    는 너무나도 문제적이다." Ibid., 101.
69 Swinburne, *Is There a God?*, 18.
70 Stannard, *The Divine Imprint*, 121.

증을 시도했다. 먼저 스윈번은 신정론에 대한 세 가지 답을 제시한다. 첫째, 선을 더욱 선하게 만들기 위해 악이 존재한다는 점, 둘째, 악은 인간의 자유의지의 책임이라는 점, 셋째, 악을 견뎌내게 하는 내세의 보상이 존재한다는 점이다. 스태나드 역시 신정론에 대한 세 가지 답을 제시한다. 첫째, 악이란 선을 돋보이게 하는 도구이자 선을 이루기 위해 치러야 하는 대가라는 점, 둘째, 악은 인간의 자유의지의 책임이라는 점, 셋째, 신정론 자체가 인간이 세상의 일을 자기중심적 관점으로 판단하여 나타난 오류라는 점이다.

이처럼 현대 자연신학은 신의 실존을 현대 과학이 이룬 최신 성과들과의 대화를 통해 나름대로 공간을 찾아 위치시킨다. 따라서 자연신학의 특징을 다음과 같이 말할 수 있다. 첫째, 자연신학은 현대 과학의 결과들을 사용하되, 그것을 인간의 완전성이 아니라 인간의 불완전성을 통해 새롭게 해석하고 그 안에서 신 존재의 가능성을 찾아낸다. 다시 말해 자연신학은 신-인식론의 근거와 관련하여 인간의 능력이 아닌 인간의 불완전성, 한계, 유한성으로부터 출발한다. 물론 칸트에 의해 전통적인 신 존재 증명이 모두 깨어졌지만, 자연신학의 이름으로 다시금 제안될 수 있는 논증들은 이제 자연 자체와 인간의 의식 안에서 벌어지는 사건 중 인간에게 신비의 영역으로 남아 있는 그곳에서 신의 존재와 역할을 발견한다. 그럼으로써 자연신학은 과학이 이야기해주는 놀라움의 근거로서, 그리고 인간 안에서 벌어지는 불가해한 사건의 근거로서 신을 찾아가는 일련의 과정을 시도한다.

스윈번은 자연과학의 지식이 사실 오류 가능성을 지닌 인간의 한계 안에서 작성되고 있음을 직시하면서, 자연 내 미지의 영역에 대한 논의에 신을 우주의 법칙 부여자로 등장시킨다. 스태나드 역시 인간의 정신을 넘어선 영역, 즉 진화심리학으로는 설명될 수 없는 정신의 타자성을 신의 흔적으로 보고, 신을 존재의 근거인 초-정신으로 규정한다. 두 학자는 모두 인간이 결코 도달할 수 없는 어떤 영역에 신이라는 이름을 붙임으로써 새롭게 현대 과학 시대에 신 존재에 대한 논의를 가능하게 만들고 있다.

둘째, 자연신학은 기존에 신-인간 사이의 관계, 신-자연 사이의 관계, 혹은 인간-자연 사이의 관계에만 치중되었던 신학의 논의가 자연스럽게 신-인간-자연 사이의 관계의 재확립이라는 확장된 형태를 획득하게 한다. 특별히 스윈번은 신 존재에 대한 논의에서 신과 자연 사이가 이차적 매개이고, 신과 인간 사이가 일차적 매개를 가지고 있음을 강조한다. 즉 어떤 면에서 신과 자연 사이의 관계는 이미 그것의 관계 매개로서 육체와 영혼(정신)의 관계를 설정할 수 있으며, 인간이 바로 그런 역할을 하고 있다는 것이다. 스태나드 역시 물리적 세계를 다스리기 위해 초-정신이 신적 흔적인 정신의 타자성에 메시지를 전송함으로써 세계가 운영되는 것으로 표현한다. 즉 인간이 다른 존재자들과 초월적 존재 사이의 어떤 연결점으로서 기능하고 있다는 통찰이 새롭게 자연신학 안에서 논의되고 있다.

셋째, 자연신학은 신의 존재를 우리의 삶 혹은 존재의 가운데에 위치시킨다. 자연신학은 기본적으로 우리와 신이 어떤 방식으로든 상호 연결되어 있다고 전제한다. 이로써 결국 전체 과학의 발견은 신의 창조에 대한 탐구라는 신앙적 고백으로 연결된다. 이런 전제하에서 우리의 외부와 내부는 모두 신이 머무는 장소이자 신을 발견할 수 있는 장소다. 이는 만유내재신론과 비견되는데, 이 안에서 초월적 신에 대한 논의는 약해질 수밖에 없다.

넷째, 자연신학은 특별히 자연과학 중 진화를 긍정하면서도 진화론의 이기적 해석을 거절한다. 이 시대에 진화의 과정 자체를 거부하기는 쉽지 않아 보인다. 발견되는 화석의 다양한 증거와 유전자 검사 등 현대의 다양한 방법론을 통한 조사 데이터를 우리가 부인할 수는 없기 때문이다. 그러나 이런 진화적 증거의 명확성에도 불구하고, 여전히 다윈적 시대상을 담고 있는 진화론과 관련하여 자연신학은 분명한 반대 입장을 견지한다. 오히려 자기중심적이며 이기적인 생존 기계로서 생명을 이해하는 진화론은 그 증거에도 불구하고 그 원리에 있어서는 "잘못 놓인 구체성의 오류"(화이트헤드)라는 지적을 받을 수 있다. 바로 이런 의미에서 자연신학은 진화를 받아들이되 진화론의 한계를 비판하면서 자신들의 논의를 전개한다.

그러나 이런 자연신학의 특징에는 한계 역시 존재한다. 그것은 바로 신 자신의 인식 불가능성과 관련된다. 우리는 신 자신의 인식 불가능성으로부터 그를 사유하는 부정신학적 전통에 한번쯤 귀를 기울여야 할 것으로 보인다. 왜 신이 반드시 인식되어야 하고, 신이 자연이나 인간의 정신 안에 자신의 흔적을 남겨야 하는가? 우리가 이에 대해 분명한 답을 찾지 못하면 자연신학이 시도하는 근거들은 다 무용한 것으로 남고 만다.

자연신학은 신에 대한 어떤 선천적 흔적을 주장하며, 신을 인식할 수 있고 그와 관계 맺을 수 있다고 전제한다.[71] 그러나 기독교 신학 안에서 신은 전지전능과 완전의 속성을 지녔으므로 인식의 불가능성 안에 머물러

---

[71] 스태나드는 신에 대한 긍정적 인식과 신과의 관계를 다음과 같이 언급한다. "우리 자신과 신 사이의 관계는 두 가지 방식이다. 사유와 정신적 성질이 의식의 근거로부터 발생할 뿐만 아니라, 우리는 기도를 통해 의식의 근거로 사유를 전송시킬 수 있다. **우리가 신을 알게 되었다는 사실, 그것은 우리가 신과의 관계 안으로 들어갔음을 아는 것이다**"(강조는 원저자의 것임). Ibid., 124.

있다고 생각되어왔다. "우리는 신이 무엇인지 알지 못한다. 이것은 오래된 신학적 명제다. 신은 규정되지 않는다(Deus definiri nequit)."[72] 이런 이유에서 오랜 세월의 전통을 지닌 부정신학은 신 자체에 대해 표현할 수 있는 언술은 단지 부정적 언술에 불과하다고 고백해왔다. "신은 단적으로 규정되지 않는 것, 즉 무규정자다.···신은 모든 특수자의 부정이다."[73] 그리고 이런 인식 불가능성에서 먼저 찾아오시는 분은 오히려 신 자신이며, 그 자리는 언제나 고난, 고통, 죽음의 순간이었다. 그리고 이것은 예수 그리스도의 고통의 십자가에서 극명하게 증거된다. 왜냐하면 "신의 결정적인 자기 드러냄이 그리스도 이외의 그 누구도 아닌 이 예수의 종이 됨, 고통, 그리고 죽음 안에 있"[74]었기 때문이다.

　　자연신학은 이처럼 신의 인식 불가능성에 대한 존중과 성육신하신 예수 그리스도의 무조건적 은혜에 대답할 수 있어야 한다. 이것은 우리가 '전적인 초월이자 신비인 신을 정말로 인식하고 그와 관계 맺는다고 할 수 있는가?'에 대한 물음이며, 나아가 '인간 경험을 통해 구성된 자연과학의 결과들을 통해 일종의 신학이 개진될 수 있는가?'라는 기초적 물음이기도 하다.

72　Jürgen Moltmann, *Der gekreuzigte Gott. Das Kreuz Christi als Grund und Kritik christlicher Theologie* (München: Chr. Kaiser, 1972), 210.

73　G. W. F. Hegel/Hrsg, von Eva Moldenhauer und Karl Markus Michael, *Bd. 16: Vorlesungen über die Philosophie der Religion I* (Frankfurt(M): Suhrkamp Verlag, 1986), 28.

74　David Tracy, "Kenosis, Sunyata, and Trinity," in *The Emptying God. A Buddhist-Jewish-Christian Conversation*, ed. John B. Cobb, Jr. and Christopher Ives (NY: Orbis Books, 1990), 153.

참고문헌

김기석. "과학과 종교의 대화: 빅뱅 우주론과 창조신앙." 「조직신학 논총」 10집 (2004), 113-136.

김도식. 『현대 영미 인식론의 흐름』. 서울: 건국대학교출판부, 2006.

김현태. 『철학과 신의 존재』. 서울: 철학과현실사, 2003.

도킨스, 리처드 외/존 브록만 엮음/김명주 옮김. 『왜 종교는 과학이 되려 하는가: 창조론이 과학이 될 수 없는 16가지 이유』. 서울: 바다출판사, 2017.

맥그래스, 앨리스터/황의무 옮김. 『과학 신학 탐구: 신앙의 관점에서 본 과학과 신학의 관계』. 서울: CLC, 2010.

바버, 이안/이철우 옮김. 『과학이 종교를 만날 때』. 서울: 김영사, 2002.

스태나드, 러셀/임보라 옮김. 『과학, 신 앞에 서다: 진화에서 외계인까지』. 서울: 성바오로, 2014.

윤철호·김효석 책임편집. 『신학과 과학의 만남: 기포드 강연을 중심으로』. 서울: 새물결플러스, 2021.

이관표. "리처드 스윈번, 러셀 스태나드." 윤철호·김효석 책임편집. 『신학과 과학의 만남: 기포드 강연을 중심으로』, 170-186. 서울: 새물결플러스, 2021.

_____. "토마스 렌취의 부정초월과 철학적 신학의 과제." 「신학논단」 71집』(2013), 239-273.

_____. "현대에 신에 대해 말하기: 하이데거의 '마지막 신'과 비트겐슈타인의 '말할 수 없는 것'." 「신학논단」 76집(2014), 255-292.

이관표·김소연. "현대의학의 영생 기술과 그 신학적 성찰 - 텔로미어와 유전자 가위를 중심으로." 「신학사상」 178집(2017), 279-309.

판넨베르크, 볼프하르트/데드 피터스 엮음/박일준 옮김. 『자연신학』. 서울: 한국신학연구소, 2000.

피터스, 테드 엮음/김흡영·배국원·윤원철·윤철호·신재식·김윤성 옮김. 『과학과 종교: 새로운 공명』. 서울: 동연, 2010.

하이데거, 마르틴/신상희 옮김. 『이정표 I 』. 서울: 한길사, 2005.

Hegel. G. W. F./Hrsg, von Eva Moldenhauer und Karl Markus Michael, *Bd. 16:*

Vorlesungen über die Philosophie der Religion I. Frankfurt(M): Suhrkamp Verlag, 1986.

Jäger, Alfred. *Gott. Nochmals Martin Heidegger.* Tübingen: J. C. B. Mohr (Paul Siebeck), 1978.

Moltmann, Jürgen. *Der gekreuzigte Gott. Das Kreuz Christi als Grund und Kritik christlicher Theologie.* München: Chr. Kaiser, 1972.

Stannard, Russell. *The Divine Imprint: Finding God in the Human Mind.* London: SPCK. 2017.

_____. *The God Experiment: Can Science Prove the Existence of God?.* Santa Monica: Hidden Spring, 2000.

Swinburne, Richard. *Is There a God?.* Oxford: Oxford University, 2010.

_____. *Mind, Brain, and Free Will.* Oxford: Oxford University Press, 2013.

_____. *The Evolution of the Soul.* Rev. ed. Oxford: Clarendon Press. 1997.

_____. *The Existence of God.* Rev. ed. Oxford: Oxford University Press, 1991.

Tracy, David. "Kenosis, Sunyata, and Trinity." In *The Emptying God: A Buddhist-Jewish-Christian Conversation*, edited by John B. Cobb, Jr. and Christopher Ives, 135-154. Maryknoll, NY: Orbis Books, 1990.

복음이
과학과 만날 때

- 영미 복음주의적 관점에서 '진화'는
  단지 배제의 대상이었는가*

이상은

* 이 논문은 2019년 7월 1일부터 2022년 6월 30일까지 대한민국 교육부와 한국연구재단의 지원을 받아 수행된 연구(NRF 2019S1A5A2A03034618)로서 다음과 같이 출판되었다. 이상은, "복음이 과학과 만날 때: 영미 복음주의적 관점에서 '진화'는 단지 배제의 대상이었는가", 「신학사상」 190집 (2020. 가을), 85-114.

I. 서론

21세기 들어 기독교 신앙과 과학의 대화는 여전히 가장 활발한 논의 중 하나의 주제를 형성하고 있다. 특히 '진화'라는 말은 오늘날도 여전히 뜨거운 논쟁을 불러일으키는 어휘로 자리매김한다.[1] 상대성이론을 비롯한 지난 세기의 많은 물리학적 관점이 과학과 종교 사이의 치열한 논쟁을 일으키지 않았던 역사에 비추어볼 때, '진화'라는 용어가 두 세기를 넘어 여전히 충돌을 일으키고 있다는 사실은 이 어휘가 기독교적 관점에서 여전히 쉽게 다룰 수 없는 세계관적 함의를 내포하고 있다는 것을 생각하게 해준다.[2]

그렇다면 기독교 신학적 관점에서 볼 때, 과연 '진화'라는 개념은 터부시되거나 이단시되어야 할까? 아니면 세계 전개의 기제를 설명해주는 기술적 용어로 받아들여질 수 있는 것일까? 이른바 '유신론적 진화'라는 어휘를 중심으로 오늘날 기독교 신학계에서 활발한 논의가 진행되고 있는 현실에도 불구하고, 기독교 신학계 일각에서는 이 어휘에 대한 거부감으로 인해 가까이 다가설 엄두조차 내지 못한다. 이런 관점에 직면하여 우리는 질문을 제기할 수 있다. 진화라는 개념은 여전히 신앙의 본질과 양심을 걸고 싸워야 할 개념인가? 아니면 보다 열린 대화를 가능하게 하는 개

---

[1] 진화생물학자 리처드 도킨스(R. Dawkins)와 맥그래스(A. McGrath)를 비롯한 과학 신학 주창자들의 논쟁 역시 '진화'에 대한 관점을 중심으로 전개되고 있다.

[2] 하스마의 오리진은 기독교 신앙이 진화를 수용할 수 있는지에 대해 다루면서 '유신론적 진화론'이 기독교 신학의 한 분야로 수용될 수 있음을 언급하고 있다. 데보라 하스마 외/한국기독과학자회 옮김,『오리진』(서울: IVP, 2011), 195. 극단적 다윈주의와 창조론자 모두가 틀렸다는 전제하에 작성된 커닝햄의 저술은 여전히 '진화'를 둘러싼 논의가 현재 진행형의 담론을 형성하고 있다는 사실을 보여준다. C. 커닝햄/배성민 옮김,『다윈의 경건한 생각, 다윈은 정말 신을 죽였는가?』(서울: 새물결플러스, 2010).

넘인가? 한 가지 참고할 만한 사실은, 이런 논쟁이 우리보다 앞서 창조과학 논쟁을 거쳤던 구미 신학계에서 심도 있게 다루어진 사안이었다는 점이다. 따라서 이 논의를 살펴보는 것은 우리에게 중요한 관점을 제공해줄 것이다.

아래에서는 '진화'를 중심으로 기독교와 과학의 주제를 다룬 데이비드 리빙스턴(David N. Livingstone)의 관점에 따라 이 주제에 대해 재조명해 보고자 한다.[3] 지리학자로서 리빙스턴은 기독교와 과학 간의 치열한 충

---

[3]   2014년 『다윈의 수용』(*Dealing with Darwin*)이라는 제목으로 기포드(Gifford) 강연을 수행했던 리빙스턴(D. N. Livingstone)은 아일랜드 벨파스트의 퀸스 대학(Queen's College)의 지리학자로서 영국과 구미 여러 지역에서 활발한 활동을 전개하고 있다. 본문의 제목과 관련해서 언급할 사항은 제목에서 언급하는 '복음주의'(evangelicalism)라는 단어를 리빙스턴은 주로 19세기 미국 장로교 전통의 신학자들을 지칭하는 데 사용하고 있다는 점이다. David N. Livingstone, *Darwin's Forgotten Defenders* (Grand Rapids: Eerdmanns 1987), iv-xii. 또한 그는 이 책의 부제를 "복음주의 신학과 진화론적 사고 사이의 만남"(*The Encounter Between Evangelical Theology and Evoltutionary Thought*)이라고 붙이고 있다. 한편 리빙스턴이 관찰하고 있는 벤저민 워필드를 비롯한 많은 이들이 나이아가라 포럼을 주도했던 미국의 근본주의(Fundamentalism) 운동과 겹치고 있다는 점에서 이들을 근본주의 신학자로 지칭할 수도 있다. 그러나 리빙스턴은 이들을 굳이 '근본주의'라는 이름으로 재분류하지 않는다. 전체적으로 리빙스턴이 지칭하고 있는 영미 복음주의의 신학적 경향은 주로 대각성부흥운동 및 영국의 부흥운동의 영향하에 형성된 신학적 경향을 지칭하는 것임이 분명하다. 참고로 근본주의 신학자들의 학문적 경향에 대해서는 다음 연구를 참조하라. 제해종, "성경 영감에 대한 자유주의와 근본주의 비교 연구 및 그 대안을 위한 제안", 「신학사상」 189집(2020. 여름), 한국신학연구소, 195-228. 참고로 일반적인 의미에서 '복음주의'라는 말은 루터에 의해 이신칭의의 복음적 교리를 받아들이는 프로테스탄트의 입장을 가리키는 말로 사용되었고, 19세기 영미 부흥운동 및 대각성부흥운동을 통해 오늘날 사용되는 의미와 유사한 개념으로 받아들여지게 되었으며, 20세기 초 근본주의적 경향의 문제를 경험하고 난 후 개창된 신복음주의의 흐름 속에 오늘로 이어지고 있다. 그러나 복음주의라는 말이 여전히 근본주의로부터 신복음주의까지 이르는 넓은 스펙트럼으로 사용되고 있는 것은 분명하다. 복음주의의 역사적 측면에 대해서는 다음을 참조하라. 알리스터 맥그래스/정성욱 옮김, 『복음주의와 기독교의 미래』(서울: IVP, 2018), 20. 한편 영국의 사학자 베빙턴(David Bebbington)은 복음주의의 네 가지 특색으로 회심주의, 성서주의, 행동주의, 십자가주의를 언급한다. David William Bebbington, *Evangelism in Modern Britain: a History from the 1730s to the*

돌을 일으켰던 이 주제가 사실은 기독교 신학의 본질적 부분을 다루는 핵심 개념이 아니며, 단지 각 수용자가 놓여 있는 지리적·철학적 배경에 따라 다른 수용사를 보였을 뿐이라는 사실을 부각한다. 그는 특히 '복음주의'(Evangelicalism)라는 명칭하에 유럽과 미국의 장로교 전통을 포괄하여 이 주제를 다룬다. 그의 관점과 더불어 이 주제를 다룰 때 염두에 두어야 할 것은 '진화' 개념 자체에 대한 분석과 논쟁, 혹은 과학적 함의에 대한 설명이 아니다. 오히려 진화라는 이 개념을 둘러싼 논쟁들을 입체적으로 분석한 예를 관찰함으로써 우리 사회에서 수행할 과학과 기독교 신학 간 논의의 확대를 추구하는 것을 목표로 해야 한다. 여기서는 이른바 '복음주의'의 관점과 철저한 성서 중심주의를 표방했던 구(舊) 프린스턴의 학자들이 진화에 대해 폭넓은 관점을 가지고 있다는 점을 살펴봄으로써 이 해묵은 주제를 중심으로 더 이상 소모적인 논쟁을 전개하기보다 논의를 진일보시키기 위한 발걸음이 필요하다는 점을 제시하고자 한다.

II. '진화'와 마주 선 영미 복음주의

1. '진화' 앞에 선 19세기 복음주의 신학

1987년에 출판한 『다윈의 잊힌 옹호자들』(*Darwin's Forgotten Defenders*)에서 리빙스턴은 20세기 후반 당시 미국 신학계를 흔들었던 창조과학과 진화론 사이의 논쟁에 대한 조명을 다음과 같은 말과 함께 시작한다. "진화-

---

1830s (London: Unwin Hyman, 1989).

공포라는 새로운 물결이 영국과 미국에 스며들고 있다."[4] 리빙스턴은 과연 이런 현상이 본질적 질문을 불러일으키느냐는 문제의식을 제기한다. 1980년대에 미국의 이른바 '창조과학'이 제기한 관점에 대해 리빙스턴은 우선 과학적 '창조주의'와 정통주의가 과연 동일시될 수 있는 개념인가를 질문한다. 이 문제를 다루기 위해 리빙스턴은 19세기의 복음주의가 이 개념을 처음 만났을 때 경험한 역사에 대해 살펴본다. 과연 진화론이 처음 등장했을 때, 영국 혹은 미국의 학계 역시 오늘날과 같은 관점, 즉 '복음주의자들은 곧 반진화주의자들'이라는 반응으로 일관했던 것일까? 성서의 가치를 존중하는 모든 복음주의자가 진화론을 사탄의 입장과 동일시하며 배척했던 것일까?

이에 대해 리빙스턴은 19세기의 복음주의 진영은 오늘날의 관점에서 생각하는 것보다 훨씬 다양한 철학적·학문적 기반에 따른 풍부한 논의의 장을 구현하고 있었다는 점을 언급한다.[5] 그는 우선 크게 두 가지 관점하에 연구를 수행한다. 역사적 관점에서 수용사를 연구하는 통시적 (diachronic) 관점과 19세기 이후 미국과 유럽의 장로교회의 수용 양상을

---

4   David N. Livingstone, *Darwin's Forgotten Defenders: The Encounter Between Evangelical Theology and Evolutionary Thought* (Michigan: Eerdmanns, 1987), ix.

5   이런 시각은 비슷한 관점에서 창조과학 논쟁을 경험한 한국의 현실에서 재조명해야 할 필요가 있다. 한국의 현실 또한 리빙스턴이 제기한 질문과 대단히 유사한 상황을 연출했기 때문이다. 한국창조과학회의 창립 멤버로서 현재 밴쿠버 기독교 세계관 대학을 중심으로 활동하고 있는 양승훈의 증언을 토대로 생각해볼 때, 유독 한국 기독교계의 경우는 "복음주의=반진화론", "진화의 주장=반기독교"의 정서가 강한 것으로 보인다. 창조과학회에 대한 그의 경험에 대해서는 다음의 저술이 잘 소개하고 있다. 양승훈, 『프라이드를 탄 돈키호테』(서울: SFC, 2009). 그 이후 저술된 그의 저작들이 전반적으로 창조과학적 틀에서 크게 벗어나지 않고 있으며, 단지 오랜 지구론을 중심으로 다중격변론을 주장했다는 이유로 축출되었다는 사실을 고려한다면, 이런 관점에서 이루어지는 논의의 범위와 폭은 상당히 좁다고 볼 수밖에 없다.

다양한 층위에 기반을 두고 집중 관찰하는 공시적(synchronic) 접근이다. 한편으로 그는 과학적 논의의 수용에 어떤 '전 이해'가 작용하고 있다는 점을 염두에 둔다. 다른 학문의 개념들과 마찬가지로 과학적 진리 역시 절대적 조건 아래에서, 절대적 기반 위에서 초월적 계시와 같이 전파되고 수용되는 것이 아니다.[6] 수용자들이 가지고 있는 학문적 전 이해와 다양한 수용조건에 따라 수용 양상이 달라진다. 지리학자로서 리빙스턴이 우선적으로 염두에 두는 것은 학문적 수용에 영향을 끼치는 '지리적 조건'의 중요성이다.[7] 이에 대해서는 후에 다시 살펴보기로 하고, 그가 수행한 공시적 관점에서의 접근을 먼저 살펴보는 것이 좋겠다.

리빙스턴은 우선 19세기 초 역사적 관점의 흐름에 따라 통시적 수용 자세의 차이를 고찰한다. 특히 19세기 이후 영국과 미국, 그리고 아일랜드 장로교에서의 진화론 수용에 대한 양상을 집중 관찰하면서 역사적·사회적 조건에 따라 진화론의 수용사 역시 다양한 변화를 겪어나간다는 것을 주목한다. 1987년 출판된 『다윈의 잊힌 옹호자』에서 리빙스턴의 이런 관찰은 다섯 단계로 수행된다. 우선 첫 번째로 토머스 차머스(Thomas Chalmers)와 휴이 밀러(Hugh Miller)를 비롯한 빅토리아 시대의 영국 과학자들, 그리고 에드워드 히치콕(Edward Hitchcock)을 위시한 19세기 초반 시대의 미국 과학자들에 관한 연구가 수행된다. 시기상으로 볼 때 이들은

---

6   David N. Livingstone, *Dealing with Darwin: Place, Politics, and Rhetoric in Religious Engagements with Evolution* (Baltimore: Johns Hopkins University Press, 2014).

7   Ibid., 1. 그는 에드워드 사이드의 용어를 빌려 학문적 설명 역시 '여행 이론'(Travel Theory)의 기반 위에서 전개가 된다는 관점하에 논의를 전개한다. 이는 학문적 진리 역시 이동하는 가운데 장소에 따라 변용된다는 관점을 반영한다. 다음 저술도 참조하라. David N. Livingstone, *Putting Science in Its Place*, (Chicago: University of Chicago Press 2003), 1-5.

'다윈–이전'(Pre-Darwin) 시대의 신학자들로 지칭된다.[8] 이들의 학문 수용 양상에 대해 리빙스턴은 다음과 같이 요약한다. 첫째, 19세기 초반의 복음주의자들은 대단히 열정적으로 과학적 발견에 임했다. 둘째, 일반적인 사유 패턴의 견지에서 볼 때, 이 복음주의자들은 자연신학의 인용 방식의 틀 안에서 과학적 작업을 수행하고 있었다. 셋째, 지리학적 차원에서 볼 때, 어떤 단일한 복음주의적 합의도 도출되기 어렵다.[9] 다양한 수용 양상의 층위가 존재하고 있었으며, 어떤 하나의 층위로 환원시켜 설명하기 힘든 모습을 보이고 있었다. 넷째, 복음주의 권역 내에서 지구의 연대에 대한 다양한 의견이 존재했으며, 상당히 진보적인 견해 또한 존재했다.[10]

  19세기 초반의 이런 양상을 거쳐 그는 다윈의 '자연선택설'이 나온 이후의 관점에 대해 분석한다. 이 시기에 소개된 다윈의 관점은 과학계에서 큰 도전을 초래했을 뿐 아니라, 특히 종교계에서도 갈등을 일으킬 수 있는 요소로 작용했다.[11] 그러나 다윈의 이론 자체가 일으킨 것보다 더 큰 도전은 그에 이어지는 해석의 역사가 초래한 논쟁들에서 발견되었다. 예컨대 다윈 이후 북미 학계에서 발생한 다윈주의에 대한 생물학 분야에서의 논쟁, 사회학적 관점에서의 '사회적 다윈주의'(social Darwinism)의 논쟁,

---

8   Livingstone, *Dealing with Darwin*, 137–138. 나폴레옹 시대 영국과 프랑스의 해전을 다룬 영화 "매스터 오브 커맨더"(Master of Commander, 2003)에 등장하는, 다윈을 연상케 하는 인물인 영국 해군 군의관 스티브 마투린의 배역을 통해 이 시대 과학적 지성인들의 탐구열에 대해 살펴볼 수 있다.

9   1987년 출판한 저술에서 그는 예컨대 칼뱅주의라는 교파적 성향 하나만 보더라도 지역적으로 다양한 층위가 존재했으며, 따라서 다윈주의에 대한 일관된 수용 양식을 도출할 수 있는 것이 아니라는 견해를 서술한다. Livingstone, *Darwin's Forgotten Defenders*, 27. 이런 관점에 따라 그는 『다윈의 수용』(*Dealing with Darwin*)에서 다양한 칼뱅주의 전통에 따른 다윈주의 수용 양상의 차이를 집중적으로 분석한다.

10   Livingstone, *Darwin's Forgotten Defenders*, 27.

11   Ibid., 28.

신-라마르크주의(Neo-Lamarkianism)에 입각한 절충적 입장 등이다.[12] 특히 신-라마르크주의는 다윈적 진화론과 '복음주의적' 신앙의 절충적 조화를 추구했던 사상이며, 진화 전개의 메커니즘에서는 다윈주의의 자연선택설 관점을 취하고 큰 그림에서는 설계와 종의 구별된 분화를 인정하는 절충적 입장을 표방한 것으로서 루이 아가시(L. Agassiz)나 아사 그레이(A. Gray)와 같은 신앙을 가진 과학자들이 선호한 모델이었다.

잘 알려진 것처럼 아가시는 지층 연구로 명망이 높은 퀴비에(Cuvier)와 같이 화석 연구 분야에 많은 업적을 남긴 고생물학자였다. 퀴비에와 유사하게 아가시는 고대와 근대의 생물종이 '신적 이념의 지속적 표상'이라고 생각했다. 독일에서 수학한 그는 학문적 측면에서 관념론적 철학의 정신을 종교적 내용과 연결해 설명할 수 있다고 보았다.[13] 절대적 존재는 모든 자연 안에 현존하며, 자연의 역사는 창조주에 의해 그들에게 새겨진, 각자의 생명이 패턴을 형성하며 이루어진 질서라는 의견을 제시하기도 했다. 이런 측면에서 그는 유신론적이면서도 낭만주의적 관념주의가 혼합된 형태의 전통 속에 있었다고 볼 수 있다.[14] 다시 말해 그는 셸링이나 헤겔의 낭만주의적 관념론의 관점에 입각하여 초월적 관점에 따른 과학적 대화를 수행해나갔다고 할 수 있다.[15] 그는 새로 흥기한 과학적 입장과 종교적 입장을 결부시키는 관점을 가지고 있었다. 스위스의 빙하기에 관한 연구를 수행하면서 아가시는 빙하기가 격변을 일으키는 신의 능력의

---

12   Ibid., 96.
13   이런 그의 초기 학문적 경향은 아가시가 하이델베르크에서 받은 교육의 영향 때문으로 파악된다. 스위스 태생으로 독일에서 교육받은 고생물학자 아가시는 1848년 하버드의 교수로 부임한다. 그는 이후 미국 고생물학계의 발전에 많은 영향을 끼쳤다.
14   Livingstone, *Darwin's Forgotten Defenders*, 58-59.
15   리빙스턴에 의하면, 그는 오늘날 창조과학의 선구자로 이야기되기도 한다. Ibid., 59.

특별한 표현을 담고 있는 증거라고 파악했다. 한편으로 그는 생물의 종들이 고정된 형태로 만들어진 것이라는 관점에 대한 믿음을 가지고 있었으며, 인간의 다양한 인종은 하나님에 의해 지리학적 위치에 적합하게 창조된 특성이 있다고 믿었다.[16] 또한 그는 오랜 지구론을 주목하면서 창세기 앞부분의 장들이 그에 따라 해석되어야 한다는 견해를 피력하기도 했다. 결론적으로 그는 관념론과 경험론, 그리고 형이상학과 기독교 신앙을 결부시키는 학문적 길을 모색해나가게 된다.[17]

아가시가 보여준 이와 같은 모색은 19세기 지성사의 새로운 학문적 도전에 대한 지평의 복잡성을 반증한다. 리빙스턴은 실제로 이 당시 북미의 많은 복음주의 신학자들이 일정 부분 진화론과의 절충점을 찾아 나섰다는 점을 언급한다.[18] 그렇게 본다면 19세기 학문의 현장에서 다윈주의는 다양하고 복잡한 형이상학적·종교적·경험적·학문적·종합적 입장이 복합적 층위를 이루는 가운데 역동적으로 수용된 것이다. 이런 복잡성은 위에서 언급한 바와 같이 다양한 수용 양식을 산출하는 요소가 되었다. 물론 이 시기에 다윈주의는 종종 갈등과 충돌의 진원지가 되기도 했는데, 그 이유는 성서의 권위에 대한 도전 때문이라기보다는 설계(design)라는 요소에 대한 공격 때문이었다.[19] 리빙스턴의 관찰에 따르면, 이 문제에 대해서는 복음주의 권역 내에서 단일한 답이 도출되지도 않았고, 일부에서는 윌리엄 페일리의 설계 논증에 접점을 두는 가운데 해답을 추구하기도 했

---

16   한편 인간의 기원과 지리적 정착에 대해 19세기의 그가 가지고 있었던 시각은 노예제도의 옹호를 위해 사용될 여지가 있었다.

17   Ibid., 58. 리빙스턴에 따르면, 이런 관점은 중요한 장로교 신학자들뿐만 아니라 비슷한 시기에 감리교 전통에 서 있던 댈린저(H. Dallinger)에게도 적용된다. Ibid., 97.

18   Ibid., 97.

19   Livingstone, *Darwin's Forgotten Defenders*, 98.

으며, 다른 측면에서는 자연의 법칙(natural law)의 지배에 무게를 두는 방식으로 해결하려고 시도하기도 했다.[20]

네 번째 단계는 주로 프린스턴에서 다윈주의에 대한 갈등과 수용이 발현되는 시기를 중심으로 관찰된다. 즉 오늘날의 관점에서 볼 때 이른바 보수주의적 관점을 대표하는 구 프린스턴 학파의 대가 찰스 하지(Charles Hodge), 제임스 맥코시(James McCosh), 벤저민 워필드(Benjamin B. Warfield)와 같은 신학자들의 활동이 부각되는 시기다. 이 학자들은 보수주의적 관점을 관철시켰을 것이라는 선입견과 달리, 적극적인 형태로 다윈주의와의 대화를 수행해나갔다. 물론 한편으로는 다윈주의에 대한 거부도 공존했다. 그러나 동시에 무신론의 대명사로서의 다윈과 섭리의 설명 기제로서의 다윈주의를 구분하면서 생물학적 관점에서의 새로운 사조와 적극적으로 대화를 시도하는 경향도 나타난다.[21] 사실 다윈주의에 대한 적극적인 반박은 리빙스턴이 스웨덴 언어학자 알바 엘레고르트(Alvar Ellegård)를 인용하여 말하듯, 관념 철학과 성서적 정통주의를 직접적으로 종합하는 관점이 초기 논박자들에게 널리 퍼진 가운데 일어나는 현상이었으며, 다윈의 이론이 가지고 있는 함의에 대해 고민하던 이들은 이 이론에 새로운 가치를 부여하는 데 인색하지 않았다. 그러나 이런 관점은 이어지는 시대에 정서적 대립의 격화 속에서 약화되고 만다.

마지막 단계로 리빙스턴은 1930년대 이후의 시기를 살펴본다. 리빙스턴은 많은 논쟁과 더불어 도래한 다윈주의가 기독교 신학의 내부에서도 다양한 성찰과 진보된 관점을 가져올 가능성이 있었음에도, 1930년

---

20   Ibid., 99.
21   Ibid., 145.

대 종교계가 처한 사회적 갈등의 대상으로서 전락하고 말았다고 파악한다. 그는 이 시기의 특징을 형이상학적 '종합 이론'(synthetic theory)이 지배하는 시기로 정의한다.[22] 특히 미국 남부 지역의 복음주의자들은 형이상학적 관점과 과학적 전선의 연합을 형성하고, 이를 바탕으로 문화적 측면에서 세속 시민 사회에 영향을 끼치는 추세를 만들어내기 시작한다.[23] 한편으로 이 시기는 남북전쟁 이후 형성된 지역감정에 따라 '타협 불가'(No Compromise)의 정신이 전면에 형성되고, '진화의 이론에 반대하는 연합전선'이라는 이름하에 '종교와 과학 협회'(Religion and Science Association)가 설립된 시기이기도 하다. 그리고 이어지는 시기에는 반-진화론적 정서가 미국의 복음주의 정신을 지배하게 된다.

그러나 보수적 진영의 관점에서 본다면, 그때는 스코프스 재판(Scopes Trial, 1925)으로 인한 이미지 타격 때문에 1960년대에 이르기까지 특별한 부흥을 달성하지 못한 시기이기도 하다.[24] 한편 진화론을 받아들이고자 하는 진영 역시 예리한 대립 속에서 대화의 단절로 들어가게 되는데, 이는 사실 19세기 말 다윈의 불독으로 불렸던 토마스 헉슬리(Thomas H. Huxley)와 같은 급진적 입장의 인물들이 초래한 것이기도 하다. 리빙스턴에 따르면, 이후 이어지는 갈등 양상은 과학과 기독교 신앙의 개념적 측면, 혹은 그 자체의 측면으로부터 제기되기보다 사회적·문화적 갈등으로 전개되

---

22   Ibid., 166.
23   Ibid.
24   리빙스턴에 따르면 보수 진영의 회복은 헨리 모리스(Henry Morris)와 존 위트콤(John Whitcomb)의 주도하에 창조과학협회(CRS)가 설립된 1963년대를 기점으로 이루어질 수 있었다. Livingstone, *Darwin's Forgotten Defenders*, 174. 이런 현상은 영국에서도 비슷하게 전개되어 1970년대 이후 글래스고에 영국 최대의 창조주의자 그룹인 성서창조협회(The Biblical Creation Society)가 성립되기도 했다.

는 것으로 나타난다. 또한 갈등과 투쟁의 층위 역시 종교적·성직적 논의로부터 중산층 전문인들 혹은 지식인들의 지적 차원의 논의로 이동하는 경향이 발생한다.[25] 리빙스턴은 이런 운동을 문화적·지적 차원에서의 헤게모니 쟁탈 문제에서 비롯되는 것으로 볼 수 있다고 정리한다. 결국 이런 상황에서 모든 논의는 창조론과 진화론 양자 중 하나를 택일하고 모든 관점을 이 프레임에 맞춰야 하는 '의사-과학'(Pseudo-Science)적 차원으로 경도되는 역사로 이어진다.

이런 갈등의 역사는 과학과 기독교 신앙의 대화라는 측면에서 결코 바람직한 그림이 아니다.[26] 이런 문제와 관련하여 리빙스턴은 '진화'에 대한 관점이 갈등과 함께 역동적 대화의 양상으로 나타났던 두 번째와 세 번째 단계에 대해 보다 세밀한 관점으로 지리적 양상에 따른 수용과 논쟁을 살펴보고자 시도한다. 이런 작업은 그가 수행한 기포드 강연 『다윈의 수용』을 통해 정리된다.[27]

---

25 Ibid., 185.
26 리빙스턴의 관찰에 따르면, 한편으로 기독교 신학 진영 내에서 이런 흐름과 더불어 창조론자들과의 논쟁을 이끌었던 흐름이 발생하기도 했다. 대표적으로 1954년 버나드 램 (Bernard Lamm)이 복음적 진화주의를 대변하면서, 미국과학협회가 1959년 '오늘날의 진화와 그리스도 사상'(Evolution and Christian Thought Today)의 창간과 함께 유신론적 진화론을 주장하는 가운데, 그리고 지질학적 입장에서 데이비스 영(Davis Young)이, 영국에서는 존 스토트(John Stott) 등이 진화론과 기독교 신앙의 화해를 추진하고 승인하는 관점을 제시하면서 복음주의 권역 내에서 활발한 대화의 추구가 벌어졌다. Ibid., 176. 아리스토텔레스 협회의 저널들이 과학은 어떻게(How)에, 성서는 왜(Why)에 대답을 주는 분과라고 교통 정리를 하면서 각자의 입지를 정립하는 수순으로 이어졌다. 이는 '진화'라는 이름에 대한 거부반응과 더불어 닫혀버린 과학과 기독교 신학의 대화에 대한 물꼬를 다시 열기 위한 반응 가운데 이루어진 것으로, 오늘까지 이어지고 있는 대화의 한 획을 그은 것이었다.
27 Livingstone, *Dealing with Darwin*, 1. 리빙스턴은 이 책의 서두에서 자신의 관점은 다윈을 판단하는 데 있는 것이 아니라 진화론적 질문에 헌신했던 복음주의 전통의 모습을 기술하는 데 있다고 밝힌다.

2. 지리적 차이는 학문적 수용의 조건으로 작용하는가?

2014년 작성된 『다윈의 수용』에서 리빙스턴은 지리학적 접근에 따른 다윈주의의 수용사 연구를 수행한다. 이와 연관해서 그는 장소적 '전이해'에 따른 과학이론의 수용 양상 차이를 관찰하는 것이 필요하다는 의견을 피력한다. 즉 어떤 이론이 새로운 장소로 옮겨갈 때, 원래의 초점과 다른 표상과 구조화라는 수용의 과정을 거친다는 것이다. 그에 따르면 이것은 과학이론의 접근이 절대적 진리에 대한 단일한 접근 방법에 따라 구성되는 것이 아니라 공간적 제약에 따라 이루어질 수밖에 없는 특성을 가진다는 점에 착안한 것이다.[28] 여기에는 과학적 관심사에 대한 정보 흐름의 불균형 혹은 지리적·문화적 차이에 따라 과학적 관심사의 변화가 발생한다는 사실도 고려되어야 한다. 물론 이런 사고에 대해 질문이 제기될 여지는 있다. 진리에 대한 관찰 방식 및 기술 방식에 차이가 난다고 해서 진리 그 자체의 가치 혹은 그에 대한 관점의 차이가 발생할까? 리빙스턴은 그렇다고 답한다. 즉 '과학'이라는 주제는 '지역교구적'(parochial), '우발적'(contingent) 흔적과 요소를 갖지 않는 초월적 실체로 생각될 수는 없다는 말이다.

다시 말해서 그는 과학은 장소에 따라 변이를 겪으며, 하늘에서 떨어진 개념이 아니라 과학자들이 과학을 만든다는 사실이 중시되어야 제대로 이해될 수 있다고 본다. 과학자들은 시간적·공간적 조건의 제약을 받을 수밖에 없으며, 그들의 과학적 관심 역시 관점의 제약 위에서 이루어질

---

28   Ibid., 3. 리빙스턴은 그의 저술 『과학을 그 장소에 두기』(*Putting Science in Its Place*)에서 도 비슷한 의견을 제시한다.

수밖에 없다.[29] 이런 측면에서 리빙스턴은 다윈주의의 수용 양상을 지리학적 관점으로 추적한다. 리빙스턴은 어떤 과학도 '장소적 의미'에 따른 수용에서 자유로울 수 없음을 강조한다. 그는 다윈주의의 수용 양상과 관련하여 특히 19세기 보수적 신학을 대변한다고 할 수 있는 장로교 신학의 수용 양상을 네 개의 주요 권역을 중심으로 고찰한다.

리빙스턴이 우선 살펴보는 지역은 캐나다의 토론토로서, 이 지역의 낙스 칼리지(Knox College)를 중심으로 하는 신학은 진보적 입장을 대변한다. 윌슨(D. Wilson), 월러스(A. R. Wallace)를 중심으로 진행된 캐나다 신학의 과감한 수용은 문서비평에 대한 개방적 자세와 함께 진보적인 신학적 사유의 면모를 보여준다.[30] 물론 한편으로 철저한 반-다윈주의를 지향했던 도슨(J. W. Dawson)과 같은 인물이 없었던 것은 아니지만, 토론토의 전반적인 분위기는 호의적이었다고 정리할 수 있다. 그렇다면 토론토의 이와 같은 시각은 어떤 세계관적 기반 위에서 가능했던 것일까? 리빙스턴은 토론토의 학문적 전통의 기반을 형성한 베이컨(Fr. Bacon)의 철학적 배경을 주목한다.[31] 경험론적 철학에 기반을 둔 베이컨적 관점에 따르면, 과학이란 데이터 연구를 다루는 분야일 뿐이며, 신학적 사유에 적대적이지만 않다면 얼마든지 그 실천적 유용성이 존중될 수 있는 분야다. 리빙스턴에 따르면, 낙스 칼리지의 연구자들은 이런 관점에서 스코틀랜드 자유교회의 지도자들 사이에서 이루어진 자료비평 연구들 혹은 문맥적 연구 방법론을 받아들이는 가운데 학문적 범위를 확장해나갔다. 이들은 점진적 계시, 문맥이 발전적으로 형성되는 편집비평적 접근, 종교적 제의의 발

---

29   Livingstone, *Dealing with Darwin*, 9.
30   Ibid., 202.
31   Ibid., 102, 106.

전, 영적 의식의 성장 등의 주제를 폭넓게 다루어나갔으며, 이런 과정에서 다윈의 주장이 얼마든지 신학적 관점과 대화에 기여할 수 있다는 시각을 전개했다.[32] 이와 함께 토론토의 신학자들이 가지고 있던 목적론적(teleological) 관점 역시 다윈주의에 대한 호의적 관점을 형성하는 데 도움을 주었다고 리빙스턴은 판단한다. 이는 진화를 통한 자연 전개라는 설명이 창조의 목적을 과정적 차원에서 수행해나간다는 목적론적 관점과 대화할 수 있다면, 초기의 유기체적 형태로부터 인류의 발생, 진화에 대한 설명 등과 함께 전개되는 일체의 설명이 신학적 대화에 흡수될 수 있다는 입장이었다.[33]

이와 유사한 관점을 보여주는 지역은 스코틀랜드의 수도 에딘버러(Edinburgh)다. 리빙스턴에 따르면, 에딘버러에서는 진화론과 교의학 사이에 풍요로운 대화가 이루어졌고, 자유교회의 지성들 사이에서 과학적 기획을 위한 지속적 대화가 수행되는 가운데 자연철학의 작업이 진행되었다. 이 작업은 토론토와 유사하게 점진적 계시의 기록으로서의 성서 이해, 진화론적 관념으로부터 통찰을 얻는 윤리적·정치적 작업, 이를 바탕으로 한 기독교적 사회주의의 작업 등이 진화론과 복음의 경계를 가로지르는 지적 작업의 수행을 추구하는 양상으로 나타났다.[34] 또한 벨파스트(Belfast)

---

32   이런 접근은 기포드 강연을 중심으로 종교와 과학 간의 대화를 적극적으로 수행해나가고 있는 오늘날의 연구 경향에서 찾아볼 수 있다.

33   창조와 진화에서 목적론적 관점의 적용은 20세기 학계에서는 화이트헤드, 베르그송 등의 설명을 통해 엿볼 수 있다. 이경호는 진화의 상향성이라는 관점을 중심으로 화이트헤드의 신학에 대해 검토했다. 이경호, "화이트헤드주의 진화신학 소고: 존 호트의 진화신학", 「신학사상」 188집(2020. 봄), 355-387.

34   이런 흐름에 예외가 되는 양상은 윌리엄 로버트슨 스미스(William Robertson Smith)에 대한 맹렬한 비판에서 찾아볼 수 있는 반진화론적 운동이었는데, 스미스의 경우는 고등비평 및 인류학적 작업을 통해 다윈보다 훨씬 급진적인 의미를 제시하는 경향이 있었다.

를 중심으로 하는 아일랜드 역시 이와 비슷한 양상을 보여준다. 예를 들어 아일랜드 장로교의 신학자 존 리바디(John R. Leebody) 혹은 알렉산더 맥칼리스터(Alexander Macalister) 등은 성서신학적 측면에서 다윈적·진화론적 관점에 따른 긍정적 주석이 가능하다는 견해를 피력했다. 이런 관점들은 대체로 아일랜드 장로교의 반–가톨릭 정서에 따라 과학의 긍정적 수용 추구가 이루어지면서 본격화되었다.

한편 이와 대조적 관점을 형성하는 곳은 컬럼비아 신학교를 중심으로 하는 미국 남부 지역이다.[35] 이 지역은 남부 지역 특유의 보수 기독교적 관점에 기반을 두고 강력한 성서적 정통주의의 기반을 형성한 지역이라고 할 수 있다. 이곳은 삶의 정직성에 대한 강조, 보수적 성서 독법, 노예 폐지론 반대 등의 정서와 함께 다윈주의에 대해서는 철저히 갈등과 거부가 일어난 지역이다.[36] 리빙스턴에 따르면, 특히 남부 지역의 반–다윈주의 경향은 미국 북부 지역의 급진적 민주주의, 노예 해방 운동, 근대 과학적 성향에 대한 저항과 더불어 제기되었다. 즉 북부의 문화적 흐름이 성서적 기반을 지닌 남부의 문화를 전복하려는 것으로 받아들여졌다는 것이다. 특히 성서주의적 입장에 대한 변증적 자세와 함께 남부 지역의 기독교인들은 당시 새로운 물결을 일으킨 다윈이나 헉슬리, 스펜서와 같은 이들의 문헌에 대해서는 깊이 탐독할 이유를 찾지 못했고, 진화론을 남부 지역의 문화적 기반을 침식하기 위해 다가온, 과학의 탈을 쓴 가증스러운 음모의 실체로서 여겼다.[37] 여기서 한편으로 리빙스턴의 독법이 학문적 확증

---

35   Livingstone, *Dealing with Darwin*.
36   Ibid., 117.
37   특히 이런 관점이 갈등의 양상으로 표출된 것은 컬럼비아 신학교의 학장이었던 우드로우(J. Woodrow, 1828–1907) 교수의 파면 사건에서 나타난다. 미국 대통령을 역임한 프

편향, 혹은 특정 분파에 대한 차별적 관점을 가지고 있는 것은 아닌지 질문해볼 여지가 있다. 그러나 이어지는 그의 관찰과 관점을 살펴볼 때, 우리는 그가 단순히 특정한 관심에 따라 분파주의적 매도를 시행하려는 것은 아님을 알게 된다.

'구 프린스턴 학파'에 대한 리빙스턴의 긍정적인 관점은 이런 맥락에서 발견할 수 있다. 표면적으로 볼 때, 이 학파 내에서도 일단 제임스 맥코시와 찰스 하지의 입장이 대조를 이루는 것처럼 보인다.[38] 맥코시는 진화론을 향해 개방적인 자세를, 하지는 보수적인 자세를 지향했는데, 결과적으로는 하지의 관점에 따라 프린스턴이 보수적 관점으로 전향하는 결과가 발생한 것처럼 보인다. 그러나 리빙스턴은 프린스턴을 미국 남부의 컬럼비아 신학교와 같이 비판적 관점으로 다루지 않고, 이 학파 안에서 매우 풍부한 역동성이 발견되고 있다는 점을 주목한다. 그리고 그는 거시적 관점에서 볼 때, 19세기 뉴저지의 신학이 역동적 대화의 장을 형성하는 데 성공했다는 관점을 제시한다. 이런 입장의 배경에는 토론토와 마찬가지로 뉴저지가 진화론을 수용해가는 데 있어 작용한 철학적 관점이 중요한 역할을 했다는 시각이 있다.

린스턴 대학교 총장 우드로우 윌슨 대통령의 삼촌이기도 한 제임스 우드로우는 초기에 진화론을 반박하던 중 성서에 진화론을 포용할 수 있는 요소가 있음을 발견하고 적극적인 대화의 시도를 추구하기 시작한다. 그는 아담이 이전에 존재했던 유기체의 진화와 연속성 속에서 출현한 존재라는 시각을 표출하면서 신학교 이사회와 충돌을 일으키게 되었고 결국 대학을 떠나게 되었다.

38 일반적으로 웨스트민스터 신학교의 변증신학적 계열의 학문적 흐름을 형성하고 있는 한국 장로교회의 관점에서는 맥코시에 대해서는 비판하고 하지에 대해서는 높게 평가하는 경향이 있다. 리빙스턴은 이 두 사람이 결과적으로는 같은 지반 위에 형성된 신학의 향방을 구사하고 있다고 판단한다.

3. '진화' 개념 수용의 근거로서의 철학적 기반

사실 지리학적·문화적 관점에서 진화 개념의 수용 양상에 대한 추적과 더불어 리빙스턴이 추구하는 목표 중 하나는 형이상학적 층위에서 구성된 '종합 이론'(synthetic theory)의 관점에 대해 질문을 제기하는 것이다. 다시 말해서 '진화'에 대한 반박이나 관점이 잘못 놓인 구체성의 오류 혹은 확증 편향에 따른 결과는 아닌지 반성을 시도하는 것이다. 실제로 그는 진화를 둘러싼 기독교와 다윈주의의 갈등이 과연 학문적 개념의 진리 여부에 관한 질문에서 비롯되었는가, 아니면 형이상학적 층위에서 제기되었는가를 끊임없이 질문하고 있다. 그의 관점에 따르면, 진화론 자체는 사실 과학적 설명 도구로서 상당한 기여점을 가지고 있다. 그런데 진화론과 관련한 갈등의 문제는 어디서 비롯되는 것일까?

위에서 살펴본 바와 같이 베이컨의 경험론적 철학에 기반을 두고 사실에 대한 지식 혹은 정보를 다루는 분야로서의 과학의 영역과 종교의 영역의 독자성을 각각 인정한다면, 새로 출현한 진화론적 관점과 얼마든지 대화를 수행할 수 있다고 보는 토론토의 관점은 긍정적 가능성을 내비치고 있다. 구 프린스턴 학파 안에서 상당히 적극적인 대화 수행의 가능성을 찾아낼 수 있는 근거 역시 이들이 주목한 섭리론적·목적론적 관점에서 발견할 수 있다. 리빙스턴은 프린스턴을 중심으로 이루어진 진화에 대한 논의를 크게 두 가지 관점에서 설명할 수 있다고 본다. 첫째, 진화를 하나의 실체적 개념으로 접근할 것인가, 아니면 사실을 설명하는 과학이론의 하나로서 볼 것인가에 대한 관점이다.[39] 둘째, 구 프린스턴을 지배하고 있던

---

39   Livingstone, *Dealing with Darwin*, 160.

스코틀랜드 상식 실재론이 진화론을 받아들이는 데 어떤 도움을 주었는 가 하는 관점이다.

우선 첫 번째 관점에 대해 리빙스턴은 프린스턴이 다윈주의를 실체 적 접근, 즉 확정된 진리를 담고 있는 하나의 체계로 다루지 않았다고 본 다. 대신에 그는 프린스턴이 하나님의 진리를 설명하는 하나의 도구, 즉 진리에 대한 설명 기제로서의 도구 역할에 주목했다고 본다. 한마디로 프 린스턴의 관심은 '다윈'에 있었던 것이 아니라 '다윈주의'적 설명 방식에 있었다는 것이다. 이런 관점은 프린스턴의 보수적 관점을 대표했던 하지 와 워필드의 관점에도 반영되어 있다. 두 사람은 각각 다윈주의에 대한 관 점을 다룬 연구서인 『다윈주의란 무엇인가?』(What is Darwinism?)와 "창조 에 대한 칼뱅의 교의"(Calvin's Doctrine of Creation)를 비롯한 연구논문들을 저술했다.[40] 이 저술들에서 두 사람은 모두 다윈주의를 단순히 무신론이라 고 일방적으로 비판하거나, 칼뱅의 교의학 체계 안에 다윈주의적 설명이 들어설 가능성이 없다고 배제하는 관점을 제시하지 않았다.

그렇다면 프린스턴은 어떻게 '진화'라는 개념을 열린 관점으로 다룰 수 있었던 것일까? 우선 첫 번째로, 프린스턴 신학이 가지고 있던 목적론

---

40   Charles Hodge, *What is Darwinism?* (New York: Scribner, Armstrong & Company, 1874). 그 밖에 워필드는 진화에 대한 긍정적 관점을 담고 있는 일련의 논문들을 저술하 기도 했다. 흥미로운 사실은 이런 저술들이 1920년대 근본주의 신학의 정신을 대변했던 「근본주의 총서」(Fundamentals)에 시리즈로 연재되었다는 점이다. 한편 재스펠은 워필 드가 초자연적 계시의 중요성을 강조하는 가운데 일체의 철학적 진화론을 거부했다는 견해를 피력했다. 프레드 재스펠/김찬영 옮김, 『한 권으로 읽는 워필드 신학』(서울: 부 흥과개혁사, 2014), 78-79. 이런 재스펠의 견해에도 불구하고, 워필드가 긍정적으로 언 급한 많은 진화론적 진술은 보수적 관점에서 볼 때 여전히 당혹스러운 주제로 받아들여 지고 있다. 이 주제에 대한 워필드의 진술들을 모아놓은 편집본으로는 다음을 참조하라. Benjamin Warfield, *Evolution, Scripture and Science: Selected Writings*, ed. Mark A. Noll and David N. Livingstone (Oregon: Wipf & Stock 2019).

적(teleological) 관점의 중요성을 언급할 수 있다. 창조와 섭리라는 목적론적 측면에서 관찰하는 시각에 따르면, 다윈주의는 섭리론적 측면하에 수용될 가능성을 얻는다. 이와 더불어 리빙스턴에 따르면 진화론 수용을 위한 분명한 철학적 기반은 근대 이후 인식론적 차원에서 스코틀랜드 철학을 지배한 상식 실재 학파(Common Sense School)의 영향에서 찾을 수 있다.[41] 프린스턴의 장로교 신학을 지배했던 학자들의 철학적 관점은 토머스 리드(Thomas Reid)가 주도한 상식 실재 학파의 기반 위에 이루어지고 있었다. 자신의 시대에 흄(D. Hume)이 주도한 회의주의를 극복하기 위해 자명한 경험적 진리를 토대로 삼아 지식의 체계를 세우고자 시도했던 리드는 상식(common sense)을 신이 부여한 보편적인 선물로 파악했다. 그리고 인간의 인식은 이런 상식의 기반 위에서 가능하다는 견해를 피력했다.[42] 앤서니 케니(A. Kenny)에 의하면, 이런 영향 가운데 매우 급진적인 철학과 과학의 양립 또한 가능해졌는데, 이런 영향은 스코틀랜드를 거쳐 미국 장로교로 흘러가게 된다. 이런 흐름에 대해서는 조지 마스든(G. Marsden) 역시 분석을 시도한 바 있다.[43] 마스든에 따르면 프린스턴은 다른 어느 곳보다 상식 실재론이 지배한 지역이다. 그는 특히 맥코시의 활동을 주의 깊게 관찰한다. 1868년 이후 약 20년간 프린스턴의 학장으로 재직했던 맥코시는 스코틀랜드의 상식 실재론을 미국에 도입한 가장 중요한 철학자이자 신학자로 평가된다. 또한 그는 학문적 관점에서 설계 논증을 주장한 윌리엄 페일리의 지지자였다. 페일리의 설계 논증에 창조의 유기체적 개념을 더

41   Livingstone, *Dealing with Darwin*, 161.
42   앤서니 케니/김정호 옮김, 『근대철학』(서울: 서광사, 2014), 148.
43   George M. Marsden, *Fundamentalism and American Culture* (New York: Oxford University Press, 1980), 16-17.

해 발전시킨 인물이 바로 맥코시라고 할 수 있다. 다시 말해서 맥코시는 '전체 유기적 질서를 통합하는 이상적 계획'의 선구자였다.

미국에 도착했을 때, 맥코시는 다윈주의가 당시 젊은 과학도들에게 큰 영향을 미치고 있는 현상을 목격한다. 상식 실재론의 철학적 기반 위에서 맥코시는 기독교와 진화론이 각각의 지반을 지키면서도 서로 화해할 수 있다고 생각했다. 과학과 성서는 서로 확고한 계시적 기반에 서 있으면서 자신의 입지를 가진다. "세계의 두 계시의 질서, 한 가지는 하나님에 의해 지정된 것이며, 다른 한 가지는 인간에 의해 발견된다." 물론 성서는 가장 높은 권위의 기반이자 모든 것을 충족하는 원천으로 자리매김한다.[44] 만일 합리적으로 받아들여질 수 있는 진리가 있다면, 이런 진리는 성서를 뒷받침해주는 예로 사용될 수 있으며, 그에 대한 예외는 존재하지 않는다.[45] 또한 상식적 인물이란 성서적 교리를 이미 기반에 둔 상태에서 자연의 명료함을 이해하는 사람들이라고 할 수 있다. 모든 진리는 신의 진리이고 성서를 통해 분명히 나타났기 때문에, 과학적 명료함은 성서의 진리를 뒷받침해줄 수 있는 시각을 제공한다. 이런 기반 위에 조셉 버틀러나 페일리의 이론들이 기독교 진리의 기반을 뒷받침해주는 것으로 인용될 수 있다.[46]

이렇게 본다면 기독교 신학이 다윈의 주장을 어려움 없이 받아들일 수 있다고 맥코시는 생각했다. 다시 말해서 진화를 '하나님의 과정'으로

---

44 리빙스턴에 따르면, 맥코시는 다윈주의가 내포하고 있는 사회적 진화론과 같은 윤리적 함의에 대해서는 반대한다.

45 Marsden, *Fundamentalism and American Culture*, 17.

46 버틀러의 대표적 저술로는 *Analogy of Religion, Natural and Revealed, to the Constitution and Course of Nature*(1763)를 들 수 있다. 윌리엄 페일리의 잘 알려진 저술은 *Natural Theology*(1802)다.

이해할 수 있다면 기독교가 받아들이지 못할 이유가 없다고 생각한 것이다. 성서 영감론의 대가인 워필드 역시 이런 관점을 공유했다. 당시 그들이 주도한 '근본주의' 신학적 운동에서 워필드가 누구보다 분명한 보수적 정파의 입장에 서 있었음을 고려한다면, 이런 자세에 놀라움을 느끼게 되기도 한다. 그는 분명한 성서무오설의 입장에 서서 보수적 신학의 기반을 다지는 데 일조했다. 그러나 다윈주의에 대한 입장에서는 상당히 개방적인 자세를 보여주었다. 사실 맥코시가 프린스턴에 도착하기 전에 워필드는 스스로 다윈의 『종의 기원』을 연구했으며, 그 가치에 대해 평가하기도 했다.[47] 물론 워필드는 다윈이 진화의 메커니즘을 강조하는 가운데 영적 측면에서 지장을 주는 효과를 가져왔다고 결론을 내리며, 자연선택의 메커니즘을 절대시하게 되면 문제가 생긴다고 주장하면서 분노를 표하기도 한다. 그러나 그는 섭리라는 차원에서 진화론의 메커니즘을 활용할 수 있다면, 이는 충분히 수용 가능하다고 생각한다. 따라서 워필드는 신적 설계를 위한 신학적 변증을 강조하고 세계의 섭리적 통치를 강조하는 범위 내에서 진화론적 관점을 조심스럽게 채택하려는 시도를 보여준다. 그는 예컨대 칼뱅의 창조론이 창조의 최초 행위에 국한되는 설명을 제시한다고 보면서 창조(Creation)와 '창조들'(creations)을 구분하는 시도를 보여준다. 여기서 그는 대문자로서의 창조에 대한 관점을 신적인 차원의 무로부터의 창조(*Creatio ex nihilo*)에 해당하는 부분을 설명하는 데 국한한다.[48] 그

---

[47] Livingstone, *Dealing with Darwin*, 78. 워필드는 '찰스 다윈의 종교적 삶'(Charles Darwin's Religious Life, 1911)이라는 저술을 남기기도 했다. A Sketch in Spiritual Biography라는 부제가 붙은 이 기고문은 다윈의 아들이 쓴 세 권으로 된 저작 *Life and Letters of Charles Darwin*에 대한 리뷰였다.

[48] Benjamin B. Warfield, "Calvin's Doctrine of the Creation," *The Princeton Theological Review* 13 (1915), 207. 한편 구 프린스턴 학파의 교의학적·창조론적 접근은 현대의 성

에 비해 섭리론적 차원에서 이해되는 '창조들'에서는 진화론적 메커니즘이 도입되더라도 큰 문제가 발생하지 않는다고 본다.[49] 이런 창조들에서는 '창조의 내적 힘에서의 상호작용의 수단들'이라는 말이 적용될 수도 있다. 더 나아가서 워필드는 6일의 시간을 6기간(period)으로 이해하는 관점을 취한다. 칼뱅이 6일의 창조를 문자적 의미로 받아들였던 데 반해, 워필드는 모세의 의도가 인간의 이해에 맞추기 위해 스스로 그들에게 적응(accommodate)한 측면을 보여주었다고 파악한다.[50] 사실 이런 '날-시대론'은 이미 아가시에 의해 도입된 이론이기도 하다.

한편 상식 실재론적 관점이 프린스턴에 수용되는 과정에서도 관점의 차이가 분명히 노정된다. 이런 관점의 차이는 위에서 언급한 바와 같이 다원주의가 결국 무신론으로 귀결될 뿐이라고 생각한 찰스 하지에 의해 드러난다. 다원주의에 대한 하지의 반박은 상당히 철저한 어조 속에서 이루어졌고, 특히 진화, 자연선택, 비목적론적 설명 양태와 같은 요소에 대해 논쟁을 제기하는 가운데 이루어졌다. 그중 하지가 가장 심각하게 여긴 것은 바로 세 번째 부분이었다. 왜냐하면 비목적론적 설명 양태는 곧 설계란 개념을 부정하는 것을 의미하기 때문이다.[51] 같은 상식 실재론적 기반 위에서 왜 하지는 다른 결론을 내렸던 것일까? 한편으로는 프린스턴의 재직시기상 하지가 세 인물 중 가장 먼저 활동했기 때문에 하지의 보수적 관점

서신학적 입장의 창조신학에 대한 접근과는 차이를 보인다. 예컨대 다음 연구를 참조하라. 박호용, "김찬국의 창조 신학—샬롬의 신학을 향하여", 「신학사상」 186집(2019. 가을), 15-40.

49 워필드는 다만 인간의 영혼만큼은 다른 피조물의 진화 메커니즘과는 달리 무로부터의 창조와 함께 주어졌다는 견해를 고수한다.

50 Warfield, "Calvin's Doctrine of the Creation," 196.

51 하지는 결론적으로 다윈은 무신론자이며, 다원주의는 무신론일 수밖에 없다고 언급한다. Hodge, *What is Darwinism?*, 173.

을 맥코시와 워필드가 흩트려놓은 것처럼 보일지도 모른다. 그러나 단순히 그렇게만 단정 짓기는 힘들다. 하지 스스로가 여러 곳에서 유보적인 관점을 보여주었고, 후에 그의 사상을 계승한 아들 아치볼드 하지(Achibald A. Hodge)는 대단히 진일보한 유신론적 진화론의 개념을 제시했기 때문이다. 따라서 이런 사상적 흐름이 갑작스럽게 나온 것으로 보기는 힘들다.

이 점에 대해 리빙스턴은 사실 하지가 비판한 것은 다윈이라는 인물이었을 뿐, 진화론적 설명 도구로서의 다윈주의(Darwinism)는 아니었다고 파악한다. 또한 리빙스턴은 하지가 성서 해석학이 당시에 이미 입증된 과학적 발견의 지도하에 진행될 수 있다는 확신을 지니고 있었다고 설명한다.[52] 하지는 실제로 아가시의 '날-시대론'에 입각한 이론이 매우 설득력 있어 보인다고 이야기했다. 그는 다윈을 싫어하면서도 진화론적 개념 자체에 대해서는 흥미를 보였으며, 누군가 다윈주의자가 되지 않으면서 진화론자가 될 수 있을 것이라는 생각을 피력하기도 했다.[53] 이런 면에서 그는 유신론적 진화론과 일맥상통하는 의견을 가지고 있었다고 볼 수도 있다. 또한 그는 '설계'라는 개념과 결부되어 이해될 수 있다면 '다윈주의'를 긍정적으로 검토할 수 있다는 암시를 남기기도 했다. 즉 설계 없는 진화는 무신론이지만, 세계를 전개하는 원리로서 진화라는 개념에 설계(design)라는 개념을 적용할 수 있다면 받아들이지 못할 것도 없다는 식이다.[54] 말하자면 하지는 만일 섭리의 교리를 제대로 이해할 수 있다면, 진화에 대한 관점 역시 받아들일 수 있다는 견해를 피력했다고 할 수 있다. 즉 하나님께서 삶의 과정 안에서 이미 역사하신다는 관점을 취한다면 섭리

---

52   Livingstone, *Dealing with Darwin*, 193.
53   Hodge, *What is Darwinism?*, 50-52.
54   Ibid.

의 한 측면으로서 진화를 다룰 수 있다는 것이다. 이런 점에서 본다면, 결국 하지 역시 진화론을 단순히 무익한 이론으로 매도하지는 않았다고 할 수 있다. 하지가 비판한 것은 '설계'라는 요소와 신의 존재 없는 자연선택론에 입각한 세계 기제를 주장한 다윈주의였을 뿐, 진화론적 설명 기제를 완전히 매도한 것은 아닐 수 있다는 주장은 설득력이 있다.[55]

물론 하지는 결과적으로 다윈을 철저히 비성서적이라고 결론 내리면서 프린스턴 신학교를 장로교 구학파의 중심지로 보존하고자 헌신했으며, 그런 관점에서 맥코시와 워필드와는 다른 길을 보여준 것이 분명하다. 그러나 총체적 시각에서 볼 때, 맥코시, 하지, 워필드를 포함한 프린스턴 학파의 입장은 상식 실재론적 관점을 공유하는 하나의 관점으로 설명될 수 있다.[56] 리빙스턴은 이런 흐름에서 19세기 후반과 20세기 초반까지 프린스턴의 관점을 전체적으로 하나의 관점으로 볼 수 있다고 한다.[57] 다시 말해서 구 프린스턴의 관점은 신앙과 진화론의 관점을 연결하고, 신학과 진화 사이의 소통의 길을 추구한 것으로 볼 수 있다. 이런 기반 위에서 스코트(W. B. Scott), 오스번(H. F. Osborn)과 같은 이들이 계통 발생적

---

55   하지는 당대의 탁월한 과학자와 철학자의 이론뿐만 아니라 허버트 스펜서(Herbert Spencer)의 사회학에 대해 고찰하는 등, 해박한 지식을 통해 다윈을 비판하고 있지만, 한편으로는 비교적 냉철하고 객관적인 관점으로 다윈의 자연주의적 관점에 대해 평가한다. 이런 관점은 하지의 저술『조직신학』에도 반영되어 있다. 창조에 관한 설명에서 하지는 무로부터의 창조에 대해서는 분명한 입장을 나타내지만, 점진적 창조, 6일 창조에 대한 문자적 해석, 성운가설에 입각한 설명에 대해서는 보수적 관점을 취하면서도 신중한 입장을 보여준다. 찰스 하지/김귀탁 옮김,『조직신학 1』(서울: 크리스챤다이제스트, 2002), 685-687.

56   리빙스턴은 맥코시의 관점을 가리켜 '칼뱅화되는 진화론'(Calvinizing Evolution)이라고 이름 붙이기도 한다. Livingstone, *Dealing with Darwin*, 185.

57   Ibid., 195. 한편 하지는 다윈이 설계의 개념을 왜곡했다고 생각했으나, 맥코시는 다윈이 설계를 합리적으로 설명할 수 있는 관점을 제공했다고 본 점도 주목할 필요가 있다.

(orthogenetic) 개념 속에서 진화 이론을 다룰 수 있었고, 오스번의 경우에서와 같이 창조론과 진화론을 적절히 결합하여 신-라마르크적 관점에 따른 대답이 제시될 수도 있었다.[58] 위에서도 언급했듯이 안타까운 부분은 20세기 초까지 역동성을 가지고 전개되던 과학과 종교 사이의 대화 추구가 어느 순간 단절되어버렸다는 사실이다.

4. 단절 속의 연속의 추구 그리고 새로운 과제

위에서 언급한 바와 같이, 리빙스턴은 19세기부터 20세기 초반까지 이어지던 다윈주의에 대한 다양한 수용 양상이 미국을 중심으로 단절된 이유를 양 진영의 형이상학적 방향으로의 경도에서 찾고 있다. 이런 갈등이 첨예화된 스코프스 사건 이후 이른바 '복음주의'권의 진화에 대한 관점 역시 단절을 지향하게 된다. 진화론 역시 종교적·형이상학적 관점에서의 대화를 추구하기보다 극단적인 '진화주의'의 길을 걸어간 것이 사실이다. 리빙스턴은 한편으로 이런 대화의 단절이 반드시 불편한 결과로 이어지지는 않았다는 점에서 위안을 찾기도 한다. 실비아 바커(S. Barker)와 더불어 리빙스턴은 창조과학이 그 나름대로 문화적 함의들을 미국 사회에서 행사한 면이 있음을 인정할 필요가 있다고 말한다.[59] 또한 그는 이른바 '창

---

58 윌리엄 베리만 스코트는 장로교 목사의 아들로 출생하여 프린스턴과 하이델베르크에서 수학하고 프린스턴에서 고생물학을 가르치면서 미국 지질학회 회장을 역임한 학자였다. 헨리 페어필드 오스번(Henry Fairfield Osborn)은 프린스턴에서 수학하고 컬럼비아 대학 등에서 교수로 활동하고 미국 자연사박물관장을 역임했던 지질학자이자 고생물학자다. 오스번의 경우는 후에 위작으로 밝혀진 필트다운인의 화석을 중심으로 인간 진화 연구를 수행했으며, 우생학적 관점에 따라 앵글로 색슨족을 최상의 진화 단계에 있는 인종으로 보는 등 한계를 가지고 있었다.

59 Livingstone, *Darwin's Forgotten Defender*, 176.

조주의자'들의 운동이 근본주의적 세계관을 확립하기 위한 자기 정당화의 역할을 담당한 것도 존중해줄 필요가 있다는 견해를 피력한다. 다만 이런 관점의 추구가 기독교적 세계관의 고립을 초래함으로써 현대 지성사의 활발한 논의에 좀 더 기여할 수 있는 기회를 스스로 상실하게 되었다는 것은 아쉬운 점으로 평가할 수 있다.

한편 리빙스턴은 20세기 진화론의 진영 내에서 나름대로 형성되어 온 진화론적 윤리의 형성을 주목하며 기독교 입장에서 적극적으로 대화를 추구해야 할 필요가 있다고 주장한다.[60] 실제로 진화론 진영은 과학적 측면에서 건전한 윤리적 체계의 형성을 추구해왔다. 예컨대 생명 가치의 존중, 이타주의의 발견과 협력의 가치, 자기희생의 특질들을 설명하는 체계를 구사하기도 했다. 다른 한편으로는 환경 윤리적 측면에서 이론적 기여를 발견했으며, 생물-사회학적 견지에서 진화의 과정에 내적으로 얽혀 있는 목적(telos)을 언급하기도 했다. 리빙스턴에 따르면, 진화론 진영에서 인식된 윤리적 관점을 적극적으로 공유하고자 하는 시도는 이미 19세기 후반 『과학과 종교의 화해』(*Reconciliation of Science and Religion*)의 출판을 기획했던 알렉산더 윈첼(A. Winchell)에 의해 이루어졌다. 그는 당시에 이미 형성되어 있던 상호 간의 적대감을 명백히 인지하는 가운데, 기독교 신학을 과학적 기반 위에서 어떻게 추구해야 할 것인가를 다루는 작업을 시행했다.[61]

이미 19세기에 선구적으로 시도된 이런 관점은, 20세기에 유전학자 도브잔스키(Th. Dobzahnsky)나 철학자 마조리 그린(M. Grene)이 시도한 사

---

60   Ibid., 186.
61   Ibid., 188.

례에서 볼 수 있듯이, 과학 영역에서의 윤리적 기초 작업을 주목하는 가운데, 진화론이 제공해주는 통찰을 기독교 신학이나 기독교 윤리학 분야에서의 대화로 이어나가고자 하는 동력으로 작용하기도 했다. 그러나 이런 움직임이 보다 활발한 움직임으로 이어지지 못하고 20세기 말과 21세기 전반부에 들어서까지도 깊이 다루어지지 못하고 있는 점은 안타까운 현실이다. 결론적으로 리빙스턴은 과학적 설명 모델로서의 '진화'에 대한 관점에 열린 자세를 견지하는 가운데 기독교 신앙과 과학이 적극적 대화를 수행해나가는 것이 21세기에 대단히 중요한 과제가 될 것이라고 주장한다.

리빙스턴이 제안한 역사적 관점과 지리학적 관점에 따른 공시적·통시적 접근의 적용은 '진화'를 둘러싼 기독교와 과학의 대화 추구에 대해 이안 바버(I. Barbour)와는 다른 또 하나의 관점을 제공해준다. 방법론적으로 볼 때, 리빙스턴은 진화론의 수용이 하나의 층위나 하나의 관점에서 이루어졌다고 생각하지 않는 다면적 관점을 제안한다. 그는 하나의 주체가 어떤 특정 이론을 받아들이는 자세에 집중하기보다 다양한 주장이 만나는 가운데 불꽃이 일어나는, '플래쉬 포인트'(flash point)라고 부르는 지역적 초점을 중심으로 다양한 창발적 모습이 일어나는 양상에 주목하라고 촉구한다. 이런 그의 관점은 '진화' 자체의 개념에 대한 새로운 이해의 촉구에도 반영된다. 그에 따르면 진화는 단순히 하나의 개체가 환경적 변화에 적응하는 기제를 설명하거나 '자연선택'이라는 형이상학적 개념에 따라 설명할 수 있는 것이 아니다. 고생태학자 베네트(K. Bennett)의 주장에 따르면, 진화는 사실 비선형적일 뿐만 아니라 유전형(genotype)과 표현형(phenotype) 사이의 카오스적 역동성에 따라 이루어지는 창발성 속에 형성되어가는 패턴을 담고 있는 개념이다. 리빙스턴은 적어도 19세기 초 칼뱅주의에 입각했던 유럽과 미국의 장로교는 이런 창발성에 주목하는 관점을 갖추고 있었다고 생각한다. 그는 기독교와 과학이 이 시기 이후에 각자 형이상학화의 길을 걸으면서 상실한 이런 관점을 회복함으로써 둘 사이의 역동적 대화를 시도해야 함을 과제로서 제시하고 있다.

III. 결론

지금까지 아일랜드의 지리학자 리빙스턴의 관점을 참조하는 가운데 '진화'를 둘러싼 다윈주의의 수용 양상을 추적해보았다. 여기서 우리는 19세기 초 다윈의 이론이 학계에 폭풍을 일으켰을 때 기독교 신학계, 특히 장로교 신학계는 과학적 발전에 대한 호기심 어린 접근과 탐구, 새로운 발견에 대한 경이와 감탄 속에서 호의적으로 그 이론에 접근했음을 살펴볼 수 있었다. 영미 복음주의 권역에서 다윈주의에 대한 수용 양상은 하나의 단순한 형태 속에서 윤곽이 그려진 것이 아니라, 지역, 장소 및 사회문화적 여건에 따라 다양한 모습으로 나타났다. 또한 19세기 장로교 전통이 서있던 철학적 관점과 배경에 따라 차이를 드러내기도 했다. 리빙스턴의 관찰에 따르면, 베이컨의 경험론적 측면과 스코틀랜드 상식 실재학파의 학문적 기반에 서 있는 전통에서 다윈주의는 두려움의 대상이 아니라 수용과 대화의 대상이었다.

20세기 초반 이후 신학 및 과학계가 '갈등'의 양상으로 달려가게 된 것은 사실 형이상학적 전제와 기반에서 비롯된 것이며, 진화라는 주제에 대한 심도 있는 고찰과 반성 속에서 나타난 것이라고 보기 어렵다. 사실 오늘날 치열하게 서로의 진영에 대해 비판적 목소리를 높이고 있는 상황에서 이런 갈등은 과학적 개념 자체에 관한 진지한 탐구보다는 그들의 철학이 기반하는 토대주의적 사유 구조 패러다임의 지배를 받는 경우가 더 많다. 이런 기반으로부터 자유로워질 때, 지난 세기 '진화'에 대한 담론이 형성해온 인문학적 산출을 흡수하고 대화하며 신학이 한층 더 업그레이드될 수 있는 길을 찾을 수 있을 것이다. 한편 한국 사회에서 '진화'의 개념에 대한 논의가 20세기 초 이후 단절된 미국의 예를 따르면서 보다 역동적인 논의의 장으로 이어지지 못한 것은 참으로 안타까운 일이다. '진화'에 대한 한국 신학계와 과학계의 담론이 19세기의 유산을 좀 더 적극적으로 살펴보았더라면 조금은 다른 방향이 전개되었을지도 모른다는 아쉬움이 남는다.

물론 리빙스턴의 관점에 대해 여전히 질문이 남아 있다. 먼저 지리학자인 리빙스턴이 작업 수행 과정에서 진화를 비롯한 여러 개념을 이론적 차원에서 더 깊이 다루지 못한 것으로 보인다는 점은 아쉽다. 또한 리빙스턴이 기본적으로 유신론적 설계 논증의 기반 위에서 전체적인 논의를 이끌어가면서 맥코시와 워필드의 대변자 역할을 하는 것처럼 보인다는 점도 우리가 염두에 두어야 할 부분이다. 그뿐 아니라 그가 전반적으로 페일리의 설계 논증을 뒷받침하는 관점으로 논의를 전개하면서도 이런 관점에 대한 반성과 분석을 수행하려고 시도하지 않는다는 점 역시 고려되어야 한다. 다시 말해서 그의 분석은 전체적으로 공시적·통시적 차원에만 머무르며, 각각의 논증과 관점 자체에 대해 세밀한 분석을 다루지 않는 한계를 드러낸다. 그럼에도 진화의 개념을 둘러싸고 해묵은 갈등을 여전히 지속하고 있는 21세기의 상황에서 리빙스턴이 지난 세기 활발했던 논의의 현장을 반추함으로써 미래를 위해 과거에 대한 분석을 수행한 점은 이 분야의 논의를 위한 큰 기여라고 할 수 있겠다. 리빙스턴의 관점을 기반

삼아 기독교 신앙과 과학 사이의 적극적 논의의 장을 앞으로도 계속 형성해나가는 것이 차후의 과제일 것이다.

참고문헌

다윈, 찰스/장대익 옮김. 『종의 기원』. 서울: 사이언스북스, 2019.

마이어, 스티븐, C./이재신 옮김. 『다윈의 의문: 동물 생명의 폭발적 기원과 지적설계의 증거』. 서울: 겨울나무, 2015.

맥그래스, 알리스터/정성욱 옮김. 『복음주의와 기독교의 미래』. 서울: IVP, 2018.

박호용. "김찬국의 창조 신학─샬롬의 신학을 향하여." 「신학사상」 186집(2019. 가을), 15-40.

이경호. "화이트헤드주의 진화신학 소고: 존 호트의 진화신학." 「신학사상」 188집(2020. 봄), 355-387.

장대익·신재식·김윤성. 『종교전쟁: 종교에 미래는 있는가?』. 서울: 사이언스북스, 2009.

재스펠, 프레드/김찬영 옮김. 『한 권으로 읽는 워필드 신학』. 서울: 부흥과개혁사, 2014.

제해종. "성경 영감에 대한 자유주의와 근본주의 비교 연구 및 그 대안을 위한 제안." 「신학사상」 189집(2020. 여름), 195-228.

케니, 앤서니/김성호 옮김. 『근대철학』. 서울: 서광사, 2014.

하스마, 데보라·로렌 하스마/한국기독과학자회 옮김. 『오리진: 창조, 진화, 지적설계에 대한 기독교적 관점들』. 서울: IVP, 2011.

하지, 찰스/김귀탁 옮김. 『조직신학 1』. 서울: 크리스챤다이제스트, 2002.

Bebbington, David William. *Evangelism in Modern Britain: a History from the 1730s to the 1830s*. London: Unwin Hyman, 1989.

Hodge, Charles. *What is Darwinism?*. New York: Scribner, Armstrong & Company, 1874.

Livingstone, David N. "B. B. Warfield, The Theory of Evolution and Early Fundamentalism." *Evangelical Quarterly* 58 no. 1 (Jan. 1986) 69-83.

_____. *Darwin's Forgotten Defenders: The Encounter Between Evangelical Theology and Evolutionary Thought*. Grand Rapids: Wm. B. Erdmanns 1987.

_____. *Dealing with Darwin: Place, Politics and Rhetoric in Religious Engagements with*

Evolution. Baltimore: Johns Hopkins University, 2014.

_____. *Putting Science in Its Place: Geographies of Scientific Knowledge*. Chicago: University of Chicago Press, 2003.

Marsden, George M. *Fundamentalism and American Culture: The Shaping of Twentieth-Century Evangelicalism 1870-1925*. Oxford: Oxford University Press, 1980.

Warfield, Benjamin, B. "Calvin's Doctrine of the Creation." *The Princeton Theological Review* 13 (1915), 190-255.

_____. *Evolution, Scripture, and Science: Selected Writings*. Edited by Mark A. Noll and David N. Livingstone. Oregon: Wipf & Stock 2019.

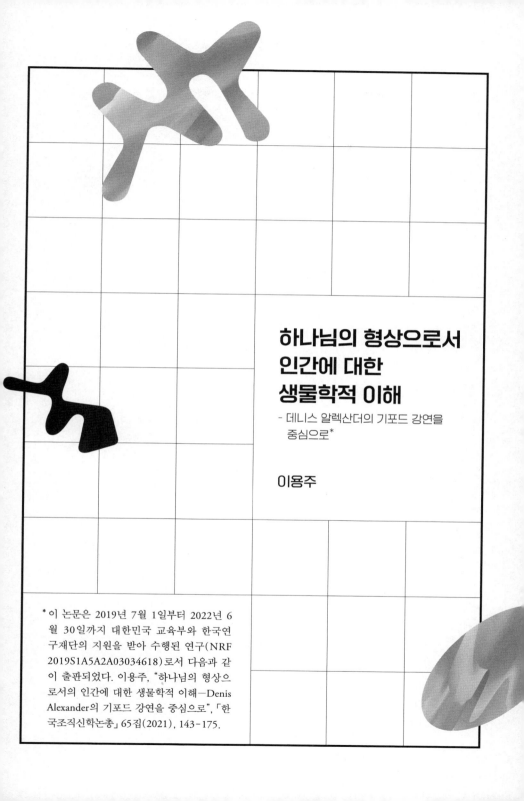

하나님의 형상으로서 인간에 대한 생물학적 이해

- 데니스 알렉산더의 기포드 강연을 중심으로*

이용주

* 이 논문은 2019년 7월 1일부터 2022년 6월 30일까지 대한민국 교육부와 한국연구재단의 지원을 받아 수행된 연구(NRF 2019S1A5A2A03034618)로서 다음과 같이 출판되었다. 이용주, "하나님의 형상으로서의 인간에 대한 생물학적 이해—Denis Alexander의 기포드 강연을 중심으로", 「한국조직신학논총」 65집(2021), 143-175.

I. 인간에 대한 생물학적 이해와 신학적 딜레마

인간이 '하나님의 형상'이라는 것은 신학적 인간론에서 결코 제거될 수 없는 인간에 대한 근본 규정이다.[1] 제사장 문서는 인간이 '하나님의 형상'이라는 존재 규정을 '땅의 지배'와 긴밀히 결합하고 있는데, 이는 창조자 및 다른 피조물과의 관계 속에서 하나님의 형상으로서 인간에게 부과된 독특성을 묘사하는 것이다. 전통적으로 교회와 신학에서는 플라톤적인 영혼-신체의 이원론적 분리에 기초하여 인간에게 부과된 영혼 혹은 이성적 속성이야말로 인간이 하나님의 형상이 되게 하는 특수한 자질이라고 오랫동안 이해해온 것이 사실이다.[2] 즉 인간은 신체적으로는 다른 피조물들과 유사한 특징을 공유하고 있지만, 인간에게 부여된 영적·이성적 자질이 인간으로 하여금 다른 생명체와는 달리 하나님과 더욱 긴밀한 관계를 형성하게 하며, 바로 이런 점에서 인간은 특별한 존엄성을 지닌다는 것이다.[3]

하지만 다윈의 진화론이 인간이 자연선택이라는 긴 진화 과정의 산물임을 밝혀낸 이후부터 인간의 고유한 가치와 존엄성에 관해 이야기하기는 쉽지 않은 일이 되어버렸다. 특히 20세기 중반 이후 발달한 진화생물학, 분자생물학, 유전학 등은 인간을 물리적으로 구성하는 분자 수준에서 이루어지는 기계적이고도 인과율적인 작용의 산물로서 설명하는데,

---

1   Wilfried Härle, *Dogmatik* (Berlin: De Gruyter, 2000), 434f.; Aaron Langenfeld and Magnus Lerch, *Theologische Anthropologie* (Paderborn: Verlag Ferdinand Schönigh, 2018), 152f.
2   예를 들어 아우구스티누스는 인간은 '이성적 영혼'(*anima rationale*)을 지닌다는 점에서 하나님의 형상을 따라 만들어졌다고 보았다. 아우렐리우스 아우구스티누스/성염 옮김, 『신국론』, 제11-18권 (왜관: 분도출판사, 2004), 1415. (= *De civitate Dei*, XIII, 24.2.)
3   Langenfeld and Lerch, *Theologische Anthropologie*, 151; Christoph Schwöbel, "Recovering Human Dignity," in *God and Human Dignity*, ed. R. Kendall Soulen and Linda Woodhead (Grand Rapids: Eerdmans, 2006), 51.

이에 따라 인간이 신이 부과한 고유성을 지닌다는 기독교 신앙의 오랜 가르침은 더 이상 정당화되기 어려운 것으로 여겨지곤 한다.

이와 같은 상황 속에서 인간에 대한 신학적 해명의 시도는 일종의 딜레마 상황에 빠져 있다고 해도 과언이 아니다. 하나님의 형상으로서 인간이 지니는 고유성을 강조하기 위해 여전히 영혼과 신체, 정신과 물질의 이원론에 기초한다면, 그와 같은 인간에 대한 진술은 과학적·합리적으로 참되다는 것을 보이기 어렵다. 또한 현대 생물학과의 대화를 통해 신학적 인간 이해를 심화시키는 일도 쉽지 않아 보이는데. 이는 자크 모노, 리처드 도킨스, 프랜시스 크릭 등 대중적으로 잘 알려진 생물학자들의 인간에 대한 논의들이 대단히 유물론적이고도 무신론적인 방향으로 경도되어 있기 때문이다.[4] 다시 말해 인간의 고유성을 계속 주장하기 위해 여전히 전통적 이원론에 의지하면 그 진술의 참됨을 주장하기 어렵고, 자연과학의 자연주의적이고도 일원론적인 해명들을 수용하자니 하나님의 형상으로서 인간의 고유성과 독특성을 드러내기가 쉽지 않은 상황에 놓이게 되는 것이다. 인간에 대한 현대 생물학의 설명을 부정하지 않으면서도 인간을 하나님의 형상으로 드러내는 방안이 과연 있기는 한 것일까?

상기한 맥락에서 데니스 알렉산더(Denis Alexander)[5]가 2012년 스코틀

---

4   다음과 같은 자크 모노의 발언이 그 대표적인 사례다. "그 어떤 것이라도 간단하고 분명한 기계적 상호작용으로 환원될 수 있다. 세포는 하나의 기계이다. 동물도 하나의 기계이다. 인간 역시 하나의 기계이다." 이안 바버/이철우 옮김, 『과학이 종교를 만날 때』(서울: 김영사, 2002), 131에서 재인용. 이 외에도 인간은 "유전자 기계"에 불과하다는 도킨스의 발언이나, 인간은 다만 "뉴런 보따리"에 불과하다는 프랜시스 크릭의 말도 잘 알려져 있는 유사한 사례들이다.

5   데니스 알렉산더(1945-)는 분자 생물학자이자 케임브리지의 세인트에드먼드 대학의 "패러데이 과학과 종교 연구소"의 은퇴 소장으로서 과학과 종교의 관계 문제에 관심을 가지고 많은 글을 발표했다. 대표적인 것으로는 Denis R. Alexander, *Creation or Evolution:*

랜드의 세인트앤드루스 대학교에서 "유전자, 결정론, 하나님"이라는 제목으로 행한 기포드 강연은 하나의 좋은 사례로서 제시될 수 있다.[6] 여기서 알렉산더는 자신의 전문분야인 유전자학이 제시하는 인간 이해가 결코 유물론적 환원주의나 인간에 대한 결정론으로 귀결되지 않으며, 하나님의 형상이라는 신학적 인간 이해와 잘 조화될 수 있음을 밝히고 있다. 본 논문은 알렉산더의 설명을 살펴봄으로써 인간에 대한 진화생물학적·유전학적 해명에 대한 일방적인 오해를 교정하고, 인간에 대한 최신의 생물학적 해명들을 수용하면서도 이를 하나님의 형상으로서 인간을 이해하는 신학적 인식과 어떻게 조화시킬 수 있는지를 다루고자 한다.

II. 유전자 결정론과 이분법적 인간 이해 비판: 시스템 유전학을 토대로

에드워드 윌슨이나 리처드 도킨스처럼 대중적으로 널리 알려진 진화과학자들의 유전자 결정론적 사고방식에 반해 알렉산더는 지난 수십 년간 발전한 유전학의 성과들을 토대로 이들의 일방적인 유전자 결정론과 이로부터 귀결되는 인간에 대한 이분법적 이해를 비판하는 것으로 자신의 기포드 강연을 시작한다. 예를 들어 DNA 이중 나선 구조에 대한 발견으로 노벨상을 수상한 제임스 왓슨은 "우리의 운명은 우리의 유전자 안에 담

Do We Have to Choose? (Oxford: Monarch Books, 2014); *Rebuilding the Matrix: Science and Faith in the 21st Century* (Grand Rapids: Zondervan, 2001) 등이 있다.

6   알렉산더는 2012년의 기포드 강연을 증보하여 동일한 제목으로 2017년에 출판했다. 본 논문에서는 이 기포드 강연의 출판된 증보판을 중심으로 다룬다. Denis R. Alexander, *Genes, Determinism and God* (Cambridge: Cambridge University Press, 2017).

겨 있다"[7]고 말한 바 있는데, 알렉산더는 이처럼 인간의 삶과 행동이 오직 유전자에 의해 결정되는 것으로 간주하는 "강한 결정론"(hard determinism) 은 "모든 인간이 의사결정 과정에서 경험하는…보편적 느낌"인 "자유의 지"를 부정하고 유전자와 자유, 자연과 양육이 함께 양립할 수 없는 양자택일의 문제인 것처럼 강요한다는 점에서 문제가 있다고 평가한다. 알렉산더는 자유의지를 "우리가 행한 일들에 대해 우리가 책임을 지도록 하는 방식으로 행위의 과정들 사이에서 의도적으로 선택할 수 있는 능력"으로 정의한 후[8], 인간 안에서 유전자가 작용한다는 단순한 이유에 기초해서 자유의지를 부정하는 것은 도덕적이고 책임적인 행위를 무의미하게 만들 뿐만 아니라, 나아가 히틀러의 제3제국의 인종 말살 정책 등을 정당화하는 위험과 맞닿아 있기 때문에 매우 주의해야 한다고 말한다.[9] 이에 반해 알렉산더는 인간의 자유의지가 하나의 "다윈주의적 형질"(Darwinian trait)이라는 것을 제시함으로써 유전자 결정론자들의 "이분법적 언어"(dichotomous language)를 극복하고, 이를 통해 "인간의 자유와 결정론이라는 이념의 맥락 속에서 유전자 변이와 인간 행동 사이의 관계"를 제시하는 것이 자신의 기포드 강연의 목표라고 명시한다.[10]

알렉산더의 장점은 그가 유전자 결정론을 단지 비판하는 데만 그치지 않고, 더 나아가 전문적인 유전학자로서 20세기 후반 이후 발전한 유전학의 연구 성과들을 비판의 근거로 제시한다는 데 있다. 제임스 왓슨이나 프랜시스 크릭 같은 20세기 중엽의 초기 유전학자들은 대체로 "근원적-환

---

7   Ibid., 39에서 재인용.
8   Ibid., 2.
9   Ibid., 51f.
10   Ibid., 1f.

원주의"(arch-reductionism)를 자명한 것으로 전제했다. 이는 당시 유전학의 "핵심 도그마"(central dogma)라고도 불리는데, 이에 따르면 생명체에서 정보는 유전자로부터 유기체를 구성하는 단백질의 방향으로 흐르며, 그 역은 결코 성립하지 않는다. 이 관점은 생명체를 일종의 "레고 키트 구성체"(lego kit construction)처럼 이해하는 것으로서, 하위의 개별 단위들이 모여 하나의 생명체를 구성하므로 개별 생명체는 그 하부 단위인 유전자만 해명하면 온전히 설명될 수 있다는 태도다. 그러나 알렉산더는 최근의 유전학 연구를 토대로 "이것보다 진리로부터 더 멀리 떨어져 있는 것은 없다"고 단언한다.

유전자 결정론에 반하여 알렉산더는 현대 유전학의 "시스템 접근 방식"(systems approach)을 그 대안으로 제시한다. 이 접근 방식은 "시스템 생물학 접근 방식"으로도 불리는데, "살아 있는 세포나 전체 유기체를 풍부한 요소들이 온전히 통합되어 있는 복잡한 시스템(complex system)으로" 이해하는 접근 방식이다. 일견 이 접근 방식은 환원주의적 접근 방식과 대립 관계에 있는 것으로 보이는 것이 사실이다. 그러나 실제로는 환원주의적 접근 방식과 대립된다기보다는 환원주의적 연구 방식에 따라 획득된 유전자에 대한 데이터들을 유전자들이 위치하고 있는 세포 및 개별 생명체 전체, 그리고 이 생명체가 자리하고 있는 환경과의 긴밀한 상호작용 속에서 재해석하는 것을 의미한다고 보는 것이 더 적절하다. 이는 유전학이 DNA 염기서열 분석(sequencing)에 더 집중하게 됨에 따라 획득된 진일보한 유전학적 이해다. 이를 간략히 정리하자면, 유전자 안에는 생명체를 구성하는 단백질 합성을 위한 정보가 담겨 있는데, 이 정보가 언제나 동일한 방식으로 하나의 단백질 합성을 위한 정보로 반드시 작동하는 것은 아니고 오히려 게놈이 자리하고 있는 주변 환경과의 긴밀한 상호관계 가운데

서 매우 다양한 방식으로 변이가 발생한다는 것이다.[11]

알렉산더에 의하면 시스템 접근 방식은 오늘날 당연한 것으로 받아들여지고 있으며, 특히 진화 발달 생물학(evolutionary developmental biology) 분야에서 주도적인 관점이다. 발달 생물학은 수정 이후부터 지속적으로 진행되는 유기체의 발달을 연구하는 생물학 분야인데, 특히 유전자가 환경과의 상호작용을 통해 어떤 변이를 산출하고, 이것이 어떻게 후대에 유전되는지를 밝히는 데 집중한다. 이 과정에서 DNA가 생명체의 발달에 중요한 역할을 하는 것은 사실이지만, 그것이 마치 일종의 '레시피'처럼 일방적으로 주도적인 역할을 담당하는 것은 아니다. 이는 언제나 게놈을 둘러싸고 있는 단백질과 주변 환경과의 긴밀한 상호작용 가운데서 작동하는 것으로 이해되어야 한다. 이를 이해하기 위해서는 환경과 상호작용하는 가운데 DNA 안에 담긴 유전자 정보의 변이가 발생하는 메커니즘을 살펴볼 필요가 있다. 이는 아래에서 다루어질 인간에 대한 알렉산더의 유전학적 설명의 토대가 된다.

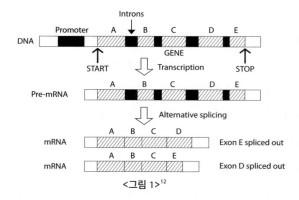

<그림 1>[12]

---

11   Ibid., 62ff.
12   Ibid., 67.

〈그림 1〉의 첫 줄에서 빗금이 쳐진 A, B, C, D, E 구역은 DNA 염기 중 엑손(exon)이라고 하는데, 엑손은 단백질 합성을 관장하는 뉴클레오티드 신호가 암호화되어 있어서 단백질 합성을 담당한다. 엑손들 사이에 검게 표시된 구역들은 단백질 합성과 관련한 정보를 담고 있지 않은(non-coding) DNA로서 인트론(intron)이라고 한다.[13] 세포 내에서 단백질이 합성되기 위해서는 이 DNA 구조가 일단 그림상 두 번째 단계인 Pre-mRNA로 번역되어야 하고, 이 중 인트론이 잘려 나가고 엑손의 결합만으로 이루어진 mRNA 단계로 이행된다. 그러니까 본래는 모체 DNA 구조에 부합하는 A-E까지의 엑손이 결합된 mRNA가 생성되어야 하지만, 그림의 세 번째, 네 번째 줄은 DNA 내 유전정보가 RNA로 전사되는 과정에서 환경으로부터 오는 어떤 영향에 의해 A, B, C는 공유되지만, D와 E만이 결합되는 두 개의 상이한 mRNA로의 변이가 발생한 것을 보여준다. 이 과정을 통해 본래의 것과는 다른 상이한 기능을 가진 단백질이 생성되는 것이다.

대중적으로는 위와 같은 유전자 변이의 발생 빈도가 높지 않으리라고 추정하는 경향이 있지만, 알렉산더는 위의 그림과 ENCODE 프로젝트[14]의 결과들을 소개하면서 유전자 변이가 매우 광범위하게 발생한다는

13　인트론은 한때 쓰레기 유전자(junk DNA)라고도 불렸는데, 그 이유는 이것들이 단백질 합성과 연관 없는 유전자 부분들이기 때문이었다. 그러나 최근에 이 쓰레기 유전자들은 쓸모없는 것이 아니라, 바로 위의 표에서 보여주는 것 같은 유전자 전사 과정을 안정화시키거나 유전형 표현에서 기능하는 것으로 파악되고 있다. 이에 대해서는 다음을 참조하라. https://medlineplus.gov/genetics/understanding/genomicresearch/encode/ (2021. 8. 23. 접속). 유전자 복제 과정에 대한 보다 상세한 설명을 위해서는 다음을 참고하라. Denis R. Alexander, *Creation or Evolution: Do We Have To Choose?* (Oxford: Monarch, 2008), 67ff.

14　ENCODE(Encyclopedia of DNA Elements) Project는 2003년에 완성된 인간 게놈 프로젝트(Human Genome Project)의 결과에 대한 해석을 진행하는 인간 게놈 프로젝트의 후속 작업이다. 현재 전 세계적으로 30여 개 이상의 연구 그룹과 400명 이상의 과학자들

것을 알려준다. 인간은 21,000여 개의 단백질 합성 유전자를 지니고 있는데, 그중 95퍼센트의 유전자에게 변이가 발생하고, 이로 인해 21,000개의 유전자로부터 100,000여 개의 단백질이 생성된다. 이런 변이는 위의 표의 pre-mRNA 단계에서 엑손과 인트론의 경계 지점이 세포 및 개별 생명체 전체로부터 독특한 환경적 영향을 받음으로써 발생한다.[15] 이처럼 유전자가 "환경으로부터 오는 지속적인 정보의 흐름"[16]에 영향을 받는다는 것이 자명한 이상, 이전 세대 유전학의 핵심 도그마와 이에 기초한 일방적인 유전자 결정론은 근거가 없다. 유전자에서 단백질로의 일방적인 정보의 흐름은 세포 안에서 발생하지 않는다. 오히려 유전자가 "'올바른' 음악을 생산할 수 있도록 오케스트라처럼 작용하는 것은 전체로서의 시스템"[17]이다.

알렉산더는 유전자와 환경의 긴밀한 상호작용을 통해 이루어지는 진화의 증거들을 자신의 강연에서 매우 다양하게 제시하는데, 그중 앞으로의 논의를 위해 주목해야 할 것은 후성유전학적(epigenetics) 사례들이다. 위에서 거론된 사례는 DNA 염기서열상의 변이를 통한 유전 형질의 변화에 관한 것이었다면, 후성유전학은 DNA 서열의 변이가 발생하지 않더라도 세포 분열 과정에서 염색체 안에서 유전자 발현의 형태가 변화하고 이것이 후대로 유전되는 현상을 연구하는 분자생물학 분과다. 후성유전학적 지표 중 대표적인 것이 DNA 메틸화(DNA methylation)인데, 알렉산더

이 참여하고 있고, 연구 결과는 다음의 웹사이트에서 업데이트되고 있다. https://www.encodeproject.org/ (2021. 8. 23. 접속).

15   Denis R. Alexander, *Genes, Determinism and God* (2017), 67f.

16   Ibid., 72.

17   Ibid., 74.

가 제시하는 여러 사례 중 출산 직후 새끼 쥐에 관한 사례는 눈여겨볼 만하다. 출산 직후 어미가 많이 핥고 어루만져준 새끼 들쥐의 경우 뇌의 시상하부에서 신경 전달 물질인 세로틴의 분비가 촉진된다. 풍부한 세로틴 분비는 시상하부를 더욱 자극해서 결과적으로 DNA 메틸화를 유발하는데, 이 경우 새끼는 성체가 된 후에도 스트레스 상황에서 보다 안정적으로 대응하는 행동 유형을 지니게 된다. 이처럼 어미 즉 환경으로부터 주어지는 자극은 유전자가 새끼에게 독특한 형태로 발현하도록 영향을 끼치고, 거꾸로 이런 방식의 유전자 표현형의 발현은 그것을 담지한 성인 개체뿐만 아니라 향후 몇 대에 이르기까지 장기간에 걸친 행동상의 변화를 초래한다.[18]

지금까지 살펴본 유전학적 자료들은 유전자가 유기체의 모든 것을 결정하는 설명서나 설계도인 것처럼 간주하는 환원주의적 유전자 결정론을 시스템 생물학의 접근 방식에서 반박하는 사례들이다. 이는 향후 알렉산더가 인간에 대한 유전자 환원주의적 이해를 극복하고 유전자의 작용에도 불구하고 인간의 자유의지를 말할 수 있게 하는 유전학적 토대가 된다. 유전자와 자유의 관계를 다루기 위해서는 먼저 알렉산더의 기포드 강연의 대표적인 개념 중 하나인 DICI를 살펴보면서 고등 동물에게서 이루어지는 유전자와 환경의 긴밀한 결합에 대해 일관하는 것이 필요하다.

---

18   Ibid., 77f.

III. 발달상 통합된 상보적 상호작용론(DICI: Developmental Integrated Complementary Interactionism)

DICI는 유전자와 환경이 서로에게 상호작용을 미치는 가운데 개별 생명체의 평생에 걸쳐 이루어지는 유전적 특징의 발현을 응축하여 표현하기 위해 알렉산더가 고안해낸 개념이다.[19] '통합', '상보', '상호작용' 등의 개념은 사실 앞에서 유전자와 환경의 긴밀한 상호관계를 해명할 때 이미 제시된 내용의 반복이라고 해도 무방하다. DICI에서 특징적인 것은 유전자와 환경 간의 상호작용에 관한 설명에서 생명체의 수정과 착상, 그리고 출산 이후 지속적으로 이루어지는 '발달' 과정에 주목한다는 데 있다. 여기에 더하여 알렉산더는 진화 과정에서 출현한 고도의 복잡성을 지닌 생명체에게서 이루어지는 유전자와 행동 사이의 관계 등을 인간에 대한 이분법적 이해가 오류임을 제시해주는 유전학적 증거자료로서 제시한다. 이를 위해 알렉산더는 후성유전학, 동물행동 연구, 양적 행동 유전학 등의 다양한 연구 결과를 사례로 든다. 여기서는 다음 장에서 다루어질 DAME, 즉 인간에게서 이루어지는 생물학적 작용들과 인간의 자유를 통일적으로 이해하는 데 도움이 되는 몇 가지 사례를 살펴보면서 DICI를 정리하고자 한다.

동물행동 연구 차원에서 유전자와 환경의 긴밀한 상호작용을 보여주

---

19   DICI와 다음 장에서 다루어질 DAME은 모두 2012년의 기포드 강연 이전까지 알렉산더가 사용한 적이 없는 것으로 보아 기포드 강연을 위해 만들어진 것으로 보인다. 유감스럽게도 알렉산더는 강연 이후에 이를 더 발전시키고자 시도하지 않는 것 같다. 이는 기포드 강연을 보다 대중적인 형태로 수정하여 출판한 아래의 책에서도 전혀 언급하지 않는 것을 통해 확인된다: Denis R. Alexander, *Are We Slaves To Our Genes?* (Cambridge: Cambridge University Press, 2020).

는 대표적인 사례는 초원 들쥐의 짝짓기 행태에 관한 것이다. 초원 들쥐에는 대략 60여 개의 종이 있는데, 그중 일부는 일부일처제를 이룬다. 이는 수컷의 경우 바소프레신(vasopressin), 암컷의 경우 옥시토신(oxytocin)의 영향 때문으로 알려졌다. 실험실에서 뇌의 바소프레신 수준을 인위적으로 높이면 들쥐들에게서 일부일처 경향이 높아지는 것이 관찰된 것이다. 그런데 바소프레신이 효과를 발휘하기 위해서는 뇌에서 바소프레신을 인식하는 V1aR 수용체(receptor)가 필수적이며, 따라서 V1aR 수용체는 들쥐의 짝짓기 행동을 결정하는 스위치 역할을 하는 것으로 간주되었다.[20] 그러나 최근 연구에서는 V1aR 수용체와 짝짓기 행동양식 사이의 연관성은 실험실 들쥐의 경우에만 제한적으로 해당되며, 야생 들쥐의 경우에는 별 상관관계가 없는 것으로 밝혀졌다. 야생 환경 속에서는 개체와 음식의 밀도, 강우량이나 기온 등이 더 큰 영향을 끼쳐서 개체 밀도가 낮고 양식이 풍부할 경우 일부일처가 주종을 이루지만, 그렇지 않은 경우 짝짓기 행동에서 난잡성이 증가하는 경향을 보인 것이다.[21]

알렉산더는 초원 들쥐의 사례를 들어 마치 하나의 단일한 유전자가 그 개체의 사회적 행동까지도 결정하는 것처럼 침소봉대하는 일부 과학자들과 언론, 그리고 이를 확장하여 인간의 사회적 행동까지도 유전자에 의해 결정되는 것인 양 과장하는 자연주의적 철학자들에 대해 매우 비판적인 입장을 표한다. V1aR 수용체는 발견된 직후 "일부일처 유전자"[22]

20   Daniel J. McKaughan and Kevin C. Elliott, "Voles, Vasopressin, and the Ethics of Framing," *Science* 338 (2012), 1285.

21   Alexander, *Genes, Determinism and God*, 124f.

22   https://www.newscientist.com/article/dn14641-monogamy-gene-found-in-people/ (2008. 9. 1. 기사·2021. 8. 24. 접속).

로 대중에게 알려졌다. 이를 토대로 신경철학자인 처치랜드는 "신경과학
이 선택을 조절하는 메커니즘을 발견하게 되면, 우리는 누군가가 진실로
무엇을 선택하는지에 대해 의심할 수밖에 없게 될 것"이라고 주장하기도
했다.[23] 이에 반해 알렉산더는 초원 들쥐의 경우는 유전자와 환경이 긴밀
히 상호작용한다는 것을 보여주는 전형적인 사례임을 강조한다. 또한 그
는 처치랜드의 주장과는 달리 동물은 반드시 유전자의 일방적인 지배하
에 있지 않으며, 오히려 유전자와 환경의 상호작용 속에서 자신의 행동을
'스스로 선택'하는 경우가 있음을 보여주기 위해 원숭이가 성체가 된 후
집을 떠나는 이소 행위를 사례로 제시한다.

　　푸에르토리코의 야생에서 서식하는 짧은꼬리원숭이 중 수컷들은 출
생 후 3-6년 사이에 태어난 무리를 떠난다. 예전에는 이 이소 연령이 세
로토닌의 부산물인 5-하이드록시인돌 아세트산(hydroxyindoleacetic acid)의
중추신경계 내 농도와 직접 관련이 있다고 여겨졌다. 농도가 낮을 경우 이
소 연령이 빨라지고, 반대의 경우에는 이소 시기가 지연된다는 것이다. 앞
의 초원 들쥐의 경우에서처럼 이 경우에도 역시 세로토닌을 전달하는 유
전자에 관한 연구가 진행되었는데, 이 신경 전달 유전자의 변이 형태에 따
라 이소 시기가 상이하게 나타난다는 것이 확인되었다. 그러나 알렉산더
는 이것이 짧은꼬리원숭이의 이소 시기가 철저히 유전자의 작용에 의해
서만 결정된다는 것을 보여주는 사례라고 일방적으로 해석되어서는 안
된다고 말한다. 왜냐하면 우선 이 연구 자체가 이미 이소 행위가 일어난
원숭이를 대상으로 하기 때문이고, 이것 역시 모집단의 전체 수컷 원숭이

23　Patricia S. Churchland, "The Big Question: Do We Have Free Will?," *New Scientist* 2578
　　(2006), 43.

중 37퍼센트에 불과하기 때문이다. 그뿐 아니라 하나의 유전자 변이가 어떤 행동의 '일차적' 원인인지는 여전히 불분명하다고 알렉산더는 강조한다. 앞에서도 살펴본 것처럼, 유전자의 변이는 개체의 행동양식의 변화에 의해 발생할 수도 있으며, 유전자 변이와 유관한 동물행동의 변이 중 무엇이 '일차적'이고 무엇이 '이차적'인지를 구별하는 것도 매우 어려운 일이다.[24]

그러므로 알렉산더는 동물의 특정한 행동 형태가 하나의 특정 유전자에 의해 '결정'되었다고 말하기보다는, "동물의 선택"에 대해 이야기하는 것이 낫다고 제안한다. 일상적인 삶 속에서 수컷 초원 들쥐는 계속 들판을 떠돌 것인지 하나의 암컷에게 정착할 것인지를 '선택'해야 한다. 수컷 짧은꼬리원숭이들은 언젠가 무리를 떠나겠지만, 구체적으로 어느 시점에 떠날 것인지는 환경의 영향과 그 가운데서 이루어지는 그 자신의 결정에 달려 있다. 물론 동물들의 선택이 인간처럼 그 결과에 대한 충분한 숙고와 반성에 기초하는 것은 아니다. 하지만 인간에게서도 의사결정 과정이 "강력한 계산력을 제공하는 거대한 전두엽"에서 이루어지는 것처럼, 상대적으로 덩치가 큰 동물들은 "자신의 행동의 결과가 어떠할지를 어느 정도 의식하기에 충분한 계산력을 지닌 풍부한 신경망"을 지니고 있다. 이런 의미에서 동물이 결정하고 선택을 내린다는 표현은 단지 "비유적인 의미"(metaphorical sense)로만 한정되지 않으며, 그것을 넘어 이 비유가 지시하는 "동물들 안에 있는 그와 유사한 실질적인 행동 형태"를 가리킨다.[25]

---

24   Alexander, *Genes, Determinism and God*, 129ff.
25   Ibid., 132.

상기한 사례들을 통해 알렉산더는 고도로 발달한 생명체들의 사회적 행동은 유전자와 환경의 긴밀한 상호작용뿐만 아니라 성체로 발달하는 과정에서 개체 자체의 '결정'에 의한 것으로서 이해할 것을 제안한다. 상대적으로 발달한 생명체들은 진화의 결과로써 갖추게 된 복잡한 신경망이 일종의 물리적 토대가 되어 유전자나 환경으로부터 상대적으로 자율적인 사회적 행동을 수행할 수 있는 것으로 이해되어야 한다는 것이다. 이는 특히 착상 이후 성인이 되기까지 '발달'(Development)하는 과정에서 인간의 뇌가 어떻게 유전자와 환경이 '상호통합적이고 보충적으로 상호작용'(Integrated Complementary Interaction)하는 가운데 자율적인 결정을 가능하게 하는지에 대한 설명을 통해 이루어진다.

인간의 수정란은 수정 후 6-14일이 경과하면 자궁벽에 착상하여 자라기 시작하는데, 이후 며칠 사이에 외배엽은 자신의 환경, 즉 배아 내부의 인접한 세포들로부터 정보를 받아 향후 뇌세포로 성장해갈 신경판(neural plate)을 형성하기 시작한다. 이 단계의 신경판은 대략 125,000개의 세포로 이루어져 있는데, 이것들은 아직 뉴런은 아니고 다만 추후 뉴런으로 발달할 가능성을 지닌 미성숙한 사전 세포들이다. 이는 성인의 뇌가 1,000억 개의 뉴런으로 이루어져 있다는 점과 비교하면 극히 미미한 수준이다. 그러나 직경 1mm밖에 되지 않는 이 작은 신경판은 향후 임신 기간 및 출산 이후의 발달 과정을 통해 뉴런 하나당 평균 5,000개의 시냅스, 즉 뇌 전체적으로 보자면 500조 개의 시냅스 연결망을 갖춘 성인의 뇌로 성장한다. 뇌의 이런 '발달'은 단순히 DNA 정보에 따라 진행하는 것이 아니고 임신 이후부터 환경으로부터 오는 다양한 자극, 예를 들어 태아 시기의 자궁 환경, 엄마의 생활 환경, 그리고 출산 이후 지속적인 신체적·정서적 자극의 협력을 통해 이루어진다.[26] 긴 진화의 과정에서 유전자와 환경의 결합을 통해 이루어진 변이들은 동물들 안에서 "복잡한 신경 시스템이 창발하는 것과 통합"되어 있고, 이 복잡한 신경 시스템은 그것을 지닌 동물들에게 "상이한 행동 형질들"이 발생하게 한다. 초원 들쥐나 짧은꼬리 원숭이, 그리고 인간 등 복잡한 신경 시스템을 지닌 개체들은 "환경에 따라 상이한 전략들을 채택하도록 하는 매우 포괄적인 유연성 정도"를 지니고 있다. 상기한 다양한 유전학적 증거를 토대로 알렉산더는 DICI는 "'자연 대 양육', '유전자 대 환경' 등과 같이 인간의 인격성을 파편화하는 경향이 있는 모든 이분법적 도식을 전복"한다고 강조한다. 이제 알렉산더는 DICI를 토대로 "인간의 인격성의 통합된 통일성을, 특히 보다 철학적인 측면에서"[27] 부각하여 설명하는데, 이를 알렉산더의 강연에서 또 다른 핵심 주제인 DAME을 설명하면서 살펴보도록 하겠다.

IV. 발생적 이중-양태 일원론적 창발론(DAME/Developmental Dual-Aspect Monistic Emergentism): 뇌의 복잡성과 자유의지

뇌 연구가 급속도로 발달함에 따라 인간의 정신적 활동은 그 기저에서 작동하는 뇌의 물리적 작용의 결과에 불과하며, 따라서 더 이상 인간이 자유의지를 가진다고 말할 수 없다는 주장이 제기된 지 오래다.[28] 이런 '물

---

26   Ibid., 89f., 103f.
27   Ibid., 302.
28   그 대표적 사례는 다음을 보라. 프란츠 부케티츠/원석영 옮김, 『자유의지 그 환상의 진화』 (서울: 열음사, 2009); Peter van Inwagen, *An Essay on Free Will* (Oxford: Oxford

리적 환원주의'(physical reductionism)에 반해 알렉산더는 뇌의 작용과 인간의 의식이 상호 긴밀히 결합되어 있는 것이 사실이지만, 그럼에도 인간의 의식과 자아의 행위가 뉴런의 일방적인 작용의 결과에 불과한 것은 아니며, 뇌의 복잡성에 기인하여 '창발'(emerge)하는 것으로서 뉴런의 물리적이고 기계적인 작동에 대해 상대적인 독립성을 가지는 것으로 이해되어야 한다고 말한다. 뇌의 물리적 작용과 자아의 의식적 활동이 서로 긴밀히 결합되어 있음에도 후자를 전적으로 전자로 환원시킬 수 없다고 본다는 점에서 알렉산더는 '비환원주의적 물리주의'(non-reductive physicalism)를 지지한다. 그리고 이렇게 창발한 자의식과 자유의지를 갖춘 개별 인간은 유전자나 뉴런의 작용만으로 환원되지 않는 자기 자신의 고유한 인격적 특징을 지닌다는 것이 DAME에 대한 대강의 내용이다. 아래에서는 이를 인간의 의식 및 자의식에 대한 이중-양태 일원론적 창발론(Dual-Aspect Monistic Emergentism)을 간략히 정리하면서 살펴보도록 하겠다.

우선 뇌와 의식의 관계를 다루면서 알렉산더는 데카르트가 그랬던 것처럼 정신과 신체를 서로 독립적으로 존재하는 별개의 실체로 간주하는 이원론적 태도를 거부한다. 대신에 의식을 뇌의 작용과 분리할 수 없게 결합된 것으로 이해한다는 점에서 뇌와 의식의 관계에 대한 알렉산더의 이해는 명백히 '일원론'적이다. 한편 알렉산더는 뇌의 작용을 무의식적 층위로서의 "시스템 1"과, 뇌의 담지자 자신에게 의식되는 층위로서의 "시스템 2"로 구분한다.[29] 시스템 1은 방법론적 환원주의를 따라 신경과학자들이나 유전학자들이 "그것-언어"(it-language)를 통해 탐구하는 대상인

University Press, 1983).

29 Alexander, *Genes, Determinism and God*, 255. 이는 카네만의 구분을 알렉산더가 수용한 것이다. Daniel Kahneman, *Thinking, Fast and Slow* (London: Allen Lane, 2011), 20ff.

뉴런이나 게놈의 작동 프로세스를 뜻한다. 반면에 시스템 2는 시스템 1과 분리되지는 않지만, 하나의 인격적 존재로서 "나-언어"(I-language)를 사용하는 인간이 또 다른 '자아'인 다른 인간들과 맺는 "나-당신"의 관계 속에서 "마음과 주체성의 언어"를 사용하면서 상호작용을 주고받는 것과 긴밀히 결합되는 층위를 가리킨다. 인간이 사회적 관계의 도덕적 책임을 의식하면서 자신의 행위를 숙고하고 결정하는 과정을 '그것-언어'로만 설명하는 것은 "범주-오류"(category error)에 불과하다는 것이 알렉산더의 입장이다. 물론 '나-언어'가 사용되는 모든 일상적 사건 속에는 '그것-언어'로 설명될 수 있는 신경 메커니즘이 지속적으로 작동한다. 그러나 시스템 1과 시스템 2는 인간의 모든 일상적인 대화의 맥락, 사회적 상호작용의 맥락 속에서 "보충적인 관계" 가운데 있으므로, 결코 하나로 일방적으로 환원될 수 없는 하나의 뇌의 물리 현상의 상이한 '두 측면'(dual aspects)이라는 것이 이중-양태 일원론의 간략한 개요다.[30]

지금까지 뇌와 의식의 관계에 대한 '이중-양태 일원론'을 설명했다면, 이제는 이 이중-양태의 '창발'에 대해 살펴볼 차례다. 사실 '창발'이라는 개념은 알렉산더 자신이 고안한 것은 아니고, 20세기 중반 이후 과학철학 분야에서 활발히 논의되기 시작한 '창발론'(emergentism)을 적극적으로 수용한 것이다. 간략히 정리하자면, 창발론은 시공간 속에 존재하는 모든 것은 기본적으로 물리학적으로 인식 가능한 사물들로 구성되어 있는데, 이 물질들이 집합을 구성하여 유기적으로 복잡한 시스템을 형성할 때 그 하부 단위에서 작용하는 법칙만으로는 설명될 수 없는 특이한 특징

---

30   Alexander, *Genes, Determinism and God*, 256f.

들이 발생한다는 관점을 말한다.[31] 크게 보아 창발론은 "약한 창발"(weak emergence)을 주장하는 입장과, "강한 창발"(strong emergence)을 주장하는 입장으로 구분된다. 전자는 "인식론적 창발"이라고도 불리는데, 이는 특정한 자연현상이 창발적인 것으로 보이는 것은 그 현상에 대해 우리가 지니는 인식의 제약 때문이라고 말한다. 약한 창발의 대표적인 현상은 물이다. 물은 습기를 지니지만, 이것은 물을 구성하는 수소와 산소의 화학적 성질 그 자체로부터는 인식될 수 없는 특징이다. 반면 강한 창발은 "존재론적 창발"이라고도 하는데, 그 대변인들은 낮은 수준의 "하위-질서"로부터 실제로 "상위-질서" 즉 "복잡한 시스템이 존재론적으로 창발"하며, 이 상위질서의 시스템은 "결코 하위의 구성 부분들의 인과율적 작용으로 환원될 수 없다"고 주장한다. 강한 창발의 대표적인 사례가 바로 뇌의 작용과 긴밀히 결합되어 있는 의식이다.[32] "나는 강하게 창발하는 현상들에 대한 정확한 하나의 사례가 있다고 생각한다. 그것은 의식 현상이다."[33]

그렇다면 대체 의식은 어떻게 뇌의 작용으로부터 창발하는가? 이에 대한 대답으로 알렉산더는 뇌의 구조상의 복잡성과 복잡한 신경망 안에서 이루어지는 다양한 방향의 인과적 작용들을 제시한다. 인간의 뇌는 신경 체계를 형성하는 1011개의 뉴런과 5×1014개의 시냅스 연결망으로 구성된 우주에서 가장 복잡한 구조물이다.[34] 알렉산더는 인간의 뇌와 같은 고도

---

31   창발론의 개념 정의와 역사에 대해서는 다음을 참고하라. Philip Clayton, "Conceptual Foundations of Emergence Theory," in *The Re-Emergence of Emergence: The Emergentist Hypothesis from Science to Religion*, ed. Philip Clayton and Paul Davies (Oxford: Oxford University Press, 2006), 1-31.

32   Alexander, *Genes, Determinism and God*, 260f.; David J. Chalmers, "Strong and Weak Emergence," in Clayton and Davies, *The Re-Emergence of Emergence*, 244-254.

33   Chalmers, "Strong and Weak Emergence," 246.

34   Alexander, *Genes, Determinism and God*, 261.

의 **"복잡성"**, 축색돌기와 수상돌기, 시냅스 사이를 서로 연결하는 **"고도의 상호연결성"**(interconnectivity), 뉴런들 사이에서 이루어지는 **"쌍방향적 상호작용"**들, 그리고 초기 조건들 안에 있는 사소한 간섭과 변화들을 증폭시키는 복잡한 연결망 속에서 이루어지는 **"비-직선적 상호작용"**(non-linear interactions)들은 뇌의 신경 시스템 안에서 "마음의 창발"이 발생하도록 하기에 충분하다는 신경과학자들의 제안을 수용한다.[35] 일단 하위질서인 뇌의 신경 시스템의 작용에 의해 창발하게 된 의식은 단지 전자의 인과적 작용에 의한 결과물로만 머물지 않고 오히려 보다 상위의 질서로서 하위 질서인 뇌의 물리적인 작용에 하향적인 방향으로 인과적인 영향을 끼칠 수 있다.[36] 이렇게 상위 질서로부터 하위 질서에 대한 "하향식 인과"(downward causation)가 발생한다는 것은 강한 창발론의 중요한 특징 중 하나다. 이해를 돕기 위해 알렉산더가 제시하는 일상적인 예를 따르자면, 우리가 농구나 피아노를 배우기로 결심하고 이를 실행에 옮기면, 이 의식적인 결정은 농구나 피아노를 연습하는 과정을 통해 수백만 개의 뉴런들과 시냅스 교차 부위 등에서 신호들의 증가를 발생시키고 이에 따른 신경 세포의 변화를 초래한다. 이제 그것은 더 이상 예전의 뉴런과 동일한 뉴런이 아니다. 그리고 이렇게 변화된 하위의 신경망은 이에 부합하는 상향식 신호들을 생성시키고 이를 통해 농구나 피아노를 배우기로 의지적으로 결정한 당사

---

35   Warren S. Brown and Lynn K. Paul, "Brain Connectivity and the Emergence of Capacities of Personhood: Reflection from Callosal Agenesis and Autism," in *The Emergence of Personhood: A Quantum Leap?*, ed. Malcolm Jeeves (Grand Rapids: Eerdmans, 2015), 106, Alexander, *Genes, Determinism and God*, 262f.에서 재인용.

36   이와 관련하여 알렉산더는 신경과학자인 피터 체에게 의존한다. 체는 의식적인 영역에서 이루어지는 인간의 자유의지는 시냅스 간의 정보 처리에 영향을 끼친다고 말한다: Peter U. Tse, *The Neural Basis of Free Will: Criterial Causation* (Cambridge, MA: MIT Press, 2013), 19ff.

자가 뛰어난 농구 선수 혹은 더 나은 피아노 연주자가 되도록 만든다.[37]

알렉산더의 DAME은 인간이 단지 유전자 혹은 뉴런의 작용의 결과물에 불과한 것이 아님을 의식이라는 상위질서로부터 뇌라는 하위질서로 작용하는 하향식 인과성을 거론함으로써 보여주고자 한다. 우리가 의식, 정신 또는 자유의지로 경험하는 상위 수준의 신경 네트워크들은 하위 수준의 신경 네트워크들에 영향을 끼친다. 이렇게 "아래에서 위로", "위에서 아래로", 그리고 이 "둘 사이의 모든 것 안에서" 서로 영향을 주고받는 역동적이고 복잡한 시스템 전체를 가리켜 우리는 '나'라고 부르며, 이런 점에서 "결정을 내리는 것은 나의 뇌가 아니라 인격"이라고 말하는 것이 적절하다.[38] 인간 개인의 발달사 측면에서 보자면 이런 자의식과 자유의지는 아기의 경우에는 아직 나타나지 않는다. 그것은 새끼 들쥐의 경우에서 그런 것처럼 아동의 발달 과정에서 이루어지는 다양한 돌봄 및 환경과의 상호작용을 통해 그리고 "공동체 안에 있는 언어"를 매개로 발달해간다.[39] 이 발달 과정에는 무수히 많은 복수의 인과성이 작용하고, 초원 들쥐의 경우에서처럼, 개체들의 무수히 많은 선택의 과정이 필수적이다. 하위 영역에서 발생하는 다양한 인과성과 하위 체계들로부터 제공되는 정보들이 언어를 사용하는 가운데 '나'라는 표제어 아래에서 통일하면서 선택하고 결정하는 주체에 의해 통합되는 한[40], 인간 자아를 어느 하나의 인과성(유전자 혹은 뉴런 등)으로 환원하는 것은 과학적 데이터를 제대로 해독하

---

37 Alexander, *Genes, Determinism and God*, 263ff.
38 Ibid., 265; Lynn R. Baker, "Need a Christian be a Mind/Body Dualist?" *Faith and Philosophy* 12 (1995), 489-504.
39 Alexander, *Genes, Determinism and God*, 267.
40 Ibid., 270.

는 올바른 방식이라고 볼 수 없다. 발달 과정에서 발생하는 유전자상의 다양한 변이는 이와 같이 각 사람을 다른 사람들로부터 구별되는 독특한 유전학적 특징을 지닌 존재로 만든다. 어느 누구의 게놈도 다른 이의 게놈과 동일하지 않고, 모든 개인은 이런 고유한 유전적 특징을 지닌 가운데 다른 이들과의 사회적 관계 속에서 자신의 고유한 의지적 결정을 실행에 옮긴다. 이와 같이 알렉산더는 "자유의지의 존재론적 실재"(the ontological reality of free will)를 강력하게 주창한다.[41]

V. DICI와 DAME을 통해 보는 하나님의 형상

지금까지 진술된 인간에 대한 유전학적 이해와 인간을 하나님의 형상으로 가르치는 기독교적·성서적 인간 이해가 어떻게 서로 조화되는지의 문제를 알렉산더는 강연의 말미에서 다룬다. 그 핵심 내용은 두 가지로 정리될 수 있다. 하나는 하나님의 형상 개념이 내포하고 있는 인격체로서 인간의 가치에 대한 이해고, 다른 하나는 하나님의 형상인 인간들 상호 간의 관계에 관한 문제다. 아래에서는 이 두 가지 주제를 간략히 정리하고자 한다.

첫째, 인간이 하나님의 형상이라는 성서적·신학적 표상과 DICI와 DAME에 따른 인간 이해는 모두 개별 인간의 '내적 가치'를 강조한다는 점에서 서로 일치한다. 특히 인간이 하나님의 형상대로 창조되었기 때문에 그의 생명을 해치지 말라고 명령하는 창세기 9:6은 하나님의 형상 개념이 인간의 가치를 강조한다는 사실의 논거로 제시된다. 이어서 알렉산

---

41   Ibid., 274f.

더는 제사장 문서의 하나님의 형상 개념을 메소포타미아 및 이집트의 문헌들에 나타나는 동일한 개념과 비교하는 다양한 연구를 참조한 후 영혼이나 이성과 같이 인간의 특수한 자질이나 속성 때문에 인간이 하나님의 형상이 된다고 본 전통적인 실체론적 인간 이해를 비판한다. 대신 알렉산더는 성서와 고대 근동의 하나님의 형상 개념은 실체론적으로가 아니라, '기능적'(functional) 혹은 '대리적'(representational)인 의미에서 이해되어야 한다고 말한다. 신이 세계를 통치하는 것에 '일치하는' 가운데 피조세계를 신을 "대신하여 통치"하는 책무가 인간에게 주어졌다고 선언하는 것이 바로 고대 근동의 하나님의 형상 개념의 본래적인 의미이기 때문이다. 한편 알렉산더는 메소포타미아와 이집트에서 하나님의 형상 개념이 왕이나 제사장 같은 특권 계급에만 귀속되었던 것에 반해 구약성서는 남자와 여자 즉 모든 인간을 하나님의 형상으로 부름으로써 모든 개별 인간이 지니는 "내재적 가치"(intrinsic value)를 드러낸다는 사실을 강조한다.[42]

하나님의 형상 개념에 대한 실체론적 이해에 대한 비판은 인간의 신체성과 인격성에 대한 강조로 이어진다. 인간이 '흙'으로부터 만들어졌다는 구약성서의 표상은 하나님의 형상이 지니는 "신체성과 물질성"(physicality and earthiness)을 드러내며, '생령' 즉 '살아 있는 존재'(*nephesh chayyah*)라는 인간에 대한 호칭은 인간이 "신체화된 자아"(embodied self)라는 사실을 지시한다. 성서가 인간의 혼과 영을 언급하는 경우가 있으나, 이 개념들은 사실 신체와 정신이 온전히 통합된 하나의 "전체 인간"(the whole man), 혹은 "인격체"로서의 하나의 "자아"를 가리키는 표현이지, 신

---

42   Alexander, *Genes, Determinism and God*, 285f. 하나님의 형상에 대한 이런 해석과 관련하여 알렉산더는 다음의 책에 상당히 크게 의존하고 있다. J. Richard Middleton, *The Liberating Image: The Imago Dei in Genesis 1* (Grand Rapids: Brazos Press, 2005). 204ff.

체로부터 독립적으로 존재하는 하나의 고유한 실체로서의 영혼을 의미하는 것이 아니다. 예를 들어 "내 영혼이 여호와를 즐거워함이며"(시 35:9)라는 구절은 신체를 갖춘 인격적 주체인 '나' 혹은 '나의 자아 전체', '나라는 인격체 전체'가 하나님을 기뻐한다는 것을 말하려는 것이다. 바로 이 지점에서 하나님의 형상에 대한 구약성서의 이해와 유전학적 인간 이해가 조우한다.

앞에서 살펴본 것처럼 DICI는 게놈상의 변이와 환경적 영향, 그리고 개별적 선택과 같은 요소들이 함께 하나의 "통전적 인격"으로서 인간의 정체성이 발달하도록 돕는다는 것을 말한다. DAME은 이 다양한 신체적·물리적·환경적 조건 속에서 형성된 인간의 자아가 단지 유전자 혹은 뉴런의 노예에 불과한 것이 아니고, 개별적인 의식과 고유한 의지를 지니고 자유롭게 결정하고 관계를 맺는 존재라는 것을 드러낸다. 자신의 고유한 인격적 정체성을 지니고 자유로운 선택의 행위를 수행하는 인간을 구성하려면 무수한 유전적 변이가 이루어져야만 한다. 이런 점에서 유전적 변이들과 신체적 조건들은 인간의 고유성을 제거하는 것이 아니고 오히려 거꾸로 "개별적인 인간의 고유성에 대한 보증"이 된다.[43] 인간에 대한 성서적 이해와 유전학적 이해는 결코 서로 대립하는 것이 아니고, 인간이 지니는 고유한 가치를 드러내 보여준다는 점에서 상응한다.

둘째, 하나님의 형상에 대한 성서의 이해와 DICI 및 DAME의 관점에서 파악된 유전학의 인간 이해는 개별적 고유성을 지닌 인간들 상호 간의 '관계'와 '돌봄'을 지지한다는 점에서 일치한다. 알렉산더는 하나님의 형상과 관련한 성서의 표상에 대한 신학적 해석들을 참고하면서 하나님

---

43   Alexander, *Genes, Determinism and God*, 290.

의 형상 개념은 인간들 상호 간의 관계와 사귐에 주목한다는 사실을 강조한다. 이때 알렉산더는 인간이 '남자와 여자'로 창조되었다는 것은 하나님의 형상으로서 인간의 인간다움이 "상호 간의 관계" 가운데 있다는 것, 즉 "인격과 인격 사이에서 이루어지는 나-너 관계"에 있다는 것을 강조하는 신학적 진술들에 의존한다.[44] 마치 삼위일체 하나님이 성부, 성자, 성령의 사귐의 공동체 가운데 있는 것처럼, 하나님의 형상은 인간의 인간다움이 "사귐 가운데" 있다는 사실을 지시한다는 것이다. 이런 신학적 인간 이해는 DICI와 DAME이 설명하는 인간 이해와 잘 조화된다는 것이 알렉산더의 입장이다. 왜냐하면 DICI에 따르면, 유전자와 자연적·사회적 환경과의 상호작용을 통해 발달한 개별 인간들은 유전적 측면에서 매우 다양하며, 그런 점에서 다른 인격체들로부터 구별되는 고유성(uniqueness)을 지니기 때문이다. 이처럼 유전적 변이를 담지한 하나의 생명체로서 개별 인간들이 서로에 대해 지니는 고유성이야말로 하나님의 형상이 말하는 인간들 간의 상호 사귐의 관계를 위해 필수적이다. 왜냐하면 모든 사람이 유전적으로 동일한 클론과 같다면, 이런 획일성 속에서는 진정한 '나와 너의 관계'가 발생할 수 없기 때문이다. 이런 점에서 현대 유전학이 밝혀준 "개인들 사이에 존재하는 유전적 다양성"은 "인간의 가치와 존엄성을 보장"하는 하나님의 형상 개념과 결코 대립하지 않고 조화를 이룬다.[45] 이렇

---

44 이때 알렉산더는 바르트의 『교회 교의학』을 논거로 제시하지만, 그 출처를 명확히 밝히지는 않는다. 바르트의 이런 인간 이해를 보다 자세히 확인하려면 다음을 보라. Karl Barth, *Kirchliche Dogmatik* III/2 (Zollikon-Zürich: Evangelischer Verlag, 1948), 344ff.; Wolf Krötke, "The Humanity of Human Person in Karl Barth's Anthropology," in *The Cambridge Companion To Karl Barth*, ed. John Webster (Cambridge: Cambridge University Press, 2000), 159-176.

45 Alexander, *Genes, Determinism and God*, 298f.

게 모든 개인이 하나님의 형상으로서의 존엄성과 가치를 지니고 있기 때문에, 서로 돕고 연대하면서 연약한 사람들을 "돌보며 보호하는" 관계 속에서 인간의 하나님의 형상성은 더욱 분명하게 드러날 수 있게 된다.[46]

VI. 결론: 알렉산더의 기여와 한계

알렉산더의 기포드 강연은 생물학이나 진화과학 자체가 근본적으로 무신론적일 것이라는 혐의를 씌우고 있는 기독교 진영에게 현대 유전학의 최신 연구 데이터에 대한 이해와 해석이 반드시 무신론적인 방향으로 귀결되지는 않는다는 것을 보여준다. 알렉산더는 전문적인 유전학자로서 현대 유전학의 일원론적이면서도 자연주의적인 연구 방법과 그 연구 결과를 고스란히 사용하면서 출생 이후 발달 과정에서 발현되는 유전자적 고유성과 개별성이 인간의 인격성과 자유의지, 그리고 자기결정에 의한 사회적 행동 등에 있어서 일종의 생물학적 토대가 된다는 것을 제시한다. 이는 생물학적·유전학적 자료들을 오직 기계적이고 무신론적인 방향으로만 해석해왔던 이전 세대 진화과학자들의 태도와는 근본적으로 구별되는 것이다. 이런 점에서 알렉산더는 기독교 대중이 분자생물학, 진화과학, 유전자학 등에 대해 지니는 막연한 두려움과 거부감을 극복하고 인간에 대한 생물학적 해명들을 진지하게 탐색하게 하는 데 좋은 기초 자료를 제공해준다. 또한 진화과학에 기초한 DICI, DAME 등의 관점을 통해 인간의 고유성과 가치에 대한 존중 및 인격적 존재들 간의 상호 돌봄을 도출하고

---

46   Ibid., 290.

유전학을 통해 획득된 인간 이해가 인간을 하나님의 형상으로서 가르치는 기독교적 인간 이해와 조우하고 대화하는 방안을 보여준다. 이런 점에서 알렉산더의 강연은 자연과학과 신학의 대화를 통해 신학적 인간 이해를 더욱 심화시킬 수 있는 중요 자료들을 제공해준다.

그러나 이런 성과들에도 불구하고 알렉산더의 탐구에는 근본적인 한계도 나타난다. 자연과학자로 출발했으나 전문적 신학 훈련과 연구를 통해 자연과학과 신학의 대화를 수행한 폴킹혼이나 맥그래스와는 달리 알렉산더는 전문적인 신학 훈련을 거치지 않았으며, 이로 인해 하나님의 형상에 대한 조직신학적 논의와 심도 있는 대화를 수행하지는 않았다. 예를 들어 기포드 강연뿐만 아니라 그의 저서 전반에서는 삼위일체 하나님의 창조라는 맥락에서 삼위일체의 각 인격의 창조 행위의 결과로서 나타나는 인간 특수성의 제시(판넨베르크), 혹은 삼위일체 창조자 하나님의 내재적·경륜적 활동에 상응하는 하나님의 형상으로서 인간의 규정에 대한 신학적 논의(바르트, 윙엘) 등과의 치밀한 대화는 이루어지지 않고 있는 것이 사실이다. 물론 이런 한계에 대한 지적은 알렉산더의 약점을 들추어내는 데 목적이 있는 것은 아니다. 그보다는 유전학적 인간 이해와 하나님의 형상이라는 기독교적 인간 이해 간의 유사성과 대화 가능성을 제시한 알렉산더의 여러 자료를 토대로 상기한 신학적 전망 가운데서 이를 통합해야 할 과제가 전문 신학자들에게 남아 있음을 말하고자 하는 것이다. 이는 인간에 대한 전통적인 주장에만 머무르지 않고 현대 과학이 제시하는 인간 이해와의 대화를 통해 기독교적 인간 이해가 여전히 현재에도 참됨을 제시하고자 하는 모든 신학적 시도를 통해 이루어져야 할 앞으로의 과제다.

참고문헌

바버, 이안/이철우 옮김. 『과학이 종교를 만날 때』. 서울: 김영사, 2002.

부케티츠, 프란츠/원석영 옮김. 『자유의지 그 환상의 진화』. 서울: 열음사, 2009.

아우구스티누스, 아우렐리우스/성염 옮김. 『신국론』, 제11-18권. 왜관: 분도출판사, 2004.

Alexander, Denis R. *Are We Slaves To Our Genes?* Cambridge: Cambridge University Press, 2020.

_____. *Creation or Evolution: Do We Have to Choose?* Oxford: Monarch, 2008.

_____. *Genes, Determinism and God.* Cambridge: Cambridge University Press, 2017.

_____. *Rebuilding the Matrix: Science and Faith in the 21st Century.* Oxford: Lion, 2001.

_____. *The Language of Genetics: An Introduction.* Philadelphia: Templeton Foundation Press, 2011.

Alexander, Denis R., and Bob White. *Beyond Belief: Science, Faith and Ethical Challenges.* Oxford: Lion, 2004.

Baker, Lynn R. "Need a Christian be a Mind/Body Dualist?" *Faith and Philosophy* 12 (1995), 489-504.

Barth, Karl. *Kirchliche Dogmatik* III/2. Zollikon-Zürich: Evangelischer Verlag, 1948.

Chalmers, David J. "Strong and Weak Emergence." In *The Re-Emergence of Emergence: The Emergentist Hypothesis from Science to Religion*, Philip Clayton and Paul Davies, 244-254. Oxford: Oxford University Press, 2006.

Clayton, Philip. "Conceptual Foundations of Emergence Theory." In *The Re-Emergence of Emergence: The Emergentist Hypothesis from Science to Religion*, Philip Clayton and Paul Davies, 1-31. Oxford: Oxford University Press, 2006.

Churchland, Patricia S. "The Big Question: Do We Have Free Will?" *New Scientist* 2578 (2006), 42-45.

Härle, Wilfried. *Dogmatik.* Berlin: De Gruyter, 2000.

Kahneman, Daniel. *Thinking, Fast and Slow.* London: Allen Lane, 2011.

Krötke, Wolf. "The Humanity of Human Person in Karl Barth's Anthropology." In *The Cambridge Companion To Karl Barth*, edited by John Webster, 159-176. Cambridge: Cambridge University Press, 2000.

Langenfeld, Aaron and Magnus Lerch. *Theologische Anthropologie.* Paderborn: Verlag Ferdinand Schönigh, 2018.

McKaughan, Daniel J., and Kevin C. Elliott. "Voles, Vasopressin, and the Ethics of Framing." *Science* 338 (2012), 1285.

Middleton, J. Richard. *The Liberating Image: The Imago Dei in Genesis 1.* Grand Rapids: Brazos Press, 2005.

Schwöbel, Christoph. "Recovering Human Dignity." In *God and Human Dignity*, edited by R. Kendall Soulen and Linda Woodhead, 44-58. Grand Rapids: Eerdmans, 2006.

Tse, Peter U. *The Neural Basis of Free Will: Criterial Causation.* Cambridge, MA: MIT Press, 2013.

Van Inwagen, Peter. *An Essay on Free Will.* Oxford: Oxford University Press, 1983.

인트론: https://medlineplus.gov/genetics/understanding/genomicresearch/encode/ (2021. 8. 23. 접속).

일부일처 유전자: https://www.newscientist.com/article/dn14641-monogamy-gene-found-in-people/ (2021. 8. 24. 접속).

ENCODE project: https://www.encodeproject.org/ (2021. 8. 23. 접속).

희생이란 가치는 여전히 유효한가?

- 빅 히스토리 관점에서 조망한 새라 코클리의 기포드 강연 연구*

최유진

* 이 논문은 2019년 7월 1일부터 2022년 6월 30일까지 대한민국 교육부와 한국연구재단의 지원을 받아 수행된 연구(NRF 2019S1A5A2A03034618)로서 다음과 같이 출판되었다. 최유진, "희생이라는 가치는 여전히 유효한가?: 빅히스토리 관점에서 조망한 새라 코클리의 기포드 강좌 연구", 「한국조직신학논총」 61집(2020. 12), 223-260.
* 이 연구에 대한 모든 질문에 친절하게 답해주신 새라 코클리 교수님께 감사를 전합니다.

I. 서론

인간이 살고 있는 지구는 태양계에 속하며, 태양은 우리 은하의 1,000억 개의 별 중 하나다. 그리고 이 은하는 다시 우주 전체의 1,000~2,000억 개의 은하 중 하나다.[1] 광활한 우주와 자연은 인간과 떼려야 뗄 수 없는 관계를 맺고 있는 기독교 신학의 중요한 주제였다. 이 자연 속에서 인간은 하나님의 섭리에 따라 목적이 있는 삶을 살아간다고 생각했다. 그러나 근대 이후 우주와 자연이라는 주제가 신학에서 왜소화되고 삭제되었다. 페일리가 애써 설계 논증으로 하나님과 하나님의 목적을 확보해보려 했으나, 이는 과학적 관점에서도, 신학적 관점에서도, 자연을 창조하신 하나님의 선하신 섭리와 목적을 충분히 방어하지 못했다는 평을 듣는다. 이런 맥락에서 등장한 다윈의 『종의 기원』은 당시 진보주의적인 사회문화적 분위기와 맬서스의 생존 경쟁론과 인구 과밀론, 사회진화론자인 허버트 스펜서의 적자생존 개념과의 시너지 효과로 자연선택이라는 진화 기제를 확고히 한다. 그 후 다윈주의는 유전학과 결합하여 유전자 환원주의와 무작위적 진화 쪽으로 이론을 진화시키며 기독교 신학의 주요 주제인 하나님의 섭리와 목적을 의심하게 했다. 그렇다면 정말 다윈의 후계자로 자처하는 리처드 도킨스가 테니슨의 문구를 인용한 대로, 자연은 자신의 유전자의 생존을 위해 혈안이 되어, 어떤 목적도 없이 무작위적으로 작동하는 '피범벅이 된 이빨과 발톱'(red in claws and teeth)인가?[2]

성공회 사제이자 신학자인 새라 코클리는 환원주의적이고 무작위적

---

1   데이비드 크리스천·밥 베인/조지형 옮김, 『빅 히스토리』 (서울: 해나무, 2013), 16.
2   리처드 도킨스/홍영남·이상임 옮김, 『이기적 유전자』 (서울: 을유문화사, 2018), 20.

인 진화론을 비판하며 인간의 역사를 포함한 자연의 역사는 선하신 삼위일체 하나님의 목적에 따라 종말을 향해 가고 있다고 제안한다. 그녀는 수학진화생물학자들과의 협업으로 그들에게 진화는 선택과 변이뿐만 아니라 협력을 통해 진행되고 있다는 것을 배운다. 그녀는 전인간(pre-human) 수준의 협력 현상을 인간의 의도적인 이타적 행동과 희생을 준비하는 단계로서 볼 수 있음을 자신의 기포드 강연을 통해 역설하고 있다. 그리고 이런 협력의 진화를 통해 신과 신의 목적을 과학적 담론을 회피하지 않고도 주장할 수 있다고 말한다.

본고는 이런 코클리의 시도를 추적할 것이다. 이를 위해 첫째, 코클리의 기포드 강연이 이루어진 배경을 탐구하기 위해 희생이라는 주제에 대한 그녀의 애정 어린 연구 역사와 그녀의 신학 특징인 포괄적 신학(théologie totale)에 대해 기술할 것이다. 둘째, "되찾은 희생"(Sacrifice Regained)이라는 제목으로 강연했던 코클리의 기포드 강연을 간단히 요약할 것이다. 셋째, 그녀의 기포드 강연의 핵심적 주제인 협력의 진화와 목적론의 복원을 더 깊이 탐구하기 위해 수학진화생물학자 마틴 노박(Martin Nowak)과 신아리스토텔레스적-토마스주의 철학자 진 포터(Jean Porter)의 논지를 기술할 것이다. 마지막으로 결론에서는 빅 히스토리의 관점에서 코클리의 기포드 강연을 성찰할 것이다.

II. 본론

1. 코클리와 페미니즘 그리고 희생이라는 주제

희생이란 주제는 코클리의 오랜 관심사였다. 초기 저작『힘과 복종』(*Powers and Submissions*)에서도 희생과 매우 밀접한 주제인 '케노시스'를 다뤘고, 케임브리지 교수 취임 강좌("Sacrifice Regained")에서도 '희생'을 주제로 강의했다.[3] 그녀는 여성신학자들의 문제 제기, 즉 희생이 여성을 비롯한 약자들의 고통을 정당화하는 데 사용된다는 것에 충분히 동의한다. 그러나 그녀는 기독교적 페미니즘이 어떤 점에서 일반 페미니즘(secular feminism)과 달라야 하는지에 대한 고민으로 희생을 다시 들여다본다. 그녀는 일반 페미니즘의 어젠다를 무시하지 않으며, 1세계 중산층 엘리트 여성인 자신의 한계도 잘 알고 있다.[4] 그러나 페미니즘이 가하는 비판이 신학의 정체성까지 뒤흔들 수 있느냐는 질문을 제기한다.

그녀는『힘과 복종』(*Powers and Submissions*)에서 주로 기독교의 초월적 유신론을 비판한 햄슨(Daphne Hampson)의 문제 제기를 붙들고 씨름한다. 햄슨은 로즈마리 류터(Rosemary Ruther)가 언급한 "그리스도 예수는…가부장제의 케노시스"라는 말을 비판한다. 류터에게 그리스도로서 예수는 계급적 특권을 버리고 낮은 자를 대변하는 삶을 통해 새로운 인간성을 선포

---

3   Sarah Coakley, *Sacrifice Regained: Reconsidering the Rationality of Religious Belief: Inaugural Lecture as Norris-Hulse Professor of Divinity.* (Cambridge: Cambridge University Press, 2012).

4   Sarah Coakley, *Powers and Submissions: Spirituality, Philosophy and Gender* (Oxford: Blackwell Publishes, 2002), 36.

했다는 의미에서 "가부장제의 케노시스"였다.[5] 그러나 햄슨은 케노시스가 기독교의 초월적 유일신론이 페미니즘과 조화를 이루기 위해 자격을 갖추는 데 필요한 주제가 결코 아니라고 주장한다. 또한 케노시스라는 주제는 위계와 지배의 관점에 의한 남성 문제가 무엇인지를 남성이 이해하게 해주고, 남성의 하나님 이해에 도움을 줄 수는 있으나, 상호적 역량 강화(mutual empowerment)와 같은 상징이 필요한 여성들에게는 도움이 되지 않는 패러다임이라고 주장한다.[6] 즉 케노시스를 통해 기독교의 초월적 유신론의 가부장성을 극복하기 어렵다고 본 것이다.

이에 코클리는 기독교에서 "목숨을 구하기 위해 자기 생명을 잃는" 영적인 역설이 대단히 중요하다고 간주한다. 그녀는 케노시스를 좀 더 면밀히 다루기 위해 케노시스 본문인 빌립보서 2:5-11을 주석하여 다층적 의미를 추적한다. 코클리는 이 본문이 바울 이전부터 찬송가로 사용되었던 것을 바울이 이어받았고, 바울 이후에 교부들의 교리적 해석, 즉 선재적 로고스 사상 및 두 본성 교리와 연결되기 전까지 예수의 지상에서의 삶의 내러티브에 기초해 충실하게 해석되었다고 주장한다.[7] 그러나 교부들, 특히 키릴로스를 위시한 알렉산드리아 학파는 예수가 신적 로고스에 대한 손상이나 변화 없이 육을 취했다고 생각했고, 이것이 가현설적 특징을 띠게 되었다는 것이다. 또한 이런 이해는 후에 예수의 인간적인 측면을 해석할 여지를 주지 않았다는 것이다.[8]

---

5   Rosemary Ruether, *Sexism and God-talk: Toward a Feminist Theology* (Boston, MA: Beacon Press, 1983), 137.

6   Daphne Hampson, *Theology and Feminism* (Cambridge, MA: Blackwell Publishers, 1990), 155-159; Coakley, *Powers and Submissions*, 3-4.

7   Coakley, *Powers and Submissions*, 6.

8   Ibid., 11.

코클리는 예수가 소위 '남성주의적' 힘을 처음부터 갖지 않았다면 햄슨의 비판은 비판의 과녁을 잃는 것이라고 비판한다. 또한 코클리는 햄슨이 여전히 젠더 고정관념을 가지고 있으며, 여성들이 힘이 있어야 한다고 주장함으로써 그들이 비판하는 남성주의자들을 흉내 내고 있다고 비판한다.[9] 코클리는 모든 형식의 '취약성'에 대한 억압은 기독교 페미니즘에 위험하며, 피해자 이외의 약함, 고통 또는 '자기 비움' 등과 직면할 수 없게 만든다고 주장한다. 이는 십자가와 부활의 능력에 대한 페미니스트적 재개념화를 포괄할 수 없게 만든다. 자신의 목숨을 구하기 위해 자신의 목숨을 잃어야 하는 역설, 이런 변혁하는 힘을 기르기 위해서는 오히려 기도의 실천, 침묵 기도, 관상기도가 필요하다고 제안한다.[10] 기독교 페미니스트들도 세상적 힘의 형식을 모방하는 것을 피해야 한다. 이런 특별한 '자기 비움'은 자아의 부정이 아니라 자아가 하나님에 의해 변혁되고 확장되는 장소라고 보았다.[11]

햄슨 외에도 다른 각도에서 희생에 대한 부정적 견해를 피력한 학자가 있다. 바로 캐트린 태너다. 태너는 여성신학자들의 구속교리 비판을 다루면서 십자가 사건을 징계와 희생이 아니라 성육신적 관점에 기반한 하나님의 선물로서 이해해야 한다고 제안했다.[12] 이런 맥락에서 코클리는 피조물과 경쟁하지 않으시고 모든 선한 것의 원천이신 삼위일체 하나님에 기초한 경제 비전인 태너의 "은혜의 경제"(*Economy of Grace*)를 비판한다.

---

9   Ibid., 32.
10   Ibid., 33.
11   Ibid., 36.
12   Kathryn Tanner, "Incarnation, Cross, and Sacrifice: A Feminist-Inspired Reappraisal,"
     Anglican Theological Review 86, no. 1 (Winter 2004), 35-56.

코클리에 의하면, 태너는 하나님으로부터 피조물에 전달되는 일방적이고 무조건적인 선물을 강조하면서, 피조물 편에서의 응답과 희생의 가능성을 차단한 것이다. 그녀는 "하나님의 창조와 구원의 목적은 그들에게 어떤 생산적인 행위를 맡기기 위해서"도, "그들로부터 어떤 것이 필요해서"도 아니라고 주장한다.[13] 코클리에 의하면, 태너의 이런 상호관계와 교환의 소거는 차이의 억압을 가져오게 된다.[14] 다시 말하면, 삼위일체의 비경쟁적 공동체가 서로에게 아무것도 내주지 않게 되고, 아무것도 이동하지 않고 아무것도 상실하지 않게 된다는 것이다. 또한 우리는 이런 하나님의 일방적이고 무조건적인 선물을 우리가 받은 것처럼 희생이나 과도한 상실 없이 가난한 사람들에게 일방적이고 무조건적으로 재분배해야 한다. 이런 면에서 코클리는 태너가 이 세계에 존재하는 악의 실체를 인정하지 않고, 이 선물에 대한 진정한 협력과 참여가 경제적으로나 정치적으로 변화된 세상을 만들어낼 것이라는 거대한 낙관주의에 기초해 있다고 보았다. 또한 태너의 교환과 희생 없는 경제 모델은 전지구적 자본주의 딜레마에 대한 해결책으로 매우 부르주아적이라는 비판을 받는다. 이는 교환 모티프를 삭제한 결과로, 삼위일체 안의 차이와 하나님과 우리의 차이를 삭제한 결과일 수 있다고 코클리는 평한다.[15] 태너의 일방적인 은혜의 체제

---

13   Kathryn Tanner, *Christianity and the New Spirit of Capitalism* (New Haven: Yale University Press, 2019), 206-207.

14   Sarah Coakley, "Why Gift?: Gift, Gender and Trinitarian Relations in Milbank and Tanner" in *Scottish Journal of Theology* 61, no. 2 (2008), 224.

15   앞의 논문, 233, 228. "이는 태너와 비슷하게 삼위일체론에서 경제적 비전을 상상한 존 밀뱅크(John Milbank)가 신적 선물과 인간의 참여적 응답의 순환을 주장한 반면(거기서는 자본주의의 현실에 대한 대안적인 사회적 현실을 창조하는 것임에 반해), 태너의 비전은 '삼위일체의 비경쟁적인 위격들'에 의한 '일방적이고' 절대적으로 '무조건적인' 신적 선물에 대한 것인데, 이는 도움이 필요한 사람들에게 '반사된' 인간의 부의 '수평적'

에서는 부자 청년에게 요구된 급진적이며 복음적인 박탈도, 빈곤한 과부의 적은 헌금도, 가난한 사람에게 더 많은 것을 받는 것(마 25:40, 지극히 작은 자에게 한 것이 나에게 한 것)도 있을 수 없다는 것이다.

이런 맥락에서 코클리는 희생이 근대의 남성주의적 힘에 대한 대안적 힘으로서, 삼위일체 하나님의 차이, 창조주와 피조물의 차이를 지우지 않는 교환과 응답의 관점에서 중요한 신학적 함의를 가진다고 주장한다. 그녀의 기포드 강연은 이런 유의미한 희생이라는 가치가 진화의 역사 속에서 진행된다는 것을 추적한다.

2. 코클리의 포괄적 신학(théologie totale)과 기포드 강연 간의 관계

코클리는 자신의 신학을 포괄적 신학(théologie totale)이라고 명명한다. 그녀는 포괄적 신학이 역사적 문화의 모든 수준을 해명하려는 전체성, 포괄성, 총체성을 추구하는 프랑스 아날학파의 '전체사'(l'historie totale) 개념과 느슨하게 연결되어 있다고 밝힌다.[16] 아날학파는 엘리트 중심적인 역사적 인물들을 선정하여 정치사 중심의 기술을 추구한 기성의 역사 학풍의 대안으로, 사회·역사적 기술을 함으로써 민중의 삶과 의식을 역사 속에 포함하는 '전체사'를 추구한다.[17] 이 학파는 인간에 대한 폭넓은 시도를 지향하기 때문에 학제 간 연구가 필수적이었다. 즉 경제, 사회, 문명을 모두 포

---

16 Sarah Coakley, *God, Sexuality, and the Self: An Essay 'On the Trinity'* (Cambridge: Cambridge University Press, 2013), 35, no. 3.

17 김응종, "아날학파와 역사의 공간화", 「황해문화」 9 (1995, 12), 395.

괄하는 '전체들의 전체'를 지향하는 것이다.[18]

　　그녀가 이렇듯 포괄적 신학을 추구하는 이유는 신학이 "살아 있는 종교의 소란스러운 경치로부터 이격된 지형"에 놓이는 것을 피하고자 함이다.[19] 다시 말해서, 신학은 단순한 언어적 놀이나 추상적 사고가 아니라 체화된 사고가 필요하며 세속적 영역과 영적 영역이 연루된 복잡성을 인정하려는 시도이기 때문이라는 것이다. 실제로 그녀는 매튜 아놀드가 북부 유럽의 가파른 교세의 감소를 목도하고, 근대의 세속적 힘에 잠식당한 기독교 신앙을 애도하면서 쓴 시 '도버 해안'에 나오는 시구, "신앙의 바다의 긴 퇴조를 부르는 우울한 소리"를 인용한다.[20] 또한 많은 사회학자가 신앙의 조수가 다시 돌아올 수 없다고 분석했으나 새로운 열정과 영적인 기백이 때로는 홍수에 의해, 때로는 역류와 지하 통로에서 예측하지 못한 방식으로 스며 나왔다는 것을 기술한다.[21] 이로써 코클리는 살아 있는 경험, 물질성과 유리되지 않은 생활 신앙, 생활 종교를 추적하는 것이 필요하다고 본 것이다.[22]

　　그녀는 포괄적 신학의 방법론으로 대위법을 말하고 있다. 그녀는 근대 철학, 정치사상, 사회학, 자유주의 페미니스트 사상 이 모두를 신학의

18　　Ibid., 396.
19　　Coakley, *God, Sexuality, and the Self*, 68.
20　　Ibid., 69.
21　　Ibid.
22　　실제로 그녀는 성공회 교단의 프로젝트인 "카리스마적 경험: 성령 안의 기도하기"라는 심층 인터뷰를 통한 프로젝트로 논문을 쓰기도 했다. Sarah Coakley, "Charismatic experience: Praying 'in the Spirit,'" in *We Believe in the Holy Spirit, A Report by The Doctrine Commission of the General Synod of the Church of England* (London: Church House Publishing, 1991).

대위법적 파트너로서 인정한다.[23] 종합이나 통합이 아니라 하나의 학문 선율의 연주가 끝나면 다른 학문 선율이 연주되어 결국 조화로운 화음을 들을 수 있게 되는 것이다. 따라서 그녀의 신학은 세속 철학과 과학을 포괄하거나 '극복하는' 것을 추구하지 않는다. 은혜와 자연은 구분되어 있지만 분리될 수 없는 관계에 있다.[24] 그래서 코클리에게 신학의 이성은 깊은 수준에서는 계시 및 은혜와의 지속적인 대위법의 관계에서 계시와 은혜에 의해 계속 변화되는 한편, 다른 수준에서는 세속 철학 및 과학과의 대화 관계에 있다. 왜냐하면 신학의 이성은 '그분이 불고 싶은 대로 부는' 성령에 의한 변화에 열려 있음으로써, 어떤 것을 통해서도 배울 필요가 있다는 가능성을 배제할 수 없기 때문이다. 여기에 세속 이성, 신학의 이성, 그리고 하나님을 향해 가는 도상에 있는 이성 사이의 역설적인 이중의 대위법이 존재한다고 그녀는 주장한다.[25]

이렇듯 코클리는 물질성 및 살아 있는 삶과 유리되지 않는 신학을 추구하며, 이를 위해 타 학문과의 교류와 대화가 필수 불가결하다고 보았다. 그녀는 『하나님, 섹슈얼리티, 그리고 자아』(God, Sexuality, and the Self)에서 사회학, 특히 페미니즘과의 대위법을 실행했고, 하버드 대학교 시절 진화역학팀에 참여하여 협업하고 2009년 케임브리지 대학교에서 열린 다윈 컨퍼런스에 참여함으로써 신학과 자연과학의 대위법을 연습한 후, 드디어 기포드 강연의 연사로 초청받는다.

---

23 Coakley, *God, Sexuality, and the Self*, 35. 그녀는 대위법과 함께 "협공 작전"이라는 말도 사용한다. Ibid., 36.
24 Ibid., 88-89.
25 Ibid., 89.

3. 코클리의 기포드 강연[26]

코클리는 기독교 페미니스트들이 소위 '남성 중심적'인 근대적 힘의 논리를 모방하는 것에서 벗어나 자기 비움을 변혁의 힘으로 받아들여야 한다고 계속 주장하며, '희생'의 가치가 여전히 유의미함을 강조해왔다. 이는 그녀가 케임브리지 대학교 교수 취임 강좌 때 다룬 '희생' 모티프와 연계된 주제다. 이와 같은 그녀의 관심은 기포드 강연 연사로 초청되어 2012년 애버딘 대학교(University of Aberdeen)에서 "되찾은 희생"(Sacrifice Regained: Evolution, Cooperation and God)이라는 제목으로 행한 여섯 차례의 강연으로 열매를 맺는다. 그녀는 기포드가 '자연신학'에는 "신에 대한 지식, 무한, 모든 것, 첫 번째 및 유일한 원인…"이라는 주제가 포함되어야 하며, "그의 본성과 속성에 대한 지식, [그리고] 인간과 온 우주가 그와 맺는 관계에 대한 지식"으로 확장되어야 한다.…[그리고 더 나아가] "윤리 또는 도덕, 그리고 그로 인해 발생하는 모든 의무와 임무"를 포괄해야 한다고 보았다고 전하면서, 우리가 철학, 신학, 윤리의 학제 간 대화에 직면해야 한다고 주장한다.[27] 코클리는 학제 간 대화에 임할 때, 거짓되고 매혹된 두 가지 길을 피해야 한다고 주장한다. 그중 하나는 순진한 상관주의로, 과학 발전의 새로운 경향을 너무 단순하게 또는 고지식하게 따르는 것을 말한다.[28] 또 다른 하나는 '사실/가치'의 완전한 분리 형식에 굴복하고,

---

26   Sarah Coakley, *Sacrifice Regained: Evolution, Cooperation and God*. Gifford Lectures Video. 1-6강의 녹취록을 참고했다.

27   앞의 자료, 6강. S. L. Jaki, *Lord Gifford and his Lectures. A Centenary Retrospect*, Edinburgh and Macon, GA, 1986, 72-3. https://www.giffordlectures.org/books/reconstructing-nature/preface (2022. 8. 12. 접속).

28   앞의 자료.

신학을 후자의 영역, 즉 '해석'의 영역에 안전하게 수용하고 보호한다고 선언함으로써 과학과 또 다른 형태의 거짓 휴전을 선언하는 것이다. 이런 두 가지 길을 주의하면서 그녀는 기포드 강연을 시작한다.

　　그녀는 총 여섯 번의 강의를 진행했는데 각각의 강의는 다음과 같다.[29]

　　첫 번째 강의, "진화의 이야기들, 희생의 이야기들"에서 코클리는 자신이 케임브리지 교수 취임 강좌 때 다룬 르네 지라르의 희생 이야기를 진화의 희생 이야기와 연결한다. 코클리는 지라르의 모방 욕망 이론이 기독교의 희생 이야기와 궤를 달리한다고 본다. 지라르에게 욕망이란 다른 사람의 욕망을 모방하는 욕망이고(모방적 욕망), 인간은 이런 욕망을 추구하기 위해 서로 경쟁하며, 이 경쟁으로 인한 폭력의 악순환이 발생하는데(모방적 짝패), 이런 잠재적인 폭력은 선택된 희생자(단독 피해자 메커니즘)가 이를 씻어냄으로써만 끝이 난다(모방적 위기). 이와 같이 상대방을 모방하려는 욕망이 일상화되면 개인적인 욕망과 폭력의 문제로 그치는 것이 아니라 종교와 문화가 발생하는데, 이 문화 자체는 희생양 메커니즘에 의해 형성되고 안정화된다는 것이다. 코클리는 지라르의 이런 희생 이론이 인간의 본성뿐만 아니라 사회의 가능성과 안정성의 기초로서 폭력을 상정한다고 비판한다. 코클리는 지라르의 시도를 "일종의 비관주의적 칼뱅주의와 프로이트적 이드의 이상한 결합이라고(married)" 혹평하며[30], 새로운 종류의 진화와 희생의 결합이 요청된다고 말한다.

　　두 번째 강의, "협력, 일명 이타심: 게임 이론과 진화에 대한 재고"에

29　이 부분은 최유진, "새라 코클리, 캐트린 태너", 윤철호·김효석 책임편집, 『신학과 과학의 만남: 기포드 강연을 중심으로』(서울: 새물결플러스, 2021), 246-252에도 실려 있다.

30　Coakley, *Sacrifice Regained: Reconsidering the Rationality of Religious Belief*, 13.

서 그녀는 수학자이자 진화생물학자인 마틴 노박의 하버드 대학교 진화역학 프로그램에 참여해 3년 동안 연구한 협업의 결과를 정리해낸다. 그녀는 우선 노박이 사용하는 '협력'이 인간 수준의 의도성을 가진 '이타심'과 구분된다고 못 박는다. 그녀는 노박이 '죄수의 딜레마'라는 수학 프로그램을 사용하여 협력의 진화를 위한 다섯 가지 모델(혈연 선택, 직접 상호성, 간접 상호성, 공간 선택, 집단 선택)을 정리해낸 것에 주목한다. 이 다섯 가지 모델을 통한 협력과 배신의 두 가지 전략 패턴을 분석하면, 배신자들은 잘 혼합된 집단에서는 초기에 항상 승리하지만, 집단 내 배신이 너무 많아지면 전체 개체군의 평균 적응도를 감소시키는 비용을 치른다. 결국 그는 진화의 위대한 돌파구는 안정적 협력 단계의 결과로만 가능하다고 말하며, 협력을 돌연변이 및 선택과 함께 진화의 제3원리로 제안한다. 이는 개체 유전자 관련성만을 따지는 협소한 이념으로 채색된 진화론에서 협력 문제라는 다른 중요한 측면을 놓친다는 것을 발견하게 한다.

　세 번째 강의, "윤리, 협력, 인간의 동기: 진화윤리학의 기획 평가하기"에서 코클리는 유전자 환원주의를 극복하기 위해 전체 진화 과정에 주목해야 함을 제안한다. 다윈은 이미 『인간의 유래』에서 협력을 잘하는 부족이 선택되어 번창할 것이라고 주장한 바 있다. 이와 더불어 노박의 다섯 가지 협력의 메커니즘은 진화를 유전자 이상의 수준에서 설명할 수 있음을 보여주었다. 그러나 코클리는 전체 진화의 과정에서 나타나는 협력 현상을 추적하려면 수학생물학자들의 연구 영역을 벗어나 있는 의도적이고 공감적인 차원의 협력으로 그 연구를 확장해야 한다고 보았다. 그녀는 윤리적 감수성을 보여주는 돌고래의 행동이 직접 상호성이나 포괄적 합도 이론의 범위를 넘어간다고 주장한다. 또한 뉴욕 지하철역에서 기차 트랙에 떨어진 사람을 구한 웨슬리 오트리의 행동을 과잉 협력 행위로 보고, 인간의 이타심에는 전인간의 협력 행동과는 다른 층이 있다고 주장한다. 즉 '죄수의 딜레마'와 같은 수학 게임 이론으로는 확률적으로 계산된 비인간적이거나 인간적인 행동 패턴 사이의 어떤 '희생적' 연속체를 어느 정도 조명할 수 있지만 인간 행동의 진정한 의도를 설명하기에는 벅차다는 것이다. 이에 코클리는 협력과 이타심을 연구하기 위해 세 가지 철학 방법을 제시하는데, 수정된 아리스토텔레스적 토마스주의(진 포터[Jean Porter]), 의무론적 신적 명령의 방법(존 헤어[John Hare]), 아가페 윤리(티모시 잭슨[Timothy Jackson])가 그것이다.[31]

네 번째 강의, "윤리, 협력, 젠더 전쟁: 새로운 금욕주의를 위한 전망"에서 코클리는 진화와 젠더 문제를 다룬다. 그녀는 다윈의 성 선택 이론에 빅토리아 시대의 젠더 이분법이 영향을 미쳤다고 기술한다.[32] 이후 성 선택 이론은 흔히 수컷의 짝짓기 성공 관점으로 해석되는데, 그녀는 많은 데이터가 다음 세대의 생존과 번영을 가능하게 하는 모든 요소를 고려하는 관점으로 해석될 수 있다고 주장한다. 예를 들어 공동 양육을 하는 로빈 같은 새에게 수컷의 짝짓기 관점은 해당되지 않는다(사회적 선택). 또한

---

31 포터의 수정된 아리스토텔레스적 자연적 목적론은 자연과 규범의 내재적 연결을 회복하는 방법이다. 이는 목적론적 원인이나 개입자라는 등식으로 신을 몰래 투입하고 있는 근대적인 설계 주장이 아니라 목적을 생명체의 전체 생명 과정에 대한 기여의 관점으로 이해하는 방식이다. 두 번째 헤어의 의무론적 신적 명령의 방법은 인간의 도덕적 자율성의 발생을 자연 성향보다 강조하며, 동물에게 자연스러운 것과 인간으로서 우리에게 요구되는 것 사이의 격차를 분명히 한다. 세 번째 잭슨의 아가페 윤리는 예수 자신의 강도 높은 신적 명령이 협력에 대한 수학적 설명과 보상 및 전략을 기초로 한 실용주의적 설명으로 소진될 수 없다고 보며, 기독교의 아가페 사랑은 이익을 계산하는 것을 넘어선다고 본다.

32 Coakley, *Sacrifice Regained: Evolution, Cooperation and God*, 4강. 코클리가 다윈을 인용한 부분을 참고하라. "거의 모든 동물의 수컷은 암컷보다 강한 열정을 가지고 있다." 그리고 "암컷은…가장 드문 예로 수컷만큼 열정적인 암컷이다.…그녀는 **수줍어한다**."

집단을 위한 미어캣의 협력 행위 또한 집단의 번성을 위한 것이고, 단순한 성 선택 이론으로 설명할 수 없는 부분이다. 이런 맥락에서 코클리는 팍스 로마나에 저항한 수도원적 영성인 금욕주의가 우리 시대의 번성을 위해 필요하다고 제안한다. 바르게 이해되는 희생은 생산적이고 변혁적일 수 있고, 바르게 이해된 젠더는 바르게 방향 지어진 욕망의 각인하에 유연성을 가질 수 있으며, 가난한 사람들을 위해 협력하는 사회는 인간 진화의 관점에서 '번성하는' 사회라고 결론을 맺는다.

다섯 번째 강의, "재검토된 목적론: 신 존재에 대한 새로운 윤리-목적론적 주장"에서 코클리는 협력 현상의 가장 높은 단계인 인간의 이타심을 해명하기 위해서는 목적론을 언급할 수밖에 없는데, 이는 신 존재 증명의 단계로 넘어갈 수 있다고 제안한다. 코클리는 타인을 위한 대가 없는 죽음은 기독교적 희망에 근거한 초월적 동기에 의해 추동된다고 보고, 이런 현상을 '초정상적인' 윤리적 표현이라고 부른다. 이런 초정상적인 이타심을 설명하기 위해서는 목적론이 필요한데, 그녀가 제안하는 목적론은 외재적 개입을 제시한 페일리적인 근대적인 목적론이 아니다. 그녀는 우리가 전체 진화의 단계[33] 전환의 각 순간이 진화적으로 안정적인 협력의 단계를 요구한다는 것을 관찰할 수 있다고 기술하며, 이로써 진화의 과정이 무작위적 무의미함을 의미하는 것이 아님을 알 수 있다고 보았다. 코클리는 우리가 인간 이전 수준의 협력에서 의도와 동기를 탑재한 이타심으로 이행할 때 칸트적인 설명은 미진하다고 생각했다. 미적분학의 수학적 렌즈

---

33   앞의 자료, 5강. 코클리는 진화생물학자이자 유전학자인 존 매이너드 스미스(John Maynard Smith)의 주장을 인용한다. "개별적으로 복제하는 분자에서 염색체로; 원핵 생물에서 진핵 생물로; 무성 생식에서 성 생식으로; 단세포에서 다세포 유기체로; 개인에서 사회 단체까지."

를 통해 협력적 목적론이 퍼져 있는 것을 관찰할 수 있지만, 이는 도덕적 결정에 대한 예비적 역할에 준하기 때문에 이타심으로 연구를 확장하기 위해서는 동기를 부여하는 신에 대한 논의로 이행해야 한다는 것이다. 이에 대해 코클리는 토마스의 자연법적 설명을 추천하는데, 이것은 칸트의 도덕 이론과는 달리, 생물학 세계의 본유적 규범성에서 인간 수준의 본유적 규범성인 미덕에 관한 논의로 좀 더 자연스럽게 이행된다고 말한다.

마지막 강의, "자연신학 다시 생각하기: 의미, 희생, 하나님"에서 코클리는 새로운 자연신학의 여섯 가지 특징을 기술한다. 첫 번째는 평면토대주의(flat-plane foundationalism)에 대한 거부다. 그녀는 과학자, 철학자, 신학자들이 서 있을 수 있는 비맥락화된 보편적 '평면'은 없다고 간주하면서 서로 대화하기 위해서는 각자의 근본적인 형이상학적 전제를 물어야 한다고 주장한다. 두 번째는 반실재론(non-realism)과 사실/가치 분리에 대한 저항이다. 그녀는 독특한 인간의 지향성에 관한 칸트 윤리학의 통찰을 신아리스토텔레스적 이해와 창조적으로 결합하는 것이, 진화에 대한 우리의 사고 안에 사실과 가치가 밀접하게 얽힌 통찰을 제공한다고 제안한다. 세 번째는 '무로부터의 창조' 되찾기다. 코클리에 의하면, 무로부터의 창조 교리는 외재적이고 징벌적이며 가부장적인 하나님에 대한 정보를 주는 교리가 아니다. 토마스에게 이 교리는 순수현실태(actus purus)이신 하나님이 어떤 식으로든 자신이 창조한 영역과 결합하여 연결될 수 있음을 암시하는 것이다. 이 교리는 창조 영역 내에서 우상적이고 외재적인 자기 원인(causa sui)을 주장하는 것을 피할 방법에 대한 것이다. 칸트에게 신에 대한 주장은 (신적 존재론적 차이보다는) 인식론의 경계를 의미하지만, 토마스에게 철학이 실패하는 순간은 우리가 인식론적 오류의 고통을 겪을 수 없는 경계를 그리는 것이 아니라, 눈부신 어둠의 신비한 신적 참여에 대한 초대다. 네 번째는 잘못된 이신론과 유신론에 대한 거부다. 새롭게 창조된 자연신학은 계시와 교리를 반대하지 않지만, 합리적·철학적·과학적 토론에 앞서 교리적 포장을 독단적으로 부과하지 않는다. 기도는 불확실성, 고뇌, 광기일 수 있는 이 길에 대한 두려움으로 인도하는 모든 특성에 열려 있다. 다섯 번째는 자연신학 논쟁에 대한 응답에서 의지와 이성의 일치다. 코클리의 자연신학은 지속적인 탈은폐와 신비의 영역으로 초대한다. 여섯 번째는 세상에서 하나님을 볼 수 있는 영적 감각과 금욕적 능력이다. 코클리는 흄과 칸트의 인식론을 넘어서서 니사의 그레고리오스의 신 인식론에 따라 하나님을 보는 것이 금욕적 훈련을 통한 관상적 봄이라고 제안한다.

이와 같이 코클리는 수학생물학자, 윤리학자, 철학자들과의 비판적 대화를 수행함으로써 협력의 진화 현상을 분석, 기술하며 진화의 역사를 하나님의 섭리로 해석할 수 있는 틈을 열어놓았다. 다음 절에서는 협력의 진화 현상을 통해 환원적·무작위적 진화가 아닌 기독교 신학과의 대화에 여지를 줄 수 있는 진화 개념을 찾기 위해 코클리가 대화의 파트너로서 선택한 노박과 포터의 관점을 소개할 것이다.

4. 코클리의 기포드 강연 분석

1) 환원적·무작위적 진화 개념 비판

코클리는 다윈의 진화론이 신다윈주의 이후에 무신론적 환원주의로 왜곡되었다는 것을 비판한다. 신다윈주의란 자연선택 이론을 유전 법칙을 통해 설명한 이론으로, 개체 수준에서의 이타적 행동이 유전자 수준에서 보면 자기 복제를 위한 행동임을 보여주었다.[34] 이로 인해 진화에서 자연선택의 중요성이 다시금 확인되었다. 코클리는 진화적 협력이라는 현상을 수학적·통계적·확률적으로 이해한다면 이런 과학적 환원주의의 오류를 넘어 과학과 철학, 윤리학, 신학의 협업으로 생명 현상을 새롭게 바라볼 수 있다고 주장한다. 그녀는 이런 협력의 진화 현상에 관한 연구는 성육신 및 삼위일체 교리와 섭리 교리의 내재적 관계에 대해 좀 더 창조적으로 사고할 수 있는 신학적 기여를 할 수 있으리라고 보았다.[35]

코클리는 우리가 흔히 진화를 경쟁에 기초해서 이해하는 실수를 저지른다고 말하면서, 다윈은 이미 『인간의 후예』에서 부족 협동의 중요성을 언급했음을 상기시킨다. 이는 다윈 안에 협력을 진화의 또 다른 현상으로서 볼 수 있는 가능성이 있다는 점에 주목한 것이다.[36] 코클리에게 협력이란 "단순히 '함께 일하는 것'이라는 일반적인 의미가 아니라, 하나의 개체가 사회적 딜레마 조건 속에서 다른 사람의 이익을 위해 (유전적이든 문화적이든) 적응이라는 관점에서 손해를 보는 특정한 형식으로 함께 일하는 것"이다.[37] 그녀는 이런 '협력적' 사건들이 전인간(pre-human) 수준의 생명체인 박테리아 수준에서부터 인간 행동의 진화에서 관찰된다고 설명한다. 다른 세포를 먹이기 위해 번식을 포기하는 박테리아나 사회적 곤충들의 협력 현상들이 그 예다. 그러나 그녀는 이런 수준의 협력이 본질적으로 도덕 이전(pre-moral)의 수준이고, 이것보다 상위 수준, 인간적·언어적·문

---

34 신재식, 『예수와 다윈의 동행』 (서울: 사이언스북스, 2013), 300, 302.
35 Sarah Coakley, "Providence and the Evolutionary Phenomenon of 'Cooperation': A Systematic Proposal" in *Providence of God*, ed. Francesca Aran Murphy and Philip G. Ziegler (New York: T & T Clark, 2009), 179.
36 Ibid., 180.
37 Ibid., 180-181.

화적 진화의 영역에서는 협력에 대한 메타 윤리적 토론이 필요하다고 덧붙인다. 진화적으로 협력했어도 메타 윤리적 원리로는 가학적이거나, 살인을 목적으로 하는 협력으로 평가되는 경우도 있기 때문이다. 따라서 코클리는 구체적인 선을 위해 분명한 자기희생의 의도로 동기화된 '이타심'과 '협력'을 구분해야 한다고 주장한다.[38] 예를 들어 고등 유인원, 코끼리, 돌고래는 공감과 희생적 행동들을 보여주는 것 같다. 그러나 언어 이전의 상황에 있는 그 동물들에게 이타적인 의도성을 귀속시키는 것은 우리에게 철학적 질문을 불러일으킨다.[39]

우리가 진화 현상을 살펴볼 때 잘 혼합된 개체군(population)에서는 배신자들이 항상 이기지만, 그들은 이때 평균 적합성을 떨어뜨리는 비용을 치르면서 그렇게 하는 것이다. 이런 맥락에서 협력은 다양한 형식에서 적응의 회복(regeneration)에 대한 신비한 열쇠이며, 따라서 진화의 '세 번째 원리'로 볼 수 있다는 것이다.[40]

신다윈주의 이론은 한편으로는 환원주의적·물리적 결정론을, 다른 한편으로는 불규칙한 존재론적 무작위성을 촉진했다. 이 둘은 모두 진화 과정의 섭리적·신적 인도에 대한 믿음에 적대적이다. 그러나 진화 역동의 원리에 대한 확률적인 설명인 게임 이론적 설명을 통해 보면, 이것은 진화 과정이 전적으로 변덕스러운 '무작위성'으로 진행된다는 두려움에서 벗어나 통계적인 규칙성을 지닐 수 있다는 것을 우리에게 일깨워준다. 그러나 동시에 이것은 어떤 존재론도 제공하지 않는다.[41]

---

38   Ibid., 181.
39   Ibid., 182.
40   Ibid., 183.
41   Ibid.

2) 마틴 노박의 게임 이론

수학자이자 진화생물학자인 마틴 노박은 협력이라는 안정적인 상황에서 새로운 혁신이 일어나는 것을 수학적 패턴으로 발견하고, 진화가 반드시 경쟁을 통해 진행되는 것은 아니며 생존과 협력이 양립 가능하다고 보았다. 그는 컴퓨터 프로그램을 통해 협력이 유지되고 번성할 수 있는 조건들을 추적해서 협력을 위한 다섯 가지 메커니즘을 보여준다.[42] 그는 진화의 메커니즘을 추적하기 위해 '죄수의 딜레마'라는 게임 이론을 도입하는데, 이 게임 이론은 최악의 갈등 상황을 만들어놓고, 사람들이 배신이나 협력 중 하나를 선택할 수 있게 세팅한다. 딜레마는 다음과 같다. 혐의를 받은 두 명의 공범이 수감되어 각기 다른 방에서 검사에게 취조받는다. 범인들이 할 수 있는 선택은 다음과 같다. 둘 중 한 명이 다른 쪽을 범인으로 지목하고, 배신자가 된다, 이때 상대편이 묵비권을 행사한다면, 배신자는 협조한 대가로 감형되어 1년 형이 구형된다. 반면 묵비권을 행사한 다른 한편은 죄가 가중되어 4년 형에 처해진다. 또는 둘 다 묵비권을 고수할 경우(협력), 둘 중 누구에게도 죄를 물을 수 없으므로 둘 다 2년 형에 처해진다. 마지막으로 둘 다 서로를 범인으로 지목하는 경우다. 이 경우는 둘 다 중죄로 기소되지만, 최소한 자발적으로 정보를 제공한 대가로 3년 형에 처해진다.[43]

---

42 마틴 노왁·로저 하이필드/허준석 옮김, 『초협력자: 세상을 지배하는 다섯 가지 협력의 법칙』(서울: 사이언스북스, 2012), 20. 마틴 노박은 오스트리아인이라서 코클리는 기포드 강연에서 노박으로 부른다. 기포드 강연에 준하여 본고에서는 노박으로 표기한다.

43 노박의 죄수의 딜레마 보수 행렬표(payoff matrix), Ibid., 34.

보수행렬			
		상대	
		협력	배신
플레이어	협력	-2, -2	-4, -1
	배신	-1, -4	-3, -3

가장 좋은 선택은 배신하는 것이지만, 상대 또한 배신을 선택할 가능성이 있으므로, 그렇게 되면 둘 다 3년씩 복역해야 한다. 그렇다면 서로 협력해서 2년씩 복역하는 것이 가장 좋은 선택지가 된다.

노박은 이런 죄수의 딜레마가 세포 수준에서부터 유기체까지 진화의 협력 행위를 설명해주는 길잡이가 될 수 있다고 보았다. 협력자는 배신자와 비교해 생존할 확률이 낮으므로 협력자가 멸종될 때까지 자연은 배신자의 수를 늘리는 선택을 한다.[44] 그러나 협력자들로만 구성된 사회는 배신자들로 구성된 사회보다 적합도가 높다. 따라서 진화는 협력 진화의 메커니즘을 발달시켜온 것이다. 이런 맥락에서 노박은 선택 및 변이와 더불어 협력이 진화의 세 번째 원리라고 제안한다.[45] 그리고 죄수의 딜레마에 대한 컴퓨터 프로그램, 수학, 실험을 통해 협력을 낳는 다섯 가지 메커니즘을 찾는다. 그 다섯 가지 메커니즘은 다음과 같다.[46]

첫 번째는 혈연 선택이다. 이는 동일한 유전자를 지닌 친척들의 이익을 위해 한 개체가 비용을 치르는 것을 말한다. 혈연 선택의 아이디어를 가장 먼저 생각한 사람은 홀데인(J. B. S. Holdane)이다. 그는 물에 빠진 사람을 구하기 위해 자신의 목숨을 걸 것인가에 대한 질문에 "안 구해. 하지만 내 형제 둘이나 사촌 여덟 명이 물에 빠졌다면" 목숨을 걸겠다고 대답한다.[47] 이후 해밀턴(William D. Hamilton)은 물에 뛰어들 사람과 물에 빠진 사람 사이의 근친도 계수(r)가 이 행동을 해서 얻는 비용(c)을 이익(b)으로 나눈 것보다 클 경우 협력을 위한 유전자가 진화할 수 있다는 법칙을 수학

---

44 Ibid., 39.
45 Ibid., 45.
46 Ibid., 53-187.
47 Ibid., 166.

적으로 정리했다(r)c/b). 이런 해밀턴의 이론은 "혈연 선택" 또는 "포괄 적 합도"라고 한다.[48]

두 번째는 직접 상호성(principle of give and take)이다. 이는 혈연관계는 아니지만 자주 만나는 사람들끼리의 협력 행동을 설명해주는 법칙이다. '내가 너의 등을 긁어주면, 나는 네가 보답으로 나의 등을 긁어주길 기대한다'는 식이다. 팃 포 탯(Tit for Tat, 맞대응)이라고도 한다. 밤 사냥 동안 먹이를 찾지 못한 동료를 위해 자신이 빨아온 피를 토해 동료에게 나누어주는 흡혈박쥐가 그 예다.

세 번째는 간접 상호성 또는 평판의 힘으로 부를 수 있다. 직접 상호성은 배신이 힘들 만큼 자주 마주칠 수 있는 작은 마을에서 작동하는 방법이지만, 좀 더 크고 복잡한 사회에서는 협력 행동이 당장은 손해지만 좋은 평판을 쌓게 되어 장기적으로는 오히려 이익이 되는 방법이다.

네 번째는 네트워크 상호성(공간 게임)이다. 노박은 플레이어들이 마주칠 확률을 무작위로 설정하여 잘 섞인 상태가 아니라 어떤 위치에 있느냐에 따라 다른 선택을 할 수 있는지를 추적하는 프로그램을 개발한다. 이는 게임 이론에 지리적 요소를 도입한 것이다. 체스판 위의 사각형들끼리 게임을 진행하는 격자로 구성된 생태계를 생성해보니 배신자들은 네 귀퉁이에서는 증가했지만, 네 개의 경계 지대에서는 그 수가 줄었다. 배신자들에게 둘러싸인다고 해도 무리 지은 협력자들은 살아남을 수 있었다. 이를 통해 공간 구조는 협력이 풍부하게 발생할 가능성을 열어준다는 것을 알 수 있다.

---

48   Martin A. Nowak, "Five Rules for the Evolution of Cooperation," in *Evolution, Games and God: The Principle of Cooperation*, ed. Martin A. Nowak and Sarah Coakley (Cambridge, MA: Harvard University Press, 2013), 101.

다섯 번째는 집단 선택이다. 다윈은 이미 『인간의 유래』(1871)에서 협동하는 부족이 그렇지 않은 부족보다 번창한다는 것을 주장하며 집단 선택 이론을 예고한다.[49] 집단 선택은 최근에 다수준 선택이라는 이론으로 더 설득력 있는 주장을 펼친다. 선택은 두 가지 수준에서 나타난다. 배신자들이 집단 내에서는 승자가 되지만, 집단이라는 수준에서 보면 협력자들의 집단이 배신자들의 집단을 압도하게 된다는 것이다. 협력이 항상 협력적인 개체들을 이롭게 하는 것은 아니지만, 협력이 등장한 집단들은 완전히 이기적인 행위만으로 이루어진 집단들과 비교해 더 꿋꿋하게 버틴다는 점을 관찰할 수 있다.

노박은 과거에 진화에는 오직 두 개의 원칙, 즉 변이와 선택만 있었다고 하는데, 유전적 다양성을 일으키는 변이와 주어진 환경에 가장 적합한 개체들을 솎아내는 선택이 그것이다. 그러나 "진화의 창조적인 측면을 이해하기 위해, 우리는 이제 협력이 제3의 원칙이 되어야 한다는 점을 받아들여야 한다"고 역설한다.[50] 노박에 의하면 진화의 건설적인 면, 즉 "유전자에서 유기체, 언어, 복잡한 사회적 행동에 이르는 것"이 협력에서 "창발"한다는 것이다.[51]

3) 협력, 이타심, 희생의 진화, 진화와 목적

코클리는 전인간 수준의 협력 행위가 의도를 갖춘 이타심과 희생의 수준

---

49 마틴 노왁·로저 하이필드, 『초협력자』, 146. "항상 서로 돕고 바람막이가 되는…용기 있고 동정적이며 신실한 구성원을 지닌 부족이…확산될 것이며 다른 부족을 누르게 될 것."

50 Ibid., 22.

51 Ibid.

으로 진화한다는 것과 그 진화 과정의 배경에는 신이 있다는 목적론적 세계관을 대담하게 주장한다. 근대 이후 아리스토텔레스적 목적론이나 그에 기반한 스콜라적 철학에서 말하는 목적론은 자연현상을 설명하기 위해 불필요한 외재적 존재를 상정해야 한다는 이유로 많은 사람들에게 배척되었다. 그러나 코클리는 진화와 하나님의 섭리에 관한 현재의 논쟁에 대해 만족스럽지 않은 세 가지 선택을 소개하며 목적론에 대한 논의를 이어간다.[52] 첫째는 교조적인 과학적 무신론이다. 코클리는 과학적 무신론이 진화에 대한 경험적 증거들을 넘어서 있기 때문에 환원주의에 대한 설득력 있는 설명을 내놓지 못한다고 보았다. 둘째는 지적 설계론이다. 이것은 첫 번째 선택과 반대되는 것으로, 하나님을 가끔씩 특별한 행동을 하는 분으로 가정하는 경향이 있다. 코클리는 이 선택이 신학적으로 받아들여질 수 없는 것은 아닐지라도, 과학적으로 문제가 있고 취약하다는 것이 입증되었다고 보았다. 셋째는 경쟁하지 않는 입장이다. 이 입장은 코클리의 견해와 가장 유사한데, 코클리는 이것에 경쟁하지 않는 '느긋한' 입장이라는 별명을 붙여준다. 이들은 세 가지 방식으로 지적 신뢰성을 약화시켰는데, 이 셋은 겹쳐 있다.[53] 첫째로 과학과 신학의 경계를 해석학적으로 봉쇄하는 것, 둘째로 이 분리가 다시 교회와 국가의 구분을 강화하는 것, 셋째로 종교적 신념은 설명 가능하거나 주장 가능한 것이 아니라 개인적/감정적이라는 가정을 강화한다는 것이다.

그러나 코클리는 이런 세 가지 입장을 넘어서서 진화와 목적을 화해시키고자 시도한다. 이런 그녀의 시도는 세 번째의 경쟁하지 않는 느긋한

---

52   Coakley, *Providence of God*, 189.
53   Ibid., 190.

입장과 비슷하나, 그녀는 신학이 과학과 선의의 경쟁을 도모하며 자신의 진리를 설득력 있게 주장하기 위한 과제를 해내야 한다는 소신을 피력한다. 그녀는 자신 역시 과학적 역량이 부족하게 훈련되었으며, 과학의 중요성을 알지 못한 채 "도그마적 잠"을 자고 있었다고 고백하기도 한다.[54] 그러나 그녀는 과학적 생각이 지배하고 있는 현재의 지적인 문화에서 소외되어 방어 태세를 갖출 수 있다고 생각하거나 성서와 교리적 의미의 종파적 토론 안으로 후퇴할 수 있다고 생각하는 것은 길이 될 수 없다고 비판한다.[55] 우리가 엄밀하고 정직하게 생각한다면, 과학적 담론과 기독교적 담론, 이 두 가지 안에서 우리의 삶을 살아내야 한다. 코클리는 설교자들이 기독교 신앙에 매우 해롭다고 간주되는 현대 과학의 현명한 점과 잘 알려진 내용을 말할 수 없다면, 그들의 소명에 실패한 것으로 생각한다.[56] 이런 맥락에서 코클리는 신아리스토텔레스적 토마스주의 철학자인 진 포터가 기독교 신학과 진화론의 대화를 도울 수 있다고 제안한다.

코클리는 이 부분에 대한 포터의 기여를 다음의 세 가지로 정리한다. 첫째, 포터가 진화심리학자 마크 하우저(Mark Hauser)의 시도에 주목했다는 것이다.[57] 포터가 주목한 하우저는 인간이 생래적으로 도덕적 능력을 발휘할 수 있는 구조를 갖고 태어났다고 주장했다.[58] 이는 촘스키가 말한

---

54   Coakley, *Sacrifice Regained: Evolution, Cooperation and God*, 1강.
55   An Interview with Sarah Coakley: Evolutionary Biology, Apologetics, and the Training of Theologians (April 04, 2019) https://www.regent-college.edu/about-us/news/2019/an-interview-with-sarah-coakley--part-one--evolutionary-biology--apologetics--and-the-training-of-theologians (2020. 10. 3. 접속).
56   앞의 자료.
57   포터의 세 가지 기여점은 Coakley, *Sacrifice Regained: Evolution, Cooperation and God*, 3강을 보고 정리했다.
58   Mark Hauser, *Moral Minds: How Nature Designed Our Universal Sense of Right and Wrong*

대로 인간이 언어구조를 갖고 태어난 것과 같다. 하우저는 이를 입증하기 위해 '트롤리(trolley) 실험'을 진행한다. 트롤리가 트랙 위에 있는 다섯 명의 사람을 향해 돌진하고 있다. 이때 승무원이 스위치를 누르면 트롤리는 측선으로 선로를 바꾸게 되어 다섯 명의 목숨을 건질 수 있지만, 그 측선에 있는 한 사람이 죽게 된다. 당신이 승무원이라면 어떻게 할 것인가? 또 하나의 시나리오는 트롤리가 다섯 사람을 향해 달리고 있으나 이번에는 다리 위에서 그 광경을 보고 있는 나(설문에 응하는 사람)는 때마침 옆에 있는 뚱뚱한 사람을 밀어서 다섯 명을 살릴 것인가? 수천 명의 사람이 온라인 설문에 참여했는데, 두 경우 다 똑같이 다섯 명의 목숨을 구할 수 있음에도, 대부분의 사람들이 첫 번째 경우에는 동의했으나 두 번째 경우에는 동의하지 않았다고 한다. 하우저는 이것이 인간에게 생래적인 도덕적 문법이 있음을 말해주는 것이라고 보았다. 즉 똑같은 선한 결과를 예기하지만, 우리에게 있는 보편적인 도덕심이 의도적인 직접적 살인을 허용하지 않는 것이라는 주장이다. 코클리에 의하면, 포터는 이런 하우저의 가설과 진화론적 협력과 이타심의 보편성에 대한 노박의 수학적 설명에 응답하면서, 이런 발견들을 더 깊이 있게 성찰하기 위해 메타 윤리적 설명이 필요하다고 주장한다.

둘째, 포터는 '자연주의적 오류'에 대한 흄과 G. E. 무어 등의 근대적 비판에 저항하여 스콜라적 자연법 이론을 복원하고자 한다. 스콜라적 자연법이 비판받는 이유는 기술적인 것(자연적인 것)에서 규범적인 것(좋은 것 또는 옳은 것)으로 넘어가는 것에 있다. 그러나 포터는 흄과 무어의 주장처

(New York: HarperCollins, 2006).

럼 사실과 규범을 분리하는 것은 불가능하다고 보았다.[59] 평가 용어와 기술적 내용은 불가분하게 얽혀 있다. 예를 들어 평생을 떨리는 불안한 상태에서 보내는 사람을 용감한 사람이라고 말하는 것은 이상하다.[60] 포터는 기술과 평가 사이의 통합적이고 '자연적'인 연결이 있다고 보았고, '자연'과 '규범'의 내재적 연결을 회복하는 것이 바로 수정된 아리스토텔레스적 개념인 '자연적 목적론'을 되찾는 방법이라고 간주한다. 포터는 모든 생명 현상이 '무엇을 위해서'라는 물음과 필연적으로 연결되어 있다고 보았다. 이것은 근대적인 종류의 "설계" 주장이 목적론적 원인이나 개입자라는 등식으로 신을 몰래 밀입시키는 것과는 관계가 없다. 근대에서 말하는 목적이란 각 생물의 기관과 기능이 특별한 목적에 봉사하기 위해 설정된 방식으로 외적인 작인, 신에 의해 디자인되었다고 생각하는 것과 관련된다. 생물은 자신이 아닌 다른 생물이나 인간에게 봉사하도록 디자인되었다.[61] 이에 반해 아리스토텔레스에게 목적은 생물의 생명 과정에 대한 기여란 측면에서 이해된다. 목적과 기능의 언어는 생물 자체의 안녕을 위해 생물의 기관, 구조 및 반복적인 활동을 말하는 데 합법적이고 실제로 필요하다. 즉 생물 자체의 목표에 대한 것이다. 따라서 목적론적 언어는 외적으로 부여된 목적을 지시하지 않는다. 눈이 보는 것을 의미한다는 관찰은 눈의 물리적 메커니즘이 전능한 설계자라는 장치(contrivance)를 반영하는 방식에 관한 이야기를 전제하지 않는다. 오히려 이것은 눈의 역할이 보는 기관을 제공하는 수단으로 생물의 전체적 복지를 진작시키는 것에 관한

---

59   Jean Porter, *Nature as Reason: A Thomistic Theory of the Natural Law* (Grand Rapids, MI: W. B. Eerdmans, 2005), 123-125.
60   Ibid., 123-124.
61   Ibid., 99.

직접적 설명을 전제한다는 것이다.

코클리는 포터를 경위하여 우리가 단순히 진화 협력의 결과가 무엇인지 묻는 대신, 그들이 가져오는 번성에 관해 묻는다고 보았다.[62] 포터를 통해 협력과 이타심의 현대적 증거를 자연법적 메타 윤리의 더 큰 틀에 수용할 수 있다는 것이다. 적어도 의도적이지는 않지만 집단의 번성을 향상시키는 수준에 적합한 협력은 더 풍부하고 복잡한 형태의 의도와 목적을 자연스럽게 추가하는 정도까지, 그리고 마침내 더 발전된 목표와 목적이 자연스럽게 주어진 것으로 보일 수 있는 인간의 번영에 대한 설명으로 어떻게 단계적으로 진행될 수 있는지를 설명할 수 있는 것처럼 보인다는 것이다.

셋째, 진 포터가 기독교 신학과 진화론의 대화에 기여한 측면은 포터의 비전이 인간에 대한 토마스주의적인 신학적 비전을 지녔으며, 이 비전이 인간을 자연과의 연속성 안에서 이해한다는 점이다. 인간의 역할은 각 피조물에게 주어진 역할처럼 섭리로 부여되어 인간을 위한 특별한 신적 목적에 참여하는 것이다. 그러나 이 비전은 '번성'과 미덕에 대한 명령이 올바로 주어졌을 때 동물적인 육체적 생명과 그런 자연스러운 성향에서 비롯된 적절한 작동에서 벗어나게 하지 않는다. 이를 통해 우리는 신아리스토텔레스적 비전이 협력과 이타심의 진화 패턴을 설명할 방법뿐만 아니라 수학적으로 질서 지어진 설명을 쉽게 수용할 방법도 알 수 있는 것이다. 따라서 진화적 이타주의는 그것의 적합한 완성으로 이끌리는데, 이것은 대체되는 것이 아니라, 성취되는 것이다.

결과적으로 코클리는 자연 세계의 협력 현상을 탐구하는 것이 섭리

---

62   Coakley, *Sacrifice Regained: Evolution, Cooperation and God*, 3강.

에 대한 성찰에 도움이 된다고 본다. 그녀는 자신의 포괄적 신학의 특징인 과학과 신학 양쪽의 협공작전의 중요성을 제시하면서, 진화의 '협력적' 경향과 관련하여 높은 수준의 '이타심'과 성인(聖人) 수준의 자기 헌신에 대한 '선택' 과정에서의 '자연적' 준비를 제안한다.[63] 종교 편에서 '신앙의 눈'은 '협력' 현상을 삼위일체와 성육신 효과의 정확한 지시로 식별한다. 과학의 편에서 협력 현상은 진화의 추진에 심어진 것이다. 이것은 맹위를 떨치는 자연에 대한 의미 깊은 수정을 제공하고, 진화에는 개인주의 또는 고립주의에 반하는 경향이 있음을 알려준다. 다윈주의가 적대적인 경쟁 또는 개인주의를 아우를 수 있다는 두려움은 수정될 수 있다. 진화는 협력, 자기희생, 용서를 선호한다. 진화는 마크 하우저가 주장하듯이 가장 기본적인 인간 윤리적 감정을 선호한다. 전인간적 수준의 고등 포유류의 영역에서 공감의 경향, 개인적 위험의 대가로 가까이에 있는 다른 동물들을 보호하려는 욕망이 보인다. 적어도 이것은 이타적·윤리적 덕의 고도로 의도적인 형식을 위한 진화적 모판이다. 비록 의도와 선택의 자유를 가진 후자가 협력의 전인간적 다양성과는 완전히 다른 종류라고 할지라도, 그리고 수학적 예견하에 환원적으로 포함될 수 없더라도 말이다.[64]

또한 철학적 혹은 신학적 측면에서 이 동일한 현상은 신 존재를 위한 '도덕적/목적론적' 주장의 새로운 형식의 가능성을 제안할 수도 있다.[65] 즉 연역적 의미에서의 '증명'이 아니고 성육신적이고 삼위일체적인 하나님, 공감과 고통에 감응하는 하나님에 대한 축적적인 고려사항 중 하나의 구성요소일 수 있다. 이런 의미에서 과학과 종교에 대한 '비경쟁적' 관점

---

63   Coakley, *Providence of God*, 190.
64   Ibid., 191.
65   Ibid., 191-192.

은 수정되고 풍부해질 뿐만 아니라 '진화'와 '과학'의 양면이 의미 있게 구분될 수 있다. 불가지론적이거나 무신론적인 진화생물학자는 신적 섭리의 존재에 대한 형이상학적 사변의 필요성에 대해 계속 질문할 것이다. 그러나 이는 예전처럼 과학적 증거들과 그것에 대한 의미를 융합시키는 것이 아니라, 둘 사이를 다리 놓는 이론적 능력에 대한 설명이 될 것이다. 신학적 측면에서 이것이 나타내는 큰 발전은 계몽주의 이래로 과학/종교 논쟁을 그렇게 지배하고 있었던 이신론적 하나님에 대한 것보다 성육신과 삼위일체 교리에 주어진 내재적이고 직접적인 주목에 놓여 있다는 것을 보여준다.[66]

III. 결론

지금까지 본고는 코클리의 기포드 강연을 분석·탐구하기 위해 희생이라는 주제에 대한 그녀의 연구사와 그녀의 신학적 특징인 포괄적 신학 (théologie totale)에 대해 기술했고, 그녀의 기포드 강연을 요약한 후, 그녀의 강연에서 핵심적으로 주장하는 협력의 진화와 목적론의 복원을 노박과 포터를 중심으로 살펴보았다. 코클리는 수학생물학자, 윤리학자, 철학자들과의 비판적 대화를 수행함으로써 협력의 진화 현상을 통해 환원적·무작위적 진화가 아닌 또 다른 창발적 가능성을 제공했고, 여기에 근대 이후 관심에서 사라진 신과 목적이라는 주제를 새롭게 소환했다.

데이비드 크리스천이 시작한 학문 분야인 빅 히스토리의 관점에서

---

66   Ibid., 192.

살펴보면 코클리의 기여가 더 선명하게 드러날 수 있다고 생각한다. 빅 히스토리는 기존의 인간 중심적인 사관에서 벗어나 인류 이전의 모든 생명체를 포괄하는 우주와 생명의 역사, 즉 세상의 전체 역사를 다루는 학문이다. 즉 이 세상 모든 것의 과거(기원), 현재(우리의 위치), 미래(이 모두가 어떻게 될 것인지)를 설명하는 학문이다.[67] 따라서 우리는 신학뿐만 아니라 다른 많은 학문이 '빅 히스토리'라는 우산 아래 깃들여 대화하고 통섭할 수 있는 좋은 장을 만들어줄 수 있다.[68]

코클리의 기포드 강연의 논지, 즉 '인간 이전 수준의 협력 현상이 고등 포유류와 인간의 의도적인 협력/희생 현상의 준비 단계라는 주장'은 거대사의 관점에서 협력 현상의 진화에 대한 수학생물학적·윤리철학적·신학적인 학제 간 연구로 볼 수 있을 것이다. 그녀는 이 연구를 통해 한편으로는 창조/구원의 이분법과 인간 중심적인 신학에 익숙한 신학자들에게 인간 이전 수준의 생명 현상의 중요성과 그것에 기초한 목적과 창발의 가능성을 보여주면서 신학의 지평을 넓혀놓았다. 이는 창조와 구원이 동근원적인 것으로 파악될 수 있다는 가능성을 보여준다.[69] 다른 한편으로 그녀는 임의적이며 무자비한 경쟁의 특성이 있고, 유전자 환원론적 특성을 가지고 있는 신진화론자들의 진화 이해와는 다른 진화의 모습이 있을 수 있음을 진화생물학자들에게 보여주고 있다. 이와 더불어 그녀는 페일리식의 외재적 목적이 아닌 생물 자체의 번성을 위한 목적이 자연 세계 안에 있다는 수정된 목적론을 제안하면서, 이런 목적론에 관한 신학적 주제가 윤리철학적인 우회로와 검증을 통해야 하겠지만, 생물진화론자들

---

67   데이비드 크리스천·밥 베인, 『빅 히스토리』, 15.
68   Ibid., 9.
69   박영식, 『창조의 신학』 (서울: 동연, 2018).

과 대화할 여지를 줄 수 있다고 주장하고 있는 것이다. 예를 들어 크리스천은 빅 히스토리에서 새로운 현상이나 물질이 나타나는 지점이나 시기인 임계국면(threshhold)을 여덟 가지로 나누어 소개한다.[70] 그런데 이 거대사를 살펴보면 단순한 것에서 점점 더 복잡한 것들이 등장했음을 알 수 있다. 즉 새로운 형태는 출현 조건이 딱 맞아떨어져야 기존의 존재들 속에서 출현한다는 것이다. 과학의 눈으로 볼 때는 새로운 창발이 우연이나 패턴의 한 조각일지 모른다. 하지만 신학의 눈으로 볼 때 이 조건이 만들어질 수밖에 없는 이유를 신과 신의 목적에서 찾을 수 있다는 근거를 탐색할 수 있는 것이다. 이런 관점에서 코클리의 기포드 강연은 신학과 과학의 비판적인 대화를 견인했다고 말할 수 있다.

---

70 Ibid., 22, 29. 여덟 개의 임계국면이란 ① 빅뱅(137억 년 전), ② 별의 출현(135억 년 전), ③ 새로운 원소의 출현(135억 년 전), ④ 태양계와 지구(45억 년 전), ⑤ 지구상의 생명(38억 년 전), ⑥ 집단 학습(20만 년 전), ⑦ 농경(1만 1천 년 전), ⑧ 근대 혁명(250년 전).

참고문헌

김응종. "아날학파와 역사의 공간화." 「황해문화」 9 (1995. 12), 394-405.

노왁, 마틴·로저 하이필드/허준석 옮김. 『초협력자: 세상을 지배하는 다섯 가지 협력의 법칙』. 서울: 사이언스북스, 2012.

도킨스, 리처드/홍영남·이상임 옮김. 『이기적 유전자』. 서울: 을유문화사, 2018.

박영식. 『창조의 신학』. 서울: 동연. 2018.

신재식. 『예수와 다윈의 동행』. 서울: 사이언스북스, 2013.

크리스천, 데이비드·밥 베인/조지형 옮김. 『빅 히스토리』. 서울: 해나무, 2013.

Coakley, Sarah. *God, Sexuality, and the Self: An Essay 'On the Trinity.'* Cambridge: Cambridge University Press, 2013.

_____. *Powers and Submissions: Spirituality, Philosophy and Gender.* Oxford: Blackwell Publishes, 2002.

_____. "Providence and the Evolutionary Phenomenon of 'Cooperation': A Systematic Proposal." In *Providence of God*, edited by Francesca Aran Murphy and Philip G. Ziegler, 179-193. New York: T & T Clark, 2009.

_____. *Sacrifice Regained: Evolution, Cooperation and God.* Gifford Lectures Video. https://www.giffordlectures.org/lectures/sacrifice-regained-evolution-cooperation-and-god (2019. 2. 13. 접속).

_____. *Sacrifice Regained: Reconsidering the Rationality of Religious Belief: Inaugural Lecture as Norris-Hulse Professor of Divinity.* Cambridge: Cambridge University Press, 2012.

_____. "Why Gift?: Gift, Gender and Trinitarian Relations in Milbank and Tanner." *Scottish Journal of Theology* 61, no. 2 (2008), 224-235.

Hampson, Daphne. *Theology and Feminism.* Cambridge, MA: Blackwell Publishers, 1990.

Hauser, Mark. *Moral Minds: How Nature Designed Our Universal Sense of Right and Wrong.* New York: HarperCollins, 2006.

McRandal, Janice, ed. *Sarah Coakley and the Future of Systematic Theology.* Minneapolis: Fortress Press, 2016.

Nowak, Martin A., and Sarah Coakley. *Evolution, Games and God: The Principle of Cooperation*. Cambridge, MA: Harvard University Press, 2013.

Porter, Jean. *Nature as Reason: A Thomistic Theory of the Natural Law*. Grand Rapids, MI: W. B. Eerdmans, 2005.

Ruether, Rosemary. *Sexism and God-talk: Toward a Feminist Theology*. Boston, MA: Beacon Press, 1983.

Tanner, Kathryn. *Christianity and the New Spirit of Capitalism*. New Haven: Yale University Press, 2019.

_____. *Economy of Grace*. Minneapolis: Fortress Press, 2005.

_____. "Incarnation, Cross, and Sacrifice: A Feminist-Inspired Reappraisal." Anglican Theological Review 86, no.1 (Winter 2004), 35-56.

_____. *Jesus, Humanity and the Trinity: A Brief Systematic Theology*. Minneapolis: Fortress Press, 2001.

An Interview with Sarah Coakley: Evolutionary Biology, Apologetics, and the Training of Theologians (April 04, 2019) https://www.regent-college.edu/about-us/news/2019/an-interview-with-sarah-coakley--part-one--evolutionary-biology--apologetics--and-the-training-of-theologians (2020. 10. 3. 접속).

필자 소개 [가나다순]

김정형

서울대학교 철학과(B.A.), 장로회신학대학교 신학대학원(M.Div.), 버클리 연합신학대학원(GTU, Ph.D.)에서 수학하고, 장로회신학대학교 연구지원처 조교수를 거쳐 지금은 연세대학교 연합신학대학원에서 종교철학을 가르치고 있다. 『창조론: 과학 시대 창조신앙』 외 다수의 저서와 논문이 있다.

박형국

서울대학교(B.A.), 장로회신학대학교 신학대학원/대학원(M.Div./Th.M.), 에모리 대학교(Th.M.), 그리고 드루 대학교 신학대학원(M.Phil./Ph.D.)에서 종교학과 철학과 신학을 공부하고 현재 한일장신대학교 조직신학 교수로 재직하고 있다. 『바르트와 해체 시대』 외 다수의 저서와 논문을 저술했다.

백충현

서울대학교(B.A.), 장로회신학대학교 신학대학원(M.Div.), 프린스턴 신학교(Th.M.), 예일 대학교 신학대학원(S.T.M.), 버클리 연합신학대학원(Ph.D.)에서 철학과 신학을 공부하고 현재 장로회신학대학교 조직신학 교수로 활동하고 있다. 『내재적 삼위일체와 경륜적 삼위일체』, 『삼위일체신학의 핵심과 확장』을 비롯하여 다수의 저서와 국내외 학술지 논문들이 있다.

윤철호

장로회신학대학교(Th.B./M.Div.), 프린스턴 신학교(Th.M.), 노스웨스턴 대학교(Ph.D.)에서 신학을 공부하고 30년간 장로회신학대학교 조직신학 교수로 봉직했으며 지금은 명예교수다. 『너희는 나를 누구라 하느냐』 등 12권의 저서와 7권의 역서, 그리고 국내외 전문 학술지에 발표된 100여 편의 논문이 있다.

이관표

연세대학교(Th.B./M.A./Ph.D. in theology), 장로회신학대학교(M.Div.), 독일 드레스덴 대학교(Dr.phil. in Philosophie)에서 철학과 신학을 공부하고, 협성대학교 초빙교수(2016-2017), 인천대학교 강의객원교수(2017)를 역임했으며, 현재 한세대학교 사회복지학과/교양학부 조교수다. 『하이데거와 부정성의 신학』을 저술했으며, 전문학술지에 30여 편의 논문을 발표했다.

이상은

단국대학교(B.A.), 장로회신학대학교(M.Div./Th.M.), 하이델베르크 대학교(Dr.Theol.)에서 신학을 공부하고 현재 서울장신대학교 조직신학 교수로 재직 중이다. 『계몽주의 이후 독일 개신교 개관』 등 10권의 저역서(공저 및 공역 포함)를 출간했으며, 40여 편의 논문을 발표했다.

이용주

연세대학교(B.A./Th.M.), 튀빙겐 대학교(Dr.Theol.) 등에서 신학을 공부했고, 2012년부터 숭실대학교 조직신학 교수로 봉직하고 있다. *Unterwegs zum trinitarischen Schöpfer*(De Gruyter, 2010), 『셸링: 절대자와 자유를 위한 철학』 등의 저·역서와 30여 편의 학술논문을 국내외 전문학술지에 발표했다.

최유진

장로회신학대학교(B.A./M.Div./Th.M.), 프린스턴 신학대학원(Th.M.), 게렛 신학대학원(Ph.D.)에서 신학을 공부하고 현재 호남신학대학교 조직신학 조교수로 재임하고 있다. 『혐오와 여성신학』(공저)과 다수의 논문이 있다.

편집자 소개

윤철호

장로회신학대학교(Th.B./M.Div.), 프린스턴 신학교(Th.M.), 노스웨스턴 대학교(Ph.D.)에서 신학을 공부하고 30년간 장로회신학대학교 조직신학 교수로 봉직했으며 지금은 명예교수다. 『너희는 나를 누구라 하느냐』 등 12권의 저서와 7권의 역서, 그리고 국내외 전문 학술지에 발표된 100여 편의 논문이 있다.

김효석

서울대학교(B.S.)에서 전기공학을, 장로회신학대학교(M.Div.), 하버드 대학교(M.T.S.), 클레어몬트 대학원대학교(Ph.D.)에서 신학과 종교철학을 공부하고 현재 한남대학교 인성플러스센터 연구교수로 활동하고 있다. 저서로는 *D. Z. Phillips on Religious Language, Religious Truth, and God*(Mohr Siebeck, 2022), 편집한 책으로는 『신학과 과학의 만남: 기포드 강연을 중심으로』(공동책임편집)가 있고, 여러 편의 학술논문을 발표했다.

신학과 과학의 만남 2
빅 히스토리 관점에서 본 기포드 강연

Copyright © 장신대 연구지원처·윤철호 외 7인 **2022**

1쇄 발행 2022년 8월 24일

지은이 김정형 박형국 백충현 윤철호 이관표 이상은 이용주 최유진
펴낸이 김요한
펴낸곳 새물결플러스

편 집 왕희광 정인철 노재현 정혜인 이형일 나유영 노동래
디자인 박인미 황진주
마케팅 박성민 이원혁
총 무 김명화 이성순
영 상 최정호 곽상원
아카데미 차상희

홈페이지 www.holywaveplus.com
이메일 hwpbooks@hwpbooks.com
출판등록 2008년 8월 21일 제2008-24호
주 소 (우) 04118 서울시 마포구 마포대로19길 33
전 화 02) 2652-3161
팩 스 02) 2652-3191

ISBN 979-11-6129-236-6 03230